RESILIÊNCIA

PAULO YAZIGI SABBAG

RESILIÊNCIA

COMPETÊNCIA PARA ENFRENTAR SITUAÇÕES EXTRAORDINÁRIAS NA SUA VIDA PROFISSIONAL

5ª tiragem

ELSEVIER

NEGÓCIO EDITORA

Copidesque: Vanessa Raposo
Revisão: Tássia Hallais e Gabriel Pereira
Editoração Eletrônica: Estúdio Castellani

Elsevier Editora Ltda.
Conhecimento sem Fronteiras
Rua Sete de Setembro, 111 – 16º andar
20050-006 – Centro – Rio de Janeiro – RJ – Brasil

Rua Quintana, 753 – 8º andar
04569-011 – Brooklin – São Paulo – SP – Brasil

Serviço de Atendimento ao Cliente
0800-0265340
sac@elsevier.com.br

ISBN 978-85-352-6205-6

Nota: Muito zelo e técnica foram empregados na edição desta obra. No entanto, podem ocorrer erros de digitação, impressão ou dúvida conceitual. Em qualquer das hipóteses, solicitamos a comunicação ao nosso Serviço de Atendimento ao Cliente, para que possamos esclarecer ou encaminhar a questão.

Nem a editora nem o autor assumem qualquer responsabilidade por eventuais danos ou perdas a pessoas ou bens, originados do uso desta publicação.

CIP-Brasil. Catalogação na fonte
Sindicato Nacional dos Editores de Livros, RJ

S118r Sabbag, Paulo
Resiliência: Competência para enfrentar situações extraordinárias na sua vida profissional / Paulo Yazigi . – São Paulo: Elsevier, 2012.
23 cm

Inclui bibliografia
ISBN 978-85-352-6205-6

1. Profissões – Desenvolvimento. 2. Resiliência (Traço da personalidade). 3. Ambiente de trabalho. I. Título.

12-6566. CDD: 650.14
CDU: 331.548

Dedico este livro à Ana Clara e Julia,
meus exemplos cotidianos de resiliência.
Que vivam bem suas vidas como vivem hoje.

Sumário

Primeiras palavras ix

1 **A Vida como ela é** 1

2 **Resiliência: uma competência** 21

3 **Acredite em seu potencial** 41

4 **Fortaleça com seu otimismo** 61

5 **Tempere suas emoções** 79

6 **Desenvolva empatia** 109

7 **Articule apoios – você não está só** 127

8 **Seja proativo diante das adversidades e desafios** 145

9 **Seja flexível para pensar e agir** 159

10 **Tome iniciativas para solucionar problemas** 173

11 **Seja tenaz: aguente firme** 183

12 **Organizações e Lideranças resilientes** 195

Referências 218

Índice remissivo 223

Primeiras palavras

Aprender é a única coisa de que a mente nunca se cansa, nunca tem medo e nunca se arrepende.

LEONARDO DA VINCI

O acaso desperta a curiosidade. Comigo não foi diferente. Enquanto pesquisava para minha tese de doutorado na Fundação Getulio Vargas em 1998, o tema *resiliência* brotou casualmente. Meu problema de pesquisa envolvia o trabalho de gestores diante de riscos e incerteza em projetos. Como todo projeto contém riscos, o gestor deveria enfrentá-los com cautela, planejamento e medidas contingenciais (Planos B). Mas poucos deles adotavam essa abordagem na época. Uma questão de atitude era a hipótese que eu considerava. Ao revisar a literatura, percebi que certos gestores enfrentavam crises com maior aptidão. Alguns autores mencionavam a resiliência para explicar o fenômeno.

Naquela ocasião eu tratava a resiliência como um componente do perfil empreendedor. Sabemos que empreendedores são mais persistentes mesmo diante de fracassos, enfrentam de forma flexível os desafios que abraçam, e confiam muito em sua capacidade ao empreender. Mas a busca de um perfil único para o empreendedor é infrutífera: qualquer pessoa pode ser um empreendedor de sucesso. Continuei a ler e estudar o assunto, mais atento à resiliência, termo técnico que eu havia antes aprendido quando cursei engenharia.

Mais tarde, em 2003, notei aliviado que minhas duas filhas Ana Clara e Julia, então adolescentes, manifestavam imensa força psíquica diante da perda da mãe, estressor de grande peso em cálculos de estresse. Novamente, a resiliência estimulava meu apetite pela pesquisa.

Diante de tantos exemplos que vejo ao meu redor, creio que a resiliência não é atributo de poucos, nem é algo que se possui ou não. Qualquer um pode aprimorar a sua resiliência. Mas era preciso esperar adversidades, perdas, crises e traumas para avaliar se temos suficiente resiliência para recuperar o bem-estar, e para viver melhor.

Diante disso, decidi conduzir uma enquete para criar um escore que avaliasse a resiliência em adultos profissionais – a escala ERS. E, como educador, eu imediatamente percebi o potencial dela: compreendendo quais fatores formam a resiliência, seria possível ampliá-la em ações educacionais.

Este livro, o meu terceiro, explora cada um dos nove fatores associados à resiliência em indivíduos. O Capítulo 1 aborda as dúvidas mais frequentes sobre a resiliência. O Capítulo 2 apresenta resultados da enquete que deram origem à escala ERS, revelando quatro diferentes estilos, conforme o grau de resiliência apresentado. Detalhes quantitativos não são aprofundados, para tornar a leitura mais fluente. Do Capítulo 3 ao 11 cada um dos nove fatores que compõem a resiliência é explorado, incluindo sugestões para aprimorá-los. O Capítulo 12 se destina a explorar a necessidade de resiliência por organizações e suas lideranças, visando a maior efetividade com mais rápido investimento.

A resiliência, embora não com esse denominativo, é um antigo tema de estudos religiosos, filosóficos e científicos. Como não há, ainda, treinamento formal sobre o tema, muitos indivíduos desenvolveram por si condições de elevada resiliência. Também a ciência estuda o tema, com maior intensidade nos últimos 15 anos. Por isso, este livro soma o saber ancestral com o saber científico recente, e também o saber tácito, ilustrados em casos e exemplos.

Cada capítulo inicia com um pequeno caso de pessoas notáveis e às vezes famosas, como forma de ilustrar os diferentes graus de resiliência e provocar a reflexão do leitor. Depois são explorados os conceitos, de forma sintética, uma vez que a resiliência tem um caráter interdisciplinar. Não se aprende resiliência pela via da compreensão, e sim pela prática. Diante dessa premissa, em cada capítulo a partir do terceiro são incluídos exemplos de práticas de curto e de longo prazo visando ampliar o repertório do leitor em sua disciplina para aprimorar a resiliência.

Como se percebe, a ênfase é em adultos profissionais e sua contribuição em termos de resiliência para as organizações onde convivem e se realizam. A premissa fundamental que adoto é a de que a resiliência pode ser aprendida mediante esforço disciplinado e sistemático, seja em indivíduos, organizações ou sociedades.

Confrontando a questão da resiliência com o mundo em que vivemos hoje, pleno de crises, transformações súbitas, catástrofes naturais e também oportunidades fantásticas a serem exploradas, não tenho dúvida de que a resiliência é a principal competência do século XXI. É outra premissa importante.

Faço um convite ao leitor. Ao longo da vida, cada um de nós acumula conquistas e revezes. Esse acúmulo e, sobretudo, os revezes, causam duas diferentes reações. Para uns, embrutece, faz criar uma couraça protetora, que infelizmente é restritiva, em termos de desenvolvimento da resiliência enquanto competência. Para outros, esse acúmulo fragiliza, atemoriza, atrofia a capacidade de enfrentar revezes, o que também restringe o desenvolvimento da resiliência. Convido o leitor a abrir-se para a leitura e para as práticas sugeridas, desfrutando como puder deste livro. Como disse Leonardo da Vinci na epígrafe, e eu adoto em minha vida: mesmo que você se canse, não se arrependerá de aprender.

Quero fazer três agradecimentos. Agradeço a Rui Akito Tamaribuchi, o paciente estatístico com quem fiz as análises da enquete que originou este livro. Agradeço a Iara Ferreira Guimarães, pela qualidade dos comentários sobre a versão final do texto. Agradeço a Fabie Spivak e Thais Aiello, as entusiasmadas, competentes e resilientes jornalistas com quem tenho o prazer de trabalhar.

São Paulo, junho de 2012.

1

A Vida como ela é

A vida é o produto, apenas,
do modo como a encaramos.

PAULO SABBAG

Imagine um menino de rua com 9 anos de idade, desses que perambulam pelas ruas, dia e noite, vivendo de toda sorte de expedientes, inclusive, ilegais. Dos 9 aos 12, o garoto e seu irmão obtinham comida de latas de lixo, apanhavam bitucas de cigarros, pediam esmola.

O garoto não era órfão, porém sua mãe, sifilítica em estado grave, estava internada em um asilo de loucos. Seu pai, alcoólatra, vivia com uma madrasta que, quando alcoolizada, trancafiava a casa para que os filhos do marido não morassem lá com ela. Por isso eles viviam como meninos de rua. Dois anos depois, o pai morre de cirrose hepática, e a mãe biológica os recolhe, quando recebe alta do asilo. Mas tinha pouco a oferecer para uma vida familiar organizada.

Dos 4 aos 12 anos, a vida desse garoto passou do mimo e conforto à absoluta pobreza; da família unida ao colapso dela. Quando obteve seu primeiro trabalho, ele não sabia ler porque não havia frequentado escolas. Imagine que até o final de sua vida o menino ainda apresentava dificuldade de leitura.

Voltemos um pouco no tempo. Os avôs do garoto eram trabalhadores: açougueiro e sapateiro. Os pais, para fugir à pobreza, tentaram a vida como atores de teatro popular. Aos 16 anos, a mãe sai de casa e se casa com o pai do garoto, sonhando com fama e riqueza. No auge da beleza e da carreira, aos 19 ela foge para a África do Sul com um jovem e sedutor amante, que logo a abandona. Numa rápida passagem pela prostituição, a mãe contraiu sífilis e engravidou do irmão mais velho do garoto. Essa mãe retornou ao seu país e ao marido que, surpreendentemente, a acolhe, e dessa relação nasce o garoto um ano depois.

Novamente a mãe abandonou o marido, quando o filho estava com um ano e meio de idade: estava grávida de um amante que depois a abandona, carregando com ele o seu bebê de 6 meses. Muitas décadas depois o garoto se referiu à mãe como possuidora de "trágica promiscuidade". Até os 5 anos, o garoto teve conforto. Até o dia em que a voz da mãe falha durante uma apresentação, e o garoto sobe ao palco para entreter o enfurecido público, obtendo êxito: jogam moedas para ele. Na sua carência, ele não sabia se recolhia moedas ou se continuava a cantar, o que foi hilário.

Com o agravamento da saúde da mãe, e sem contato com o pai, aos 7 anos o garoto e seu irmão foram levados a uma instituição equivalente à nossa antiga FEBEM, enquanto a mãe era internada. Seus cabelos foram raspados e ele sofreu todo tipo de agressão. Ficou 14 meses sozinho, pois seu irmão foi apartado dele. Nos momentos mais difíceis, lembra o garoto, refugiava-se no mundo do "faz de conta".

Num dos períodos em que a mãe se restabeleceu, ela recolheu os filhos e os levou a uma casa fétida e pobre, onde atuava como costureira e eventualmente recebia "tios" e "amigos", ocasiões em que o garoto perambulava pelas ruas. Aos 14 anos, o garoto assiste a um surto de loucura da mãe e a vê sendo removida para um manicômio. E passa a cuidar do próprio sustento.

Qual futuro estaria reservado a esse garoto? Não recebeu educação formal, nem educação em casa, na etapa principal de sua infância e adolescência. Como seu caráter se formou? Que ambições poderia ter, vivendo nesse tacanho "mundo cão"? Poderia ter uma profissão, sendo analfabeto funcional? Poderia dar alguma contribuição à sociedade? Poderia formar uma família normal, e educar sadiamente seus próprios filhos? Teria ele forças para enfrentar novas catástrofes pessoais? Viveria o bastante?

Tão desamparado, seria ilusão pretender que o garoto tivesse uma vida como a nossa. Qualquer prognóstico sensato indicaria o caminho do crime, do desajuste social, da violência frente a qualquer autoridade, da raiva destruidora, talvez. Somente se fosse recolhido por alguém que cuidasse dele, seja nos aspectos físico, intelectual, psíquico e social, poderia o garoto ser "alguém".

Quando o garoto estava com 14 anos de idade, seu irmão o largou, ao conseguir emprego como marinheiro. Sua mãe foi internada no manicômio novamente, e o garoto entrou em desespero: "Se meu irmão não tivesse retornado eu poderia ter me tornado um ladrão. (...) Poderia ter sido enterrado em uma vala comum" (WEISSMAN, 2010). Quando o visitou e viu seu estado, o irmão Sydney lhe comprou roupas e foi ajudá-lo a buscar emprego como ator mirim. Nessa condição, ele ficou dois anos e meio "na estrada", solitário. Aos 16, é "descoberto" na capital, mas sua arrogância o fez perder o emprego, obrigando-o a voltar ao teatro mambembe.

Contudo, aos 18 anos, o garoto consolida o seu talento ao dedicar-se à pantomima. Aos 21, muda-se definitivamente para Los Angeles, nos EUA. E dois anos depois, tinha se tornado o ator mais famoso da história, até hoje reverenciado em todo o mundo. Você acredita que esse garoto, Charles Chaplin Jr., viveu 88 anos, casou-se muitas vezes e educou oito filhos?

Chaplin Jr. nasceu em Londres em 16 de abril de 1889, filho de Charles Chaplin Sr. e Hannah Hill (nome artístico Lily Harley). Era meio-irmão de Sydney Chaplin, cinco anos mais velho que ele. Viveu na Inglaterra até os 18 anos de idade, pulando de um emprego a outro como: assistente de dentista e de padeiro, operário de fábrica, aplicador de papel de parede, varredor de rua, garçom, zelador, funcionário de loja, assistente no teatro – alguma semelhança com os personagens de seus filmes?

Depois, Chaplin viveu nos EUA por 46 anos, onde se consagrou como ator. Viveu autoexilado na Suíça durante os últimos 25 anos de sua existência. No final de sua vida, recebeu um Prêmio Especial de Hollywood em 1972 e foi condecorado Cavaleiro pela rainha da Inglaterra em 1975. Sua maior produção cinematográfica como ator, roteirista, diretor e produtor durante 30 anos atingiu quase 80 filmes, 8 deles de longa-metragem.

Como ele conseguiu? Alegar "genialidade" mistifica e não explica. Talento só não seria suficiente, basta ver quantos talentosos fracassam na vida, sem chance. Talento não faltava a Chaplin, e ele o demonstrou aos 5 anos quando subiu ao palco pela primeira vez. Era exímio imitador e, como ator, treinava incansavelmente cada pantomima que planejava usar em seus filmes. Um perfeccionista tenaz, que precocemente aprendeu o funcionamento do cinema mudo, que então iniciava, tornou-se o maior ícone da história do cinema em poucos anos de atuação.

Na mais famosa música de sua autoria, "Smile", Chaplin revela possuir elevada resiliência, e aponta para o otimismo aprendido:

Smile	**Sorria**
Smile, though your heart is aching	Sorria, embora seu coração esteja doendo
Smile, even though it's breaking	Sorria, mesmo que ele esteja partido
When there are clouds in the sky	Quando há nuvens no céu,
You'll get by...	Você conseguirá...
If you smile	Se você sorrir
With your fear and sorrow	Com seu medo e tristeza
Smile and maybe tomorrow	Sorria e talvez amanhã
You'll find that life is still worthwhile if you'll just...	Você descobrirá que a vida ainda vale a pena se você apenas...
Light up your face with gladness	Ilumine sua face com alegria
Hide every trace of sadness	Esconda todo rastro de tristeza
Although a tear may be ever so near	Embora uma lágrima possa estar tão próxima
That's the time you must keep on trying	Este é o momento que você tem que continuar tentando
Smile, what's the use of crying?	Sorria, de que adianta chorar?
You'll find that life is still worthwhile	Você descobrirá que a vida ainda vale a pena
If you'll just...	Se você apenas...
If you smile	Se você sorrir
With your fear and sorrow	Com seu medo e tristeza
Smile and maybe tomorrow	Sorria e talvez amanhã
You'll find that life is still worthwhile	Você verá que a vida ainda vale a pena
If you'll just smile...	Se você apenas sorrir...
That's the time you must keep on trying	Este é o momento que você tem que continuar tentando
Smile, what's the use of crying	Sorria, de que adianta chorar?
You'll find that life is still worthwhile	Você descobrirá que a vida ainda continua
If you'll just smile.	Se você apenas sorrir.

Com o personagem Carlitos, Chaplin criou identificação com pobres e desvalidos. E usou seus filmes para reinterpretar as mazelas de sua história pessoal, por vezes levando décadas para preparar alguns roteiros e cenas. O personagem Carlitos era perfeito para confrontar a autoridade, como fez na cena de abertura de "Luzes da Cidade". Esse filme refletia sobre o amor a uma florista cega que recupera a visão pelo esforço amoroso de Carlitos. No filme "O Garoto", reinterpreta seu percurso como menino de rua – Carlitos faz o papel de quem cuida e fornece amor e proteção.

Em muitos filmes, Carlitos escarnece de alcoólatras tal qual o pai de Chaplin era na vida real. Escarnece de autoridades, de trabalhadores desengonçados e do estilo de vida do pobre que se faz de rico. Até hoje, a melhor crítica à sociedade industrial e ao taylorismo foi a realizada no filme "Tempos Modernos". Sua crítica ao nazismo no filme "O Grande Ditador" e os apelos sociais contra a injustiça que sempre fazia desencadearam a perseguição que provocou seu exílio dos EUA. Mas Chaplin nunca abdicou de suas ideias.

Com elevada resiliência, Chaplin encontrou espaço para desenvolver e aplicar seu talento, conseguindo ir além das limitações econômicas, familiares, culturais e sociais do ambiente onde nasceu. Chaplin fez a sua própria vida.

Viver é uma arte. Ninguém nasce sabendo como viver, embora sejamos equipados para viver bem. Um persuasivo "guru" de administração sugere que não podemos escolher o que a vida oferece, mas podemos escolher como viver. De fato, escolhemos como encarar a vida, de modo mais ou menos consciente. Mas discordo da primeira parte da afirmação: geralmente é possível fazer escolhas sobre muito do que vivemos. Daí que acredito que a vida é, sem dúvida, fruto de nossas escolhas, decisões e esforços, e também fruto de nossas omissões, indecisões e deserções. No conjunto, importa menos a quantidade e qualidade das contingências que a vida nos traz. Importa mesmo é como nós a enfrentamos.

Estudiosos do conceito de felicidade se surpreendem: há pobres felizes e ricos infelizes; há situações desastrosas para alguns, revigorantes para outros. Felicidade é um conceito dominado pela subjetividade. Gianetti (2002) relata que décadas de crescimento econômico nos EUA, Japão e Europa não fizeram aumentar as proporções de pessoas felizes: ricos tendem a ser mais felizes que os remediados, contudo, se a riqueza aumenta a felicidade deles, não aumenta na mesma proporção que quando pobres tornam-se remediados; em pesquisa de opinião, 93% das mulheres acreditam estar em melhor situação que suas avós, mas 54% delas não acreditam ser mais felizes que teriam sido na geração de suas avós. Por isso, prefiro tratar aqui de bem-estar e não da felicidade.

Até mesmo as perdas, as graves adversidades, as catástrofes pessoais, são vistas de modos opostos conforme o indivíduo se coloca frente à vida. Para uns, é indesejável até mesmo relembrá-las, que dizer aprender com elas, como é para outros. Por isso, a vida é o que fazemos dela.

Quanto mais jovem, menos pensamos na vida como um todo. Com preocupações de curto e médio prazo, a vida nos ensina a viver enquanto vivemos. Mas a perspectiva muda, de tempos em tempos, e mesmo o nosso estilo de vida muda. Por isso, por melhor que se viva o presente, o aqui-agora, nada garante que se viverá bem no futuro.

Há aqueles que percebem seu bem-estar e não necessariamente são ricos ou dotados de algum talento especial. Há quem prolongue a felicidade e o otimismo apesar de todo estresse da vida contemporânea. Há quem enfrente melhor não só os fatores de estresse como também as graves adversidades, as perdas, os causadores de traumas, as crises que lhes afetam e os sucessos, também – porque essas são situações extraordinárias.

Ninguém está imune a essas coisas. Mas há quem apresente menor vulnerabilidade às adversidades que a vida oferece. Durante crises, perdas e adversidades, esses preservam sua saúde física e psíquica. Recuperam-se mais rapidamente e enfrentam desafios cada vez maiores. Mais que se recuperar, eles aprendem e prosperam com as crises e desafios enfrentados.

Essas pessoas estão presentes a nossa volta, basta procurar com atenção. São as pessoas de elevada *resiliência*. A resiliência tem pouco a ver com a personalidade do indivíduo, prefiro julgar que é uma competência que pode ser desenvolvida em qualquer um de nós. Não depende de inteligência, nível educacional, classe social, idade, gênero ou nacionalidade. Está ao alcance de todos e de quem quiser.

RESILIÊNCIA E CONTINGÊNCIAS

A vida oferece toda sorte de contingências, positivas e negativas. Mas nós reagimos a elas de modo peculiar. Somos muito mais suscetíveis a perdas que a ganhos. Portanto, a resiliência é ativada muito mais nos aspectos negativos que positivos da vida. Diversos estudos revelam isso.

Um experimento conduzido por Tversky e Kahneman (1983) abordava a ocorrência de um surto letal que afetaria 600 vidas. Duas alternativas eram propostas para combater o mal: se o Programa A fosse selecionado, a vida de 200 pessoas seria salva; se o Programa B fosse adotado, havia 1/3 de probabilidade das 600 vidas serem salvas e 2/3 de probabilidade de nenhuma ser salva. Dentre os respondentes, 72% optaram pelo Programa A e 28% pelo B. A outro grupo foi apresentado o mesmo problema, contudo as alternativas foram descritas de outro modo: selecionando o Programa C, 400 pessoas iriam morrer; selecionando o Programa D haveria uma chance de 1/3 de ninguém morrer e uma chance de 2/3 de 600 pessoas morrerem. Neste caso, 22% escolheram o Programa C, enquanto 78% o Programa D. A surpresa é que os

Programas A e C, bem como os B e D eram rigorosamente iguais só que redigidos de maneira diferente. Como explicar a inversão de preferências? Os autores sugerem que avaliamos os ganhos diferentemente de como avaliamos as perdas. Isso afeta tanto a percepção de risco quanto o julgamento e os comportamentos decorrentes.

MacCrimmon e Wehrung (1986) conduziram pesquisa em grandes empresas norte-americanas, com predominância de bancos. Uma das pesquisas envolveu 464 dirigentes e simulou quatro situações arriscadas que requeriam decisão: uma *joint-venture*, uma reclamação de cliente, uma demanda judicial sobre violação de patente e uma disputa sindical. Como resultado, os executivos demonstraram maior propensão a correr riscos na situação de ameaça do cliente e maior propensão a evitar, na situação de *joint-venture*. Correram mais riscos em situação envolvendo apenas perdas (demanda judicial), ocasião em que desprezaram a possibilidade de ganhos.

Decisões difíceis causam estresse: apreensão, desejo de escapar do dilema da escolha e sentimento de culpa por ser forçado a escolher entre alternativas insatisfatórias. Janis e Mann (1977, p. 46) pesquisaram a psicologia do estresse e, em particular, os conflitos decisionais: "As tendências opostas de um indivíduo para aceitar ou rejeitar determinado curso de ação. Sintomas de conflito: hesitação, vacilação, sentimento de incerteza e sinais de estresse emocional agudo."

Para eles, os conflitos decisionais são enfrentados pelo padrão *vigilante*, que apresenta: abrangente busca de informação, assimilação correta da nova informação e boa qualidade do processo decisório. Mas esta condição não é tão comum como se deseja, levando os autores a formular uma teoria que considera quatro outros padrões, que costumam resultar em decisões deficientes. Os demais padrões sugeridos (*ibid.*, p. 52) são: *inércia complacente* (decide-se não agir por acreditar que a consequência disso não é grande); *mudança relaxada* (inicia a ação pela alternativa de menor risco, ao perceber que não agir é mais grave); *abstenção defensiva* (nega, protela ou tenta passar o fardo adiante); *hipervigilância* (pressionado pela urgência, torna-se emocionalmente excitado e mais vigilante do que nunca).

O padrão *vigilante* só seria adotado no caso de quem enfrenta o desastre e mantém a esperança de escapar incólume e continua a crer que terá tempo suficiente para encontrar uma boa saída. Quanto aos níveis de estresse gerados, os padrões *inércia complacente* e *mudança relaxada* apresentam nível baixo, "persistentemente calmo" segundo os autores (*ibid.*, p. 78). O padrão *abstenção defensiva* apresenta níveis variados de estresse, do pseudocalmo ao altamente excitado quando a ameaça mostra-se saliente. O padrão *hipervigilante* suscita forte e persistente ansiedade. Por fim, o padrão *vigilante* apresenta moderado estresse e moderada vacilação, favorecendo a efetividade no processo de decisão – seria esse padrão o que aqui chamo de resiliência?

A resiliência é posta à prova mais nas condições adversas que nas positivas. Cria uma situação manhosa: é mais fácil perceber a resiliência nas situações adversas; porém, a resiliência elevada não é apenas mobilizada em situações negativas, ela também aumenta a resistência e efetividade operando sobre situações positivas. Essa ambivalência também ocorre com o estresse, como veremos a seguir.

Enquanto a resiliência prepara você para o pior, prepara também para o melhor!

RESILIÊNCIA E ESTRESSE

Creio existir relação entre resiliência e estresse. Porque resiliência é a capacidade de enfrentar situações, enquanto que o estresse "é a condição atípica que permite ao organismo adaptar-se a qualquer solicitação que lhe seja imposta" (FARNÈ, 2003). Situações de estresse causam uma excitação geral do organismo. Quanto mais atípica a condição, maior o estresse causado no organismo. Há agentes estressantes físicos e biológicos: catástrofes ambientais, poluição, radiações, ruídos, fatores alimentares, micróbios e vírus, *jet lag* em longas viagens de avião, esforços físicos, traumas orgânicos. Mas são os fatores sociais e psicológicos os que mais agridem a vida contemporânea: crises, perdas, graves adversidades e toda situação que mobiliza emoções em larga escala.

Todos os animais sofrem estresse, como reação ancestral a situações de perigo, que exigem alerta, atenção e reações súbitas. Por essa razão, o estresse não deveria ser considerado algo ruim. Quando os estressores são moderados, a resposta de adaptação orgânica é modesta, e salutar. Ocorre a liberação de catecolaminas (adrenalina e noradrenalina) que nos leva a enfrentar o estressor de maneira rápida e válida. Pela via endócrina, os hormônios corticosteroides (principalmente cortisol) contribuem para a adaptação (FARNÈ, 2003).

Nos casos moderados, cria-se o *eustresse* (estresse benéfico), que melhora a saúde, a vitalidade, a atenção, a aprendizagem, a memória e a resolução criativa de problemas. O eustresse está diretamente relacionado com o senso de realização pessoal. O efeito benéfico do estresse sobre a saúde e bem-estar pode derivar da condição de resiliência de seu possuidor. O problema é quando a situação é crônica, ou quando o estressor é excessivo. A ativação excessiva impõe esforços exagerados que, de início, admitem certa tolerância e resistência, mas podem depois provocar esgotamento e desgaste. Nesses casos, ocorre o *distresse* (estresse maléfico), que acelera o envelhecimento.

É impossível evitar o estresse na vida contemporânea. E nem é desejável. Imagine uma vida pacata, sem sobressaltos, emoções fortes ou exigências que ativem o organismo. O silêncio, o isolamento, a inatividade e a carência afetiva provocam o mesmo distresse que os estressores exagerados, curiosamente. Isso talvez explique a morte precoce de aposentados ou de relegados a asilos de idosos. Portanto, o ideal é buscar e ocupar-se de situações que causem eustresse, evitando as situações que causem distresse, como mostra o Quadro 1.1.

Alguns dirigentes intuitivos perceberam há muito que a existência de desafios enormes, ou até mesmo de "crises" ensaiadas, fazia com que a maioria do pessoal fosse induzida à condição de eustresse. Com maior foco e coesão interna, o desempenho geral da organização ampliava. Também treinadores de equipes de competição sabem usar o eustresse para superar metas dos atletas. No mundo de negócios hoje há uma forte atração por "equipes de alto desempenho", condição que não pode ser alcançada sem eustresse.

QUADRO 1.1. Impactos do estresse

DISTRESSE: ESTRESSE MALÉFICO POR ATIVAÇÃO ESCASSA	EUSTRESSE: ESTRESSE BENÉFICO POR ATIVAÇÃO RAZOÁVEL	DISTRESSE: ESTRESSE MALÉFICO POR ATIVAÇÃO EXCESSIVA
Sonolência	*Eficiência e efetividade*	Ansiedade e raiva
Distração	*Atenção na tarefa e resultados*	Atenção dispersa
Pensamento vago	*Pensamento ótimo e atento*	Pensamentos catastróficos
Sem consciência do perigo	*Alerta para o perigo*	Noção de perigo perturbada
Decisões lentas, medíocres	*Decisões equilibradas*	Decisões apressadas
Letargia física e mental	*Vitalidade: estar entusiasmado e extenuado*	Exaustão física e mental
Acelera o envelhecimento		Acelera o envelhecimento

Adaptado de FARNÈ, 2003.

Farnè (2003) explica o duplo sentido do distresse em um gráfico como o que eu me baseei para criar a Figura 1.1. A região 1 da minha figura corresponde à vida pacata que causa distresse e rendimento medíocre; a região 2 corresponde à vida corriqueira sem estresse significativo e rendimento razoável; as regiões 3 e 4, de máximo rendimento, correspondem a atividades estimulantes e prazerosas e aos projetos de vida viáveis, e causam eustresse e máximo rendimento; a região 5 corresponde aos desafios extremos, às graves adversidades e às crises, onde ocorre distresse e rendimento não salutar.

Na região 1 encontra-se a vida reclusa, típica dos asilos, das prisões e das pessoas que vivem isoladas e com escasso convívio social. Viktor Frankl (1998, p. 110), ao analisar a psicologia de presos em Auschwitz expostos ao Holocausto, relata: "O prisioneiro que perdia a fé no futuro – em seu futuro –, estava condenado. Com essa perda, perdia, assim mesmo, sua sustentação espiritual, se abandonava e decaía, e se convertia em sujeito do aniquilamento físico e mental." A perda de esperança não é desastrosa apenas para presos: na vida cotidiana muitos perderam a ambição, apenas sobrevivem resignados à situação presente, vulneráveis às contingências que a vida oferece. Também é o caso de quem não se recuperou de perdas sofridas e se abandona, de certo modo. Por fim, nesta região estão incluídos os trabalhos árduos, monótonos e repetitivos, também. Em todos os casos, causam distresse por falta de estímulos para viver. Não encontro melhor antídoto para essa condição do que o esforço persistente para elevar a resiliência desses indivíduos.

A região 2 corresponde aos afazeres cotidianos, ao trabalho rotineiro, às ações para sustentar a vida. São situações neutras, seja do ponto de vista emocional, seja fisiológico, portanto não geram estresse no organismo. É, portanto, o espaço da vida serena, dos períodos de descanso relaxado, do desfrute despreocupado. Sem estresse a resiliência não é testada nem se evidencia.

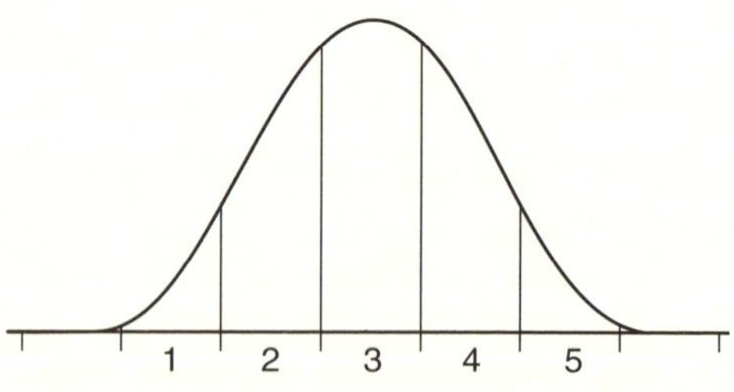

FIGURA 1.1. Níveis de rendimento e de saúde conforme estilos de vida com estressores crescentes.

Contudo, é raro encontrar pessoas com vida corriqueira tão despreocupada. Em geral, todos nós acumulamos desconfortos, aborrecimentos e incômodos com inúmeros pequenos incidentes do dia a dia. Se o indivíduo não lida bem com isso, pode criar um estresse crônico que se torna prejudicial no longo prazo. É o caso de perfeccionistas e pessoas demasiadamente exigentes consigo e com os demais. Nesse caso, ocorre distresse.

A região 3 resulta em elevado rendimento. Em quais situações de vida ela se manifesta? Nas situações prazerosas, nos trabalhos estimulantes, nas coisas excitantes da vida. Por maior que seja o esforço e dedicação, essas situações geram eustresse: atuamos com atenção, foco e concentração; adotamos zelo e esmero no que fazemos; por mais que perdurem, não queremos que terminem.

A região 4 é semelhante à 3, também envolve situações que geram eustresse, porém com desafio maior. É o caso da sobrecarga de trabalho estressante. É o caso dos projetos, pessoais ou profissionais; dos desafios que exigem elevado desempenho; e das situações quase inviáveis. Quanto maior a ambição, a vontade de vencer, o gosto por desafios, mais eustresse é gerado nessas situações. O sucesso não é considerado impossível, é apenas difícil de alcançar. O eustresse gera foco e concentração, a resiliência é comprovada e o desempenho costuma melhorar. Todavia, se o indivíduo apresenta baixa resiliência, ao invés de eustresse, essas situações geram distresse, acompanhadas de descrença, sensação de perda de controle, insegurança e vacilação. Repetindo: não encontro melhor antídoto para essa alternância do que o esforço persistente para elevar a resiliência desses indivíduos.

Todos evitamos o quanto possível a região 5, que corresponde a situações extremas. Sejam projetos inviáveis, demandas além de nossa capacidade de enfrentamento, sejam reações a desastres, catástrofes, acidentes, crises, perdas severas e graves adversidades. São situações que causam distresse e, em casos extremos, trauma, com todas as consequências nefastas sugeridas no Quadro 1.1. Fuja dos extremos – o "caminho do meio" revigora.

Muitos estudiosos relacionam a resiliência com a síndrome de estresse pós-traumático, embora Mancini e Bonanno (2010) apontem diferenças entre os fenômenos: a resiliência age também diante de situações positivas e, mesmo nas negativas, não necessariamente causa os mesmos efeitos que o trauma.

Note que uma mesma situação ou agente estressor pode causar eustresse ou distresse em indivíduos conforme o modo como é encarada. Talvez a maior suscetibilidade a perdas que a ganhos esteja relacionada a isso. Tanto um quanto o outro causam as seguintes reações:

a) Fisiológicas: libera catecolaminas (hormônios adrenalina e noradrenalina) e corticosteróides; afeta as defesas imunológicas; gera respostas ergotrópicas para enfrentar o evento com foco e rapidez;
b) Cognitivas: afeta a compreensão das situações e a aprendizagem;
c) Emocionais: afeta o estado de ânimo; causa excitação, ansiedade ou angústia e depressão;
d) Comportamento: ativa ou paralisa; determina a efetividade do enfrentamento dos agentes estressores.

Sintomas fisiológicos e psicológicos do estresse podem ser aferidos pelo inventário ISSL, de Marilda Lipp (2000). Ele avalia o estresse em quatro fases: *alerta* (fase positiva), *resistência* (fase em que se enfrenta o estresse), *quase-exaustão* (quebra da resistência) e *exaustão* (surgimento de doenças graves).

Para a avaliação de estressores, a Escala de Readaptação Social de Holmes e Rahe é a mais usada, embora existam controvérsias acerca da pontuação de cada estressor: a resiliência de cada indivíduo afeta a maneira como ele encara cada estressor, portanto afeta a pontuação. Esta escala não contempla agentes causadores de estresse pós-traumático, enquadrado pelo DSM-IV (SARDÁ, 2004).

Farnè (2003, p. 78) resume os principais "recursos moderadores da resposta de estresse" que apresentam afinidade com os atributos de resiliência, e que veremos no Capítulo 2: "O senso de humor e o riso, o otimismo e o pensamento positivo, a força do ego, o controle pessoal, além da característica conhecida entre especialistas como 'barreira' e dos mecanismos de defesa contra a ansiedade."

Há outra afinidade entre resiliência e estresse. Se o modo como cada indivíduo encara um estressor determina a ocorrência de eustresse ou distresse, levantei a hipótese de que frente a estressores usuais, os indivíduos de elevada resiliência sofreriam menos distresse (veremos no Capítulo 2). Nesse caso, sua vulnerabilidade seria menor, tanto a doenças quanto ao envelhecimento, causando maior percepção de bem-estar.

Pense em termos de sua vitalidade. Earle e Imrie (1989) mediram alguns sinais de envelhecimento: pressão arterial, pulsação, tempo de reação a estímulos inesperados, elasticidade da pele e acuidade visual para leitura. Com essas medidas, tornaram possível aferir a defasagem entre idade cronológica e idade corporal (expressão de vitalidade). Os autores também sugerem avaliar sintomas de estresse e estilos de vida em relação ao estresse, para completar o diagnóstico. Com as três medidas eles propõem um conjunto de práticas para enfrentar o estresse, com resultados bastante promissores no estudo realizado no Canadá nos anos 1980: houve regressão do envelhecimento corporal medido após oito meses de tratamento.

RESILIÊNCIA E COMPORTAMENTOS

Hans Selye afirmou: "Devemos aprender a seguir um código de comportamentos que transforme o distresse em eustresse. Foi isso que sempre me manteve saudável e bem-humorado, apesar dos inúmeros estressores que, em 70 anos de vida, não só encontrei como também provoquei" (FARNÈ, 2003, p. 38). Ele, que foi o pioneiro na pesquisa de estresse, enfrentou um câncer aos 65 anos, mas, como se considerava um "lutador nato", viveu bem por mais 10 anos.

Estudos sugerem que comportamentos de Tipo A predispõem o indivíduo a distresse resultando em doenças coronarianas e envelhecimento precoce. Esses comportamentos incluem: temor exagerado de perder tempo, pouca confiança em si mesmo, intensa agressividade, hostilidade presente em qualquer ocasião e impulso para autodestruição (FARNÈ, 2003). Fusilier e Manning (2005) indicam que o Tipo A, quando obtém apoio social, revela correlação positiva com a realização pessoal, mas está mais propenso à exaustão (*burnout*) e à pior qualidade de vida. Em particular, o mesmo ocorre com aqueles que guardam a raiva.

Esse padrão de comportamentos disfuncionais no que tange ao estresse poderia decorrer de traços de personalidade? Assumo que a personalidade é relativamente estável ao longo do tempo e relativamente consistente em situações distintas. Para Skodol (2010) a *personalidade* inclui predisposições comportamentais (emocionalidade, atividade e sociabilidade) comumente denominadas *temperamento*, e sistemas integrativos mais complexos, que incluem componentes cognitivos e emocionais. Frente a estressores, os indivíduos adotam estratégias de enfrentamento (*coping*), que igualmente apresentam componentes cognitivos, comportamentais e emocionais. Essas estratégias decerto sofrem influência da personalidade. Mas é o conjunto dos traços de personalidade e das estratégias de enfrentamento que formam a resiliência do indivíduo, enquanto modo de encarar a vida e aptidão para enfrentar situações de estresse.

Há evidências de que as mulheres são mais expostas a efeitos do estresse. Por analogia, no agrupamento de indivíduos de elevada resiliência há menor presença feminina, como veremos no Capítulo 2. Também considero a influência cultural que contribui para rebaixar o estresse e a resiliência. Mas não considero essa diferença de gênero algo relevante, dado que a resiliência pode ser desenvolvida. Mulheres independentes, altivas e atuantes possivelmente não se distinguem de homens com iguais atributos, em termos de resiliência.

Como veremos no Capítulo 2, alguns dos fatores relacionados à resiliência podem derivar da personalidade do indivíduo. Mas a combinação entre esses fatores é mais importante para a compreensão da resiliência do que a especificidade de cada um. Alguns aspectos da personalidade podem contribuir positivamente, outros negativamente, mas a influência externa e as estratégias de enfrentamento provocam alterações de comportamento duradouras. Portanto, são mais relevantes que a personalidade.

Assim, prefiro adotar a resiliência como processo (e não como atributo de personalidade). Com essa premissa, resiliência é aptidão que pode ser compreendida, praticada e, portanto, desenvolvida. Ela agrega estratégias que podem ser aprendidas, dado o seu conteúdo cognitivo, e pode ser reforçada, dado o conteúdo emocional envolvido.

TEMPO E RESILIÊNCIA

Sempre me perguntam se a resiliência é afetada pela idade. Como há componentes emocionais e cognitivos, em tese a conquista da maturidade tenderia a produzir elevação da resiliência. Isto provavelmente ocorre nos indivíduos que precocemente desenvolvem sua maturidade psíquica. Mas, reunindo maior maturidade com alterações para pior no estilo de vida (causadas pelo envelhecimento), o efeito resultante pode ser negativo.

Em geral, crianças apresentam elevada resiliência. Quando curiosas e interessadas são muito ousadas, e quando sofrem por qualquer motivo, fácil e rapidamente dissipam as emoções negativas. Crianças são otimistas natas, talvez por sua ingenuidade. E são tenazes: sua capacidade de adaptação a situações diversas é incrível. Provavelmente sua significativa aptidão para aprender deriva dessa resiliência. E como aprendem!

Já a adolescência apresenta grande potencial de conflito, seja decorrente da consolidação da personalidade e identidade, seja pela dificuldade das relações sociais extrafamília, seja por exigência de desempenho escolar – tudo concorre para acúmulo de estresse crônico nesta fase da vida. Há evidências de que jovens de elevada resiliência apresentam uma adolescência menos tumultuada e conflituosa. E arrisco a hipótese de que a atração por drogas (não apenas o álcool) seja pertinente a jovens (e adultos) de reduzida resiliência.

Na vida contemporânea os adultos estão expostos a dezenas de estressores. São desafiados na formação da família e educação dos filhos, no trabalho e na exigência de carreira, em seus projetos pessoais, e nas relações sociais, no qual se incluem as relações de poder, as exigências políticas, os deveres e obrigações exigidos na vida em sociedade.

É patético chamar de "melhor idade" exatamente aquela em que idosos sofrem com a perda de saúde, de trabalho, de posição social, de familiares e de ilusões ou esperança sobre o futuro. Tantas perdas deveriam rebaixar a resiliência. Contudo, como em todas as etapas da vida, há indivíduos com elevada, moderada e reduzida resiliência. Mona e colegas (2008) indicam que em idosos de 65 a 80 anos de idade, a ocorrência de baixa resiliência, apatia e incapacidade física contribuem para ampliar a ocorrência de depressão; contudo, para idosos com idade superior a 80 anos, somente a apatia determina maior depressão.

Significa que a resiliência tem papel relevante na maior parcela da vida dos indivíduos.

Ao longo da vida, mudam as regiões do gráfico da Figura 1.1. Em jovens ousados e imaturos, a região 2 é negligenciada, enquanto a 4 é perigosamente cultivada – a curva sino inclina-se à direita. Para idosos, a região 4 pode se estreitar, diante de atitudes mais conservadoras e cautelosas frente a exigências da vida. Menos projetos são acalentados. A região 3 pode igualmente se estreitar, em consequência da perda de estímulos extrínsecos e intrínsecos: a serenidade cede a vez para o entorpecimento – a curva sino inclina-se à esquerda. Portanto, varia a escolha sobre eustresse e distresse. Porém, variaria a resiliência?

Não acredito que as proporções de resiliência variem muito ao longo da vida, sem estímulo disciplinado, dado que a maioria dos indivíduos é moderadamente resiliente. Considerando a influência do temperamento e da personalidade, cada indivíduo pode apresentar um padrão homogêneo de resiliência ao longo da vida. Todavia, acredito que quanto mais cedo alguém desenvolve sua resiliência, mais provável será viver com bem-estar e realizado por uma longa vida. Há inclusive no Brasil grupos dedicados à educação de jovens para a resiliência, iniciativa que considero fértil. E, mesmo nas idades avançadas, ampliar a resiliência pode significar a melhor profilaxia para a saúde física e mental.

O fato de a resiliência variar revela outro fenômeno: ninguém é igualmente resiliente todo o tempo. Isso é uma questão importante neste livro. Se estamos estressados por sobrecarga de situações demandantes, abatidos por alguma perda ou grave adversidade recente, se nossas condições de saúde não estão muito adequadas, como esperar o mesmo padrão de respostas de enfrentamento das situações? Além do mais, cada situação adversa é enfrentada de modo diferente conforme o estágio de resiliência do indivíduo.

Escalas como a ERS (veremos no Capítulo 2) para aferir resiliência representam uma boa aproximação da resiliência presumida em situações usuais. Além do viés complacente que toda autoavaliação carrega, há outro, dado o fato de que em situações reais o enfrentamento pode ser diferente daquele que presumimos. Por essa razão, uso a ERS com cautela, apenas como um meio de selecionar onde investir em autodesenvolvimento e em ações educacionais.

Recomendo a todos que procurem observar quais situações os “tiram do sério”, isto é, causam estresse, portanto põem à prova sua resiliência. Por exemplo, como sou professor, não me estressa falar em público, porém sei que isso causa estresse a muitos. Em oposição, montanhas-russas me apavoram, causam distresse, enquanto que, para a maioria, o entretenimento que libera adrenalina é atraente e revigorante (causa eustresse).

Quanto mais apreendermos as situações que causam maior estresse, mais poderemos nos preparar para ter nelas um enfrentamento (*coping*) efetivo. Com isso, nossa vulnerabilidade a certos estressores tende a cair – no médio prazo, isso resulta em ganhos sistêmicos cumulativos, e um novo padrão de comportamentos será consolidado.

Significa que podemos aprender como reduzir a amplitude de variação no curto e no longo prazo da própria resiliência, ao mesmo tempo em que gradualmente a elevamos. Requer, claro, um investimento sistemático e duradouro, mas perfeitamente ao alcance de todos nós.

RESILIÊNCIA E SEU APRIMORAMENTO

Para estimular a reflexão, vejamos como se comporta quem apresenta baixa resiliência. Aqui posso apenas delinear minhas observações, já que não há registros disso na literatura. Frente a graves adversidades o indivíduo:

- É reativo, considera-se "azarado", fica "chocando" e remoendo os azares.
- Apresenta baixa autoestima – é inseguro, vacila e demora a reagir.
- Depende das iniciativas de outrem (figuras de autoridade).
- Durante crises, tem emoções infladas e oscilantes; às vezes perde o controle.
- Insiste teimosamente no curso de ação decidido, mesmo que ele se mostre ineficaz.
- Fica exaurido (energia psíquica) enquanto enfrenta a situação.
- Não procura ajuda externa, perde a esperança.
- Nunca volta ao "normal" ou leva uma década ou mais para isso.
- Vive doenças crônicas, perde ambições e vontade de realizar.

Indivíduos mais suscetíveis à noção de sorte e azar tendem a ser menos resilientes. No campo do empreendedorismo, onde a elevada resiliência gera mais êxitos, costumamos dizer que "a sorte é você quem constrói", e o futuro não é totalmente comandado pela incerteza e contingências, é fruto das próprias escolhas e omissões. Indivíduos podem paralisar ou vacilar diante da necessidade de enfrentar a situação, o que reduz a crença na capacidade de agir.

É mais provável encontrar resiliência moderada ou elevada em quem toma iniciativas do que nos reativos ou dependentes. Por isso, costuma ocorrer um fenômeno estranho com os de baixa resiliência: sua insegurança é tal que se apoia em táticas decididas, mesmo que se mostrem ineficazes, como que esperando a "sorte" mudar. Nesta classificação também se encontram aqueles que, sentindo-se fragilizados, isolam-se, constrangidos de sua situação.

Com esse conjunto de atitudes e comportamentos, o indivíduo de baixa resiliência fica exaurido. Essa fragilidade faz com que logo seja tomado por doenças típicas do distresse: insônia, dor de cabeça e enxaqueca, dores musculares, problemas digestivos e intestinais, problemas de pele. Em situações de maior distresse, chegam a ocorrer cardiopatias, doenças oportunistas por queda de imunidade, eclosão de doenças autoimunes, isquemias ou acidentes vasculares cerebrais. Até mesmo algumas formas de câncer podem eclodir naqueles com tal predisposição.

Em geral, diante dos efeitos da baixa resiliência, o indivíduo procura tratamento médico para as doenças. Eventualmente procura psicoterapias, para trabalhar o seu psiquismo fragilizado, ou para lidar com angústia e ansiedade. Muitos remoem culpas. Ou, então, buscam subterfúgios para afastar-se da situação, em busca de relaxamento. Uma das variações é perderem-se em devaneios ou *wishful thinking* (pensamento mágico). O cuidado que devemos tomar nessas condições é o de evitar táticas enganosas. Por exemplo, muitos buscam atenuadores de consciência: álcool e drogas. Outros viajam, pedem demissão de seus empregos, rompem relações conjugais – revelando que o equilíbrio entre prazeres e obrigações foi rompido.

Lidando com adolescentes em crise, Frydemberg (2004) relatou que as estratégias mais efetivas por eles adotadas foram: busca de apoios (família, amigos íntimos, padres, assistentes sociais, terapeutas); foco na resolução do problema; esforço constante; busca de pertencimento aos grupos onde convive; foco no positivo; recreação física e diversão relaxante. Muitas dessas estratégias funcionam bem apenas no momento agudo do processo, por isso não promovem ganhos de resiliência duradouros.

As estratégias de enfrentamento são mais proativas quanto maior a resiliência. Essa proatividade diante de adversidades também impulsiona a leitura de livros, sobretudo de autoajuda, mas também religiosos e filosóficos. A produção editorial de autoajuda é a maior em todo o mundo e também no Brasil. A leitura serve à sensibilização e lida, sobretudo, com os aspectos cognitivos da resiliência. Não é suficiente para ampliar a resiliência. Até porque, na maneira como são escritos esses livros, também servem para confortar os leitores e não para mobilizá-los. Novamente, é preciso discernir entre estratégias de curto prazo e as duradouras, de longo prazo.

Como há componentes cognitivos, emocionais e comportamentais na resiliência, o melhor investimento para aprimorá-la é por meio de educação. Mas não da educação formal convencional. Julgo necessários os treinamentos vivenciais, típicos da educação não formal.

Não há muitos exemplos na literatura sobre o efeito dessas ações educacionais. Burton e colegas (2010) conduziram na Austrália um estudo piloto de treinamento em resiliência, tendo como temática: emoções positivas, flexibilidade cognitiva, apoio social, significado existencial e enfrentamento ativo. O referencial conceitual dos autores envolveu terapia cognitivo-comportamental. O treinamento foi conduzido em 11 sessões de 2 horas, ao longo de 13 semanas. A avaliação antes e depois foi feita não só por questionários como por medidas físicas e hematológicas. Os resultados são coerentes com a literatura mencionada pelos autores: maiores níveis de propósito de vida, controle interno e autoestima. Em complemento, menor nível de estresse, mas não houve evidência de redução da depressão, de medidas físicas e hematológicas. As conclusões do estudo não podem ser generalizadas, dado que a pesquisa envolveu apenas 16 participantes do corpo de funcionários de universidade.

Ações educacionais de curta duração servem à sensibilização, sobretudo se acompanhadas de avaliações diagnósticas. Servem também para a vivência de exercícios que podem, depois, ser praticados pelos participantes de forma recorrente. Quando se obtém avaliações positivas, e indicativos de alguma melhoria, isso serve de estímulo para que os participantes tenham a disciplina de continuar seu autodesenvolvimento após o treinamento.

O autodesenvolvimento é necessário para superar o padrão de comportamentos longamente consolidado. Não há soluções mágicas, apenas a prática continuada de novos padrões substitui os padrões de baixa resiliência. Mas o resultado é compensador.

Nos próximos capítulos veremos os componentes da resiliência, analisados um a um.

2

Resiliência: uma competência

A pior de todas as misérias, porque limita o futuro, é a falta de resiliência.

PAULO SABBAG

A resiliência não se manifesta apenas frente a adversidades e perdas – também o sucesso exagerado a põe à prova. Imagine uma jovem suburbana, nascida em Londres em 1983. Filha de um motorista de taxi e cantor amador e de uma química, ela recebeu muito carinho dos pais e forte influência da avó severa. Pôde estudar em boas escolas, apesar de sua rebeldia precoce. Os pais se separaram quando ela tinha 9 anos, e ela passou a ter raiva do pai.

Seu talento para a música apareceu ainda na infância. Depois passou a compor, sempre com uma sinceridade desconcertante. Aos 15 anos perdeu a virgindade e sofreu demais por aquela desilusão amorosa. Saiu da escola de teatro e música onde estudava – há suspeitas de que ela foi "convidada a sair". No ensino secundário, um professor disse a seu respeito: "Animada, mas enervante. Era uma artista desde os 16 anos, e não muito adequada para a institucionalização" (NEWKEY-BURDEN, 2008, p. 48).

Sobre sua primeira gravação, aos 18, ela afirma: "Eu, honestamente, nunca achei que ia ganhar dinheiro com música – calculei que conseguiria um emprego em um escritório ou como garçonete" (*ibid.*, p. 55). Embora todos reafirmassem o talento que viam nela, a jovem considerava apenas sorte a chance de gravar um CD. Suas capacidades ela própria desprezava, exemplo de autossabotagem.

Em 2003, Amy Winehouse lança seu primeiro CD: *Frank*. Com letras contraditórias e uma mistura de estilos, aos 20 anos ela iniciava sua carreira artística. Não fez sucesso estrondoso, mas chegou a 13º nas paradas de sucesso inglesas em 2004. Nessa ocasião, ela já repudiava o disco. Convertida em celebridade, ela se tornou extravagante: passou a ter vida desregrada; consolidou o visual característico; adquiriu gosto por tatuagens. E teve sua primeira crise depressiva, antes de iniciar a produção do segundo CD. O sucesso não a ajudou a elevar sua resiliência.

Em 2006, com 23 anos, Amy lança o CD que a consagrou: *Back to Black.* O álbum continha *Rehab,* uma travessura insolente de quem rejeita a reabilitação frente às drogas; *You Know I´m No Good*, onde confessa sua infidelidade; *Just Friends*; *Love is a Losing Game*, música leve de dor de cotovelo e *Tears Dry on Their On*, onde revela o coração partido, mas também, nas lágrimas secas, a tentativa de enfrentamento. O maior sucesso veio com a música tema, sombria e dolorosa. Embora a música trate de um rompimento amoroso, o videoclip produzido para ela reproduz cenas de um sepultamento (dela mesmo, se presume), com imagens sombrias em branco e preto. Veja a letra composta por Amy:

Back To Black	***Volto Para o Luto***
He left no time to regret	Ele não deixou tempo pra se arrepender
Kept his lips wet with his same old safe bet	Ficou na "meia bomba" com a mesma velha e segura aposta
Me and my head high	Eu e minha cabeça embriagada
And my tears dry, get on without my guy	E minhas lágrimas secam, continuo sem meu cara
You went back to what you knew	Você voltou para o que você já conhecia
So far removed from all that we went through	Saindo totalmente de tudo pelo que nós passamos
And I tread a troubled track	E eu trilho um caminho tortuoso
My odds are stacked, I'll go back to black	Minhas chances estão empilhadas, eu vou voltar ao luto
We only said goodbye with words	Nós apenas dissemos adeus com palavras
I died a hundred times	Eu morri uma centena de vezes
You go back to her	Você volta para ela
And I go back to...	E eu volto ao...
I go back to us	Eu volto pra nós
I love you much	Eu te amo tanto
It's not enough, you love blow and I love puff	Isso não é suficiente, você ama cheirar e eu amo dar um trago
And life is like a pipe	E a vida é como um cano
And I'm a tiny penny rolling up the walls inside	E eu sou um minúsculo *penny* rolando paredes adentro
We only said goodbye with words	Nós apenas dissemos adeus com palavras
I died a hundred times	Eu morri uma centena de vezes
You go back to her	Você volta pra ela
And I go back to...	E eu volto ao...

A música *Back to Black* foi o download mais vendido no iTunes em 2007. Enquanto era requisitada para shows e entrevistas, Amy começava a dar vexames em público, cancelar shows e aparecer bêbada. Ela chegou a cortar a barriga com um caco de espelho durante uma entrevista. E revelou: "Sou uma pessoa insegura. Sou muito insegura a respeito de minha aparência. Quanto mais insegura, mais eu bebo" (*ibid.*, p. 22). Nem a fama gerou autoconfiança nela.

Ainda em 2007 ocorre o casamento tumultuado de Amy. Ambos os pais estavam apavorados com a destrutividade da relação, mas os tabloides reverberavam os apelos desses pais. Por que certas pessoas procuram encrenca em seus relacionamentos afetivos? Amy tornou-se mais uma artista problema. Tão amada e procurada por fãs e pela mídia, por que tanto destempero?

Em 2008, seu CD recebeu o Grammy em cinco categorias, culminando o reconhecimento internacional. Contudo, aos 25 anos, Amy perdia dentes, abusava de drogas e álcool, enquanto seu marido era preso por agressão. Não deve ser fácil aguentar a vida de celebridade, assediada por todos e exposta em sua intimidade. O tumulto na vida pessoal requeria alguma tenacidade, porque seu talento estava apenas desabrochando. Mas isso lhe faltou. Em 2009, depois de trair o marido, o casamento terminou; uma década de relacionamento conflituoso.

Em todo o mundo, especulava-se se Amy passaria incólume pela "idade perigosa do rock". Afinal, aos 27 anos de idade morreram Jim Morrison (The Doors), Jimi Hendrix, Janis Joplin e Kurt Cobain. Ao atingir essa idade em 2011, Amy fez turnê no Brasil, demonstrou profissionalismo (e frieza) no palco e procurou preservar a privacidade fora dele, nem sempre com êxito.

Causou comoção em julho de 2011, quando foi encontrada morta em sua casa em Londres, por excesso de álcool no sangue, após um longo período de abstinência. Faltavam dois meses para completar 28 anos de idade. Fãs espalhados em todo o planeta lamentaram a perda, e a imprensa sensacionalista aproveitou.

Nem a fama, nem o dinheiro, nem o fantástico talento conseguiram trazer felicidade a essa artista. Nada curou sua baixa resiliência. Com dificuldade de ajustamento, muitos jovens tornam-se drogadictos ou abusam da bebida, a droga social mais usada em situações de desamparo e desespero.

Dentre artistas, muitos creem que, com drogas, eles se tornam mais criativos, daí que não refletem sobre a maneira como conduzem as próprias vidas. Ou se deixam conduzir, como um "*penny*" rolando por um cano...

Estranha a muitos que o conceito de resiliência não seja oriundo da psicologia, e sim da engenharia, dos primeiros estudos em 1620 sobre a elasticidade de materiais. Contudo, essa origem nos possibilita fazer uma interessante metáfora sobre a resiliência.

Resiliência deriva do latim *resilientia*, do verbo *resilio* (*re* + *salio*) que significa "saltar para trás", recuperar-se, voltar ao "normal". Na física, a resiliência é propriedade de corpos elásticos, que se deformam na aplicação de força, absorvem energia e, quando cessa a força aplicada, retornam à forma original usando a energia armazenada. Quando a força é excessiva, a deformação é permanente: o corpo deixa de ser elástico, torna-se plástico. Por exemplo, há quem durma em travesseiros de plumas; depois de levantar da cama, por muito tempo o travesseiro ainda mostra a estampa da cabeça, o que revela baixa resiliência. Com travesseiros de espuma, ao contrário, imediatamente após levantar o travesseiro retorna à sua forma normal. Na resiliência de materiais, o tempo que leva para "voltar ao normal" é importante, assim como em indivíduos.

Na engenharia, o estudo da resiliência é associado à resistência dos materiais: tensões repetidas podem gerar fadiga ou *estresse*, levando até mesmo ao colapso do material. Em materiais como o concreto, com baixa resistência à tração, a incorporação de armaduras metálicas amplia a sua resiliência, tornando-o suficientemente flexível, por exemplo, para acomodar tensões causadas por um terremoto. Ser resistente, mas quebradiço (dúctil), não é tão adequado quanto ser resiliente.

Como metáfora, no Japão, o bambu, por eles chamado de *take*, é cultuado porque representa: a soma de solidez e flexibilidade; a capacidade de crescer com força; e a mescla de solidez com leveza. No humano, força bruta rígida e teimosa não é virtude em nenhuma arte marcial. A leveza, flexibilidade e capacidade de se recompor (que inclui a tenacidade) são necessárias.

Valorizo a "gente-bambu": aqueles que não "resistem" às pressões da vida contemporânea porque se vergam diante delas, porém guardam energia para enfrentar essas pressões, de modo que retornam à condição de bem-estar. Para maior clareza, indivíduos de elevada resiliência sofrem com as perdas, mas seu luto é abreviado; "desmontam" diante de graves adversidades, para depois se recuperar e até se tornarem ainda mais fortes.

Emprestado da física e da engenharia, há 45 anos o termo resiliência foi adotado pela psicologia, referindo-se, de início, à habilidade de recuperação após eventos estressantes, traumas potenciais ou crises danosas. Curiosamente, em ambos os campos são usados termos como: estresse, flexibilidade, resistência (*endurance*), fadiga, colapso e exaustão (*burnout*). Mas na psicologia o conceito ganha amplitude, envolvendo diferentes fenômenos associados.

Também a sociologia passa a adotar o conceito quando estuda a resiliência de grupos ou comunidades carentes: em muitas delas há enorme resiliência ao recuperar-se de graves adversidades, em outras ocorre o declínio acompanhado de descaminho. Melillo e Ojeda (2008) organizam relatos de esforços em comunidades carentes, de resiliência na família e de educação para resiliência na Argentina.

Mais recente é a assimilação do conceito de resiliência pela administração, de início voltado para a capacidade de assimilar mudanças significativas nas organizações. De fato, a resistência a mudanças pode decorrer de reduzida resiliência. Também Powley (2009) cita organizações que enfrentam crises, demonstram resistência (*endurance*) durante esses processos e crescem com elas. Contudo, há aquelas cujo efeito de desastres e crises é devastador.

A *American Psychological Association* define resiliência como o "processo e resultado de se adaptar com sucesso a experiências de vida difíceis ou desafiadoras, especialmente através da flexibilidade mental, emocional e comportamental, e ajustamento a demandas externas e internas" (APA, 2010, p. 809). Autor pioneiro em resiliência na psicologia, Flach (2004) a conceitua como as forças psíquicas e biológicas requeridas para lidar com sucesso com mudanças. Bonanno (2004) define a resiliência como a habilidade de manter um equilíbrio psíquico estável em situações de trauma potencial. Ong e colegas (2010, p. 82) definem resiliência como "padrão de funcionamento indicativo da adaptação positiva no contexto de risco ou adversidade". Esse padrão de funcionamento resiliente inclui não apenas atributos de personalidade do indivíduo, mas também atributos do contexto, os quais remetem a estratégias de enfrentamento (*coping*) e habilidades sociais. Zautra e colegas (2010) citam a definição de Kelly: "resiliência é a quantidade de estresse que uma pessoa consegue suportar sem mudanças fundamentais na capacidade de perseguir os objetivos que dão sentido à sua vida".

A maioria das definições trata de uma capacidade ativa de adaptação. Resiliência elevada significa não apenas recuperar-se, mas conviver com a situação sem graves alterações físicas, psíquicas e sociais. Não passar "incólume", mas também proteger-se dessas possibilidades, reduzindo a vulnerabilidade sem criar couraças defensivas. Mas isso para mim é pouco.

Gosto muito da definição de Grotberg (2008, p. 20): "Resiliência é a capacidade humana para enfrentar, sobrepor-se e ser fortalecido ou transformado por experiências de adversidade." Contudo, esta para mim é a definição de elevada resiliência; as definições anteriores servem bem para a resiliência moderada.

Para estruturar este livro, adotei como definição de trabalho: Resiliência é competência de indivíduos ou organizações que fortalece, permite enfrentar e até aprender com adversidades e desafios. É uma competência porque pode ser aprimorada: reúne consciência, atitudes e habilidades ativadas nos processos de enfrentamento de situações em todos os campos da vida.

ESCALAS PARA AVALIAR RESILIÊNCIA

O conceito de resiliência teria pouca aplicabilidade se não fosse possível mensurá-lo em indivíduos. A questão de como medir resiliência não é simples. Se ela é uma capacidade ou processo de adaptação, seria necessário avaliar as respostas reais e não presumidas em um grande conjunto de situações adversas. Isso não é viável. Daí a preferência por escalas baseadas em comportamentos presumidos diante de situações usuais. É preferível uma medida imperfeita que a ausência de medidas.

Na última década foram criadas pelo menos cinco escalas para aferir resiliência em adultos (afora as usadas para avaliar adolescentes e crianças), sintetizadas a seguir:

a) **Escala de Wagnild** (2009): criada em 1993, é a escala mais antiga e mais aplicada, embora não consagrada. Contém 25 perguntas. Disponível em www.resiliencescale.com, resulta em cinco fatores:
   - Perseverança.
   - *Equanimidade* (calma, bom humor e emoções sob controle).
   - Propósito de vida.

- Autoconfiança.
- *Solidão existencial* (senso de singularidade).

Essa escala foi traduzida e validada com jovens estudantes do Rio de Janeiro por Pesce e colegas (2005). Alguns dos fatores acima não foram encontrados na pesquisa brasileira, sugerindo diferenças culturais e/ou influência da idade da amostra. Os autores brasileiros preferem adotar sete fatores: *capacidade de resolver situações; valores; independência; determinação; autoconfiança; adaptação.* Uma versão reduzida, com 13 questões, foi validada no Brasil por Damásio e Borsa (2011), mesclando adolescentes e adultos, indicando correlação positiva entre resiliência e autoestima e correlação negativa com depressão;

b) **Escala Connor-Davidson (CD-RISC)**: criada em 2003 na perspectiva da resiliência frente a mudanças organizacionais, contém 25 itens e produz escore único, todavia composto de:
- Competência pessoal, padrão elevado e tenacidade.
- Confiança em seus instintos, tolerância a afeições negativas e fortalecimento dos efeitos de estresse.
- Aceitação positiva de mudanças e relacionamentos seguros.
- Controle.
- Influência espiritual.

Essa escala foi recentemente revista por Campbell-Sills e Stein (2007), reduzindo os cinco fatores originais para apenas um: *tenacidade* (*hardiness*), em uma escala com 5 pontos e 10 perguntas;

c) **Escala *RSA – Resilience Scale for Adults***: contém 37 perguntas em escala de cinco pontos e revela cinco fatores (AHERN *et al.*, 2006):
- Competência pessoal.
- Competência social.
- Coerência da família.
- Apoio social.
- Estrutura pessoal.

d) **Escala *BRS – Brief Resilience Scale*** (SMITH *et al.*, 2008) contém apenas seis perguntas, e mede apenas a capacidade de recuperação pós-estresse, composta de:

- Atributos pessoais.
- Relações sociais.
- Enfrentamento (coping).
- Saúde.

e) **Escala *RQ – Resilience Quotient*:** criada por Reivich e Shatté (2008), que não revelam se e como ela foi validada. Essa escala considera sete habilidades:

- Regulação de emoções.
- Controle de impulsos.
- Empatia.
- Otimismo.
- Análise causal.
- Autoeficácia.
- Alcance de vida (reaching out).

Mona e colegas (2008) mencionam outra escala – *Hardy-Gill Resilience Scale* –, usada especificamente com idosos. Skodol (2010) menciona duas outras escalas, a *BPFI – Baruth Protective Factors Inventory* e a *DRS – Dispositional Resilience Scale*, contudo alerta que nenhuma das escalas existentes é suficientemente abrangente ou aplicada. Windle e colegas (2011) confirmam a inexistência de escalas suficientemente validadas, estudando 15 delas.

Na literatura, muitos estudos enfocam os impactos da resiliência: recuperação (de trauma, de doenças derivadas do estresse); bem-estar físico e psíquico, redução ou controle de estresse. Outros enfocam a resiliência enquanto processo: redução de vulnerabilidade ou resistência (*endurance*); estratégias de enfrentamento (*coping*) de perdas e graves adversidades; fatores externos (apoio social); crescimento pós-trauma, que admite prosperar com as crises. Todos os estudos, contudo, consideram certos traços característicos do indivíduo: autoeficácia, otimismo, autoestima, controle de emoções, tenacidade.

Nessa amplitude há necessidade de escalas mais abrangentes que as acima listadas. Há outro fator importante para nós: se a resiliência sofre influência da cultura sobre os indivíduos, daí decorre a necessidade de criar escala compatível com a cultura brasileira. É de se esperar que os componentes de uma escala brasileira sejam diferentes ou "carreguem" o escore de resiliência de modo distinto que em outros países. Nessas condições a *ERS – Escala de Resiliência Sabbag* foi criada e validada. Seu nome segue a prática dos demais autores para diferenciar as escalas.

ERS – ESCALA DE RESILIÊNCIA SABBAG

Criei um questionário contendo 40 questões, a maioria delas adaptada de escalas e da literatura existente (CONNOR e DAVIDSON, 2003; HOOPES e KEELY, 2004; MADDI e KOSHABA, 2005; REIVICH e SHATTÉ, 2008; SMITH *et al.*, 2008), formando um conjunto único. Para reduzir o viés de desejabilidade social e de positividade de respostas, algumas questões negativas foram incluídas. Um pré-teste para validação de conteúdos foi aplicado a 92 alunos de educação continuada da Fundação Getulio Vargas em 2009.

A escala resultante continha 40 perguntas relacionadas a 11 construtos escolhidos: Otimismo, Proatividade, Autoestima, Autoeficácia, Flexibilidade, Controle de Emoções, Controle de Impulsos, Empatia, Tenacidade, Improviso e Autonomia (os dois últimos não citados na literatura). Cada construto (com exceção dos dois últimos) foi composto por três frases positivas e uma negativa ou reversa, em termos de resiliência. Cada frase foi avaliada em escala de Likert variando de 1 (máxima discordância) a 5 (máxima concordância).

A versão consolidada da enquete foi aplicada a alunos graduados de curso aberto a distância de especialização em administração, da Fundação Getulio Vargas, provenientes de 61 cidades, desde grandes centros urbanos como São Paulo e Rio de Janeiro, até cidades pequenas e distantes de grandes centros. Foram obtidas 1512 observações, das quais 1436 estavam completas.

Para a validação da escala foi usada a TRI – Teoria de Resposta ao Item (Lord e Novick, 1968). A TRI é uma teoria que modela a probabilidade de um indivíduo escolher uma categoria de resposta a cada item de acordo com as características do item (parâmetros dos itens) e as características dos indivíduos (variáveis latentes não observáveis). Indivíduos que teriam o mesmo escore por uma abordagem tradicional tal como a análise fatorial confirmatória, pela TRI apresentam diferentes valores de resiliência. Com essa técnica, dois indivíduos terão o mesmo grau de resiliência apenas se responderem todos os itens do teste de forma idêntica.

Melhor que apresentar uma estimativa pontual do erro padrão de medida a uma escala de grau de resiliência, como em abordagens tradicionais, a TRI oferece uma função de informação para cada item, e o erro padrão do teste funciona para indexar o grau de precisão das medidas ao longo de todas as possibilidades do constructo latente estudado (SABBAG e colegas, 2010).

Como resultado da aplicação da TRI, foram excluídas 9 das 40 questões, aquelas com baixo poder de discriminação. Com 31 questões, a escala resultante, denominada ERS, é robusta e consistente, e permite avaliar a resiliência em adultos profissionais brasileiros. A ERS determina um escore de resiliência. Contudo, para aprofundar a compreensão do escore obtido, decidi estudar seus componentes, em uma análise fatorial exploratória com rotação Varimax.

A Tabela 2.1 apresenta a carga de cada fator (proporção) para cálculo do escore de resiliência. Note que os 9 fatores consideram 48,487% da informação das observações. O escore de resiliência obtido com a ERS é a média ponderada dos subescores dos fatores, cada qual calculado a partir das respostas observadas nas questões pertinentes (invertendo a pontuação das questões negativas). O escore global e os subescores foram convertidos para escala até 100 pontos. Esse escore não é tão preciso quanto o obtido pela TRI, porém é mais funcional, já que permite compreender os fatores que compõem o escore de resiliência.

O Fator 1 reúne 11 das 31 questões, as questões com maior comunalidade, e representa a maior carga no escore de resiliência. Na análise pela TRI, 8 dentre as 40 questões da enquete original foram consideradas com mais alto poder de discriminação (SABBAG *et al.*, 2010): na análise fatorial, cinco delas

TABELA 2.1. Carga associada a cada fator e nome atribuído a eles.

	CARGAS			
FATORES	**EIGENVALUES - TOTAL**	**% DE VARIÂNCIA**	**% VAR. ACUMULADA**	**NOME ATRIBUÍDO AO FATOR**
F1	2,592	8,360	8,360	*Autoeficácia e autoconfiança*
F2	1,916	6,181	14,541	*Solução de problemas*
F3	1,752	5,651	20,192	*Temperança*
F4	1,751	5,647	25,839	*Empatia*
F5	1,588	5,123	30,962	*Proatividade*
F6	1,528	4,928	35,890	*Competência social*
F7	1,463	4,718	40,608	*Tenacidade*
F8	1,232	3,974	44,582	*Otimismo aprendido*
F9	1,211	3,905	48,487	*Flexibilidade mental*

formam o Fator 1. Esse fator corresponde aos atributos teóricos: *autoeficácia* e *autoconfiança*. É novidade na literatura associar os dois constructos teóricos em um, mas é compreensível, como veremos no Capítulo 3.

O Fator 2 reúne questões negativas. A inversão de significados permitiu interpretar que essas cinco questões associam-se à *solução de problemas*. O Fator 3 reúne questões que abordam o "controle" de emoções, nomeado *temperança*. O Fator 4 envolve a *empatia*, enquanto o Fator 5 envolve a *proatividade*. O Fator 6 envolve a *competência social* para articular apoios, enquanto o Fator 7 remete à *tenacidade*. Com cargas reduzidas, o Fator 8 trata do *otimismo aprendido* e o Fator 9 envolve a *flexibilidade mental* na busca de soluções.

Note que crenças profundas (*autoeficácia* e *autoconfiança*) – atitudes –, são determinantes da resiliência. Mas a iniciativa frente às situações é também relevante (*proatividade*, *solução de problemas* e *flexibilidade mental*), ainda mais quando há *tenacidade* e *otimismo aprendido*. As relações sociais são essenciais (*empatia*, *temperança*, *competência social*).

Esses fatores são diferentes dos constructos teóricos usados para formar o questionário. Os constructos *controle de impulsos*, *improviso* e *autonomia* foram excluídos na análise pela TRI. O Quadro 2.1 abaixo fornece uma visão geral dos nove fatores que compõem a resiliência. Cada um desses será abordado nos próximos capítulos.

Quero chamar a atenção para um fenômeno. Dois indivíduos com escore semelhante podem ter atributos muito diferentes: um deles pode ter muita confiança em si, soluciona problemas com grande flexibilidade mental, demonstra proatividade e tenacidade. O outro, em contrapartida, pode ser mais empático, daí que articula apoios sociais, o que reforça seu otimismo aprendido e flexibilidade mental, mesmo apresentando baixa autoestima. Por isso, conhecer apenas o escore global não é tão importante quanto conhecer também os subescores.

Compreendendo os subescores, o indivíduo pode atuar sobre eles, visando ampliar o escore global de resiliência. Contudo, o fenômeno da resiliência é sistêmico, não basta somar essas capacidades porque elas se reforçam mutuamente.

Retornando ao exemplo anterior, um dos indivíduos poderia ser tenaz e persistente sendo reativo. Mas, se fosse proativo, essa tenacidade ampliaria a efetividade de seus comportamentos. Esse indivíduo não poderia ser proativo sem ser autoconfiante e autoeficaz.

Portanto, o que importa é a sinergia entre esses fatores, de tal modo que o resultado, em termos de resiliência, seja maior que a simples existência deles somada. No popular: 2 + 2 = 5. Como são nove fatores, eles formam diferentes estilos de resiliência.

QUADRO 2.1. Fatores associados à resiliência em adultos.

Autoeficácia e Autoconfiança	*Autoeficácia*: crença na própria capacidade de organizar e executar ações requeridas para produzir resultados desejados (BANDURA, 1997). *Autoconfiança* é o senso de valor atribuído a si mesmo; é o oposto da vitimização, no caso de adolescentes.
Otimismo aprendido	Otimismo é o modo de encarar o mundo de forma positiva, considerando as dificuldades como temporárias, sem assumir para si as circunstâncias, o azar ou os atos de outros. Otimismo aprendido é a capacidade de contrapor emoções positivas às negativas nos momentos difíceis.
Temperança	Temperança é a capacidade de regular as emoções em situações muito difíceis. Significa manter a "serenidade" ou "frieza" quando submetido a pressões. Destemperança é a perda de controle das emoções nessas situações, provocando a impulsividade.
Empatia	Capacidade de compreender o outro em seu quadro de referência; portanto é a capacidade de colocar-se no lugar do outro, mantendo sintonia com seus próprios sentimentos e os do outro.
Competência social	A competência social permite articular apoio de outros nas situações adversas, seja para obter ajuda seja para não sentir-se desamparado.
Proatividade	Proatividade é a propensão a agir frente a situações adversas. Reatividade, ao contrário, é a propensão a apenas reagir às situações. Envolve iniciativa, mesmo em situações de risco e incerteza.
Flexibilidade mental	Flexibilidade mental deriva da maior tolerância a ambiguidades. Os de baixa resiliência insistem teimosamente em táticas mesmo quando não efetivas; os flexíveis persistem, tentando novas táticas de forma pragmática e criativa.
Solução de problemas	Capacidade de diagnosticar problemas, planejar soluções e ter a iniciativa de agir. É uma visão prática das situações.
Tenacidade	Capacidade de suportar pressão e estressores sem sofrer distresse; resistência física e mental em situações muito demandantes.

Outra questão: alguns dos fatores poderiam determinar outros, portanto formariam a base da resiliência. Realizei diversas análises por equações diferenciais, sem sucesso. Novos estudos são exigidos, mas a hipótese que adoto é que os nove fatores formam um sistema: cada um fortalece ou prejudica os demais. Com essa premissa, é equivocado pensar em reduzir defasagens, atuando apenas sobre um ou outro dos fatores. Prefiro atuar sobre o conjunto deles, assumindo que qualquer incremento em um incrementa outros. Não se trata de corrigir "defeitos", e sim de ampliar a efetividade da resiliência.

O Quadro 2.2 compara os fatores de resiliência entre as escalas existentes – há semelhanças e diferenças notáveis. Na última linha encontram-se os fatores

QUADRO 2.2. Comparação entre escalas para aferir resiliência.

ERS	WAGNILD	CD-RISC	RSA	BRS	RQ
Autoeficácia e autoconfiança	Autoconfiança Propósito de vida		Estrutura pessoal	Atributos pessoais	Autoeficácia Alcance de vida
Otimismo aprendido		Aceitação positiva de mudanças			Otimismo
Temperança	Equanimidade	Confiança, tolerância a afeições negativas			Regulação emoções Controle de impulsos
Empatia					Empatia
Competência social			Competência social Apoio social	Relações sociais	
Proatividade					
Flexibilidade mental					
Solução de problemas			Competência pessoal	Enfrentamento	Análise causal
Tenacidade	Perseverança	Competência pessoal e tenacidade			
	Solidão existencial	Controle e influência espiritual	Coerência da família	Saúde	

de outras escalas não comparáveis aos da ERS. Note que a mesma contempla dois fatores inéditos: a *proatividade* e a *flexibilidade mental*, além de outro quase inédito, a *empatia*, só considerada na escala RQ. Seria esse um fator relevante para a cultura brasileira? Em comum na maioria das escalas, a *autoeficácia*, a *temperança*, e em menor frequência, o *otimismo* e a *tenacidade*.

ESTILOS DE RESILIÊNCIA

Com um número tão grande de observações na enquete foi possível agrupar as respostas para conhecer os diferentes estilos de resiliência. Para tanto foi realizada a análise de agrupamentos (*cluster analysis*) pela técnica K – Médias (*K-Means*). A Tabela 2.2 revela os escores totais e obtidos para os agrupamentos A, B, C e D em escala até 100 pontos. Em termos de quantidade de observações, o agrupamento A é maior que o D, enquanto B e C representam cada um aproximadamente 25% da amostra.

A Tabela 2.3 compara dados da amostra (idade, formação e gênero) em relação aos quatro agrupamentos. Note (em negrito) que a variação de idade não é relevante para esta amostra, que é nitidamente jovem. Julgo interessante pesquisar no futuro se a resiliência varia conforme a idade.

TABELA 2.2. Escores médios por agrupamento.

	TOTAL	**A**	**B**	**C**	**D**
AGRUPAMENTO	**MÉDIA**	**MÉDIA**	**MÉDIA**	**MÉDIA**	**MÉDIA**
Observações:	**1503**	**495**	**389**	**371**	**248**
F1 – Autoeficácia e autoconfiança	**70,9**	77,2	70,0	72,8	57,0
F2 – Solução de problemas	**76,9**	89,5	**80,7**	66,6	61,4
F3 – Temperança	**63,7**	79,5	**70,4**	49,1	43,8
F4 – Empatia	**70,6**	80,9	54,7	**80,1**	60,9
F5 – Proatividade	**75,6**	85,1	69,0	79,8	60,7
F6 – Competência social	**80,0**	87,6	71,4	**85,0**	71,1
F7 – Tenacidade	**75,5**	82,8	68,8	**80,7**	63,7
F8 – Otimismo	**81,3**	90,6	**76,8**	**83,3**	67,0
F9 – Flexibilidade mental	**58,4**	63,8	56,0	60,1	48,5
Escore Resiliência	**72,5**	**81,9**	**69,0**	**72,7**	**59,1**
Desvio padrão	**9,23**	4,55	4,53	4,43	6,07

TABELA 2.3. Idade, formação e gênero da amostra em cada agrupamento.

AGRUPAMENTO		TOTAL	A	B	C	D
Idade	Total	100,0%	100,0%	100,0%	100,0%	100,0%
	Até 25 anos	42,2%	41,1%	41,5%	46,3%	39,8%
	De 26 a 30 anos	39,2%	35,9%	40,2%	40,5%	42,2%
	De 31 a 35 anos	10,9%	12,9%	11,1%	8,5%	9,8%
	De 36 a 40 anos	4,4%	5,3%	4,4%	2,8%	4,9%
	De 41 a 45 anos	2,0%	2,3%	2,3%	1,4%	2,0%
	De 46 a 50 anos	,9%	1,6%	,5%	,3%	,8%
	De 51 a 55 anos	,3%	,6%	,0%	,3%	,4%
	De 56 a 60 anos	,1%	,2%	,0%	,0%	,0%
Formação	Total	100,0%	100,0%	100,0%	100,0%	100,0%
	Ciências EXATAS	23,7%	25,3%	**30,9%**	**18,0%**	**17,8%**
	Ciências HUMANAS	17,4%	18,9%	**11,9%**	19,7%	19,4%
	Ciências BIOLÓGICAS	8,2%	5,3%	8,8%	9,8%	10,9%
	Ciências SOCIAIS	48,9%	48,5%	46,9%	50,8%	50,2%
	ARTES	1,7%	2,0%	1,5%	1,6%	1,6%
Gênero	Total	100,0%	100,0%	100,0%	100,0%	100,0%
	Feminino	51,7%	46,7%	43,2%	**62,9%**	58,3%
	Masculino	48,3%	53,3%	**56,8%**	37,1%	41,7%

É senso comum que as mulheres seriam mais estressadas, portanto poderiam ter sua resiliência reduzida. Note que no agrupamento A de elevada resiliência a proporção de homens é um pouco superior à de mulheres e no agrupamento D ocorre o inverso. Há maior variação nos outros agrupamentos: o C contém maior presença feminina que o B.

O agrupamento B, mais masculino, apresenta maior proporção de formados em ciências exatas. Já no agrupamento C é nítida a predominância da formação em ciências sociais, onde predomina a administração – é o agrupamento mais feminino.

Note a diferença entre agrupamentos: no A todos os subescores estão acima das médias globais da amostra – resiliência elevada; no agrupamento D todos os subescores estão abaixo dessas médias – resiliência baixa. Mas há uma diferença nítida entre os agrupamentos B e C de resiliência moderada, embora suas médias globais sejam similares: no B só a *solução de problemas* e a *temperança* estão acima das médias globais, enquanto que no C esses mesmos fatores estão abaixo das médias, e apenas esses (os demais estão acima das médias). Resulta uma configuração em que há classes distintas de indivíduos relativas à resiliência moderada: os subescores de C em geral são maiores que os de B, para escore similar de resiliência.

As diferenças entre os agrupamentos B e C são congruentes com diferenças de formação: o B contém maior proporção de engenheiros (ciências exatas) e maior proporção masculina, enquanto que o agrupamento C contém mais administradores e psicólogos (ciências humanas e sociais), além de maior presença feminina. Levanto a hipótese de que diferenças culturais de gênero estabeleceram modos distintos, porém em grau similar, de enfrentar situações extraordinárias: sucessos, desafios, perdas, estresse e traumas.

Há, portanto, um estilo "masculino" relacionado à resiliência moderada. Não quer dizer que todos sejam homens, é só um estilo, um arquétipo. Na Tabela 2.2 nota-se que as maiores médias desse agrupamento B referem-se à *solução de problemas*, *otimismo* e *temperança*: é o estilo de quem tem "sangue frio" (temperança) e é otimista em relação ao esforço que faz de resolução de problemas, com o qual se esforça para enfrentar as adversidades e crises. Mas, note na tabela, faltam a eles *empatia* e *flexibilidade mental*. Bem masculino, não?

O estilo "feminino" do agrupamento C apresenta as maiores médias nos fatores: *competência social, otimismo, empatia* e *tenacidade*. O ponto fraco desse agrupamento, a média nitidamente baixa, está no fator *temperança*, ou capacidade de regular suas emoções. É o estilo de quem aguenta pressão mesmo perdendo o controle das emoções, mas faz uso efetivo de sua empatia e capacidade de articular apoios sociais. Bem feminino.

Esse resultado conflita com o obtido por Folkman e Lazarus (1980), que estudaram amostra de 100 pessoas de meia idade, avaliando táticas usadas para enfrentar situações de estresse. Os autores não encontraram diferença significativa entre gêneros. Ambos os gêneros enfrentaram as situações estressantes com táticas para regular emoção, restabelecendo seu equilíbrio, e com táticas de solução de problemas. Na enquete que gerou a ERS fica evidente que indivíduos com resiliência moderada são mais propensos ou a mobilizar sua capacidade de lidar com emoções ou sua capacidade de solucionar problemas.

O agrupamento D apresenta o menor escore médio de resiliência: 59,1. Os agrupamentos B e C apresentam escore médio respectivamente 69,0 e 72,7. O agrupamento A apresenta maior resiliência: média de 81,9. Somando ou subtraindo um desvio-padrão desses escores médios, defino como resiliência baixa escores até 64,99; a resiliência moderada com escores entre 65,00 e 76,99; a resiliência elevada com escores acima de 77,00. Note que, por resiliência moderada, não quero sugerir a neutralidade: entre o ótimo e o ruim não há apenas o regular, há o bom, também. Resiliência moderada significa razoável capacidade de enfrentamento de crises e adversidades, com algum distresse, e moderado sucesso. É suficiente, não?

Note que o agrupamento A, de elevada resiliência, apresenta médias superiores à global em todos os fatores. Também apresenta médias em cada fator superiores às correspondentes nos demais agrupamentos. É a sinergia que todos buscamos.

O agrupamento D, de baixa resiliência, apresenta médias em todos os fatores mais baixas que as globais e que as dos demais agrupamentos, com exceção da *empatia*, que na média é maior que o agrupamento masculino. As piores médias residem na *temperança* e na *flexibilidade mental*. Isso explica a teimosia deles, que persiste mesmo quando as táticas empregadas não surtem efeito. Levanto a hipótese de que o destempero, ou grande amplitude de emoções, é compensado por um comportamento pretensamente estável, como que para dar segurança durante o enfrentamento da crise ou adversidade. Com pontuação tão baixa em temperança, o distresse parece ser a consequência natural, e prejudicial. Ao invés de sinergia, ocorre entropia, o indivíduo se consome nas crises em que é envolvido.

Para completar a análise da enquete que gerou a ERS, vou tratar das quantidades. Como o agrupamento A contém 495 de 1503 observações (34% do total), mas a amostra contém 44% de indivíduos com resiliência elevada, significa que parcelas dos agrupamentos C e B (em menor escala) recaem sobre essa faixa da escala.

Como a enquete não foi baseada em amostragem da população brasileira, não se pode generalizar o fato de que 16% da amostra apresentam resiliência baixa; 44% apresentam resiliência moderada e 40% apresentam resiliência elevada, usando a ERS. Mas é nítido: entre os estudantes pesquisados, a resiliência prevalece. O fato de que apenas 16% da amostra estão na faixa de resiliência baixa da escala ERS sugere que a maioria absoluta dos indivíduos é resiliente. Proporções tão elevadas remetem à hipótese de influência de desejabilidade social: como a resiliência mede a maneira como se enfrenta a vida, é impossível descartar esse viés na construção da escala.

Em comparação, a escala de Wagnild (2009) cobre de 25 a 175 pontos, sendo que a resiliência elevada situa-se acima de 145 pontos (82% do total) e a resiliência baixa a 125 pontos (71% do total) – proporções não muito diferentes da ERS.

Na literatura, Mancini e Bonanno (2010) mencionam estudos de estresse pós-traumático que revelam que 50% ou mais das populações pesquisadas são resilientes, percentual similar ao obtido em estudos com crianças.

Mesmo se as proporções da ERS fossem de 30%, 40% e 30%, respectivamente para baixa, moderada e elevada, isso não mudaria a estratégia que adoto: precisamos apoiar como pudermos os de baixa resiliência, e esta é minha profissão de fé como educador e consultor; e precisamos aprender com os *champions*, que é como os norte-americanos chamam os de elevada resiliência.

A propósito, meu escore de resiliência é moderado, próximo do limite inferior. O que veremos nos próximos capítulos corresponde às minhas tentativas, ao meu esforço pessoal de elevar minha resiliência. É algo no qual julgo valer a pena investir.

Para concluir, não considero a ERS um teste psicométrico, ela é mais um inventário relativamente estável (varia um pouco quando repetido) e aplicável em diferentes contextos (vida pessoal, profissional etc.). Avaliar o escore de resiliência é como lançar palhas ao vento: ela aponta uma direção mais do que define uma posição.

RESILIÊNCIA, ESTRESSE E CULTURA

Com a ERS validada, eu pude conduzir outra enquete em 2012, em colaboração com o psicólogo Milton Sabbag Jr., visando iluminar aspectos que a enquete anterior não cobriu. Coletei 1451 observações, com o mesmo público da enquete de 2009: alunos do curso de especialização pós via satélite da Fundação Getulio Vargas, dispersos em 58 cidades do Brasil. O questionário foi composto da ERS, do inventário ISSL – Inventário de Sintomas de Stress para Adultos de Lipp (2000), e de um extrato do inventário de Holmes e Rahe (FARNÈ, 2003, p. 50) para avaliar ocorrências de estresse, além de perguntas sobre o tamanho da cidade e região do país onde vivem os respondentes.

Dos 1188 questionários válidos, 557 atingiram escore de resiliência baixa (47%); 448 de resiliência moderada (38%) e 183 de resiliência elevada (15%).

São proporções muito diferentes da enquete anterior. Somando as duas enquetes, resultaria nas proporções 30%, 40% e 30%, respectivamente.

Como era de se esperar, a ocorrência de adversidades independe da resiliência, no teste de médias efetuado. Sobre os sintomas de estresse, 61,2% da amostra não está submetida a estresse; dos que apresentam estresse, 0,7% estão na fase de alerta, 35,4% na fase de resistência, 2,4% na fase de quase-exaustão e 0,3% na fase de exaustão. Apenas em comparação, uma amostra mais feminina e mais velha, em sua maioria, de professores brasileiros do ensino fundamental revelou 32,9% sem estresse, 0% na fase de alerta, 55,3% na fase de resistência, 10,5% na fase de quase-exaustão e 1,3% na fase de exaustão (usando inventário ISSL, MARTINS, 2005). Um grupo mais estressado que o dessa enquete.

Em síntese, indivíduos ou não sofrem estresse ou apresentam resistência a ele, o que impede uma adequada comparação com o escore de resiliência.

Essa enquete não revela relação (com nível de significância de 0,05) entre o escore de resiliência e a avaliação de sintomas de estresse. Só é notável que os de elevada resiliência informaram menos "dificuldades de relacionamento no trabalho" que os de baixa resiliência e informaram mais "vontade súbita de iniciar projetos" e "aumento súbito de motivação" que os de baixa e moderada resiliência.

Ou o efeito da elevada resiliência reduzindo o distresse não é tão significativo, fico a pensar, ou a estratégia de pesquisa não foi efetiva em relacionar os dois constructos. Uma hipótese a pesquisar: apenas a tenacidade afeta a resistência ao distresse, e como ela não é fator de elevada carga no escore de resiliência, não se reflete no escore global.

O escore de resiliência não varia (com nível de significância de 0,05) no teste de médias nem com o tamanho das cidades nem com a região do país. Isso sugere que as diferenças culturais dentre as regiões do país não afetam o escore. Também significa que, se o tamanho da cidade determina um estilo de vida, e mesmo determina a carga de estresse crônico, esses não afetam o escore de resiliência.

Diante desses resultados, julgo mais promissor o estudo da resiliência que o de estresse.

3

Acredite em seu potencial

O sucesso é ir de fracasso em fracasso
sem perder o entusiasmo.

WINSTON CHURCHILL

Ao nascer, recebeu o nome de Rolihlahla, que na língua Xhosa significa "criador de caso", no popular. Mas recebeu o nome cristão Nelson ao entrar na escola. Mandela nasceu em uma pequena e pobre vila no sudeste da África do Sul, em 1918. Provinha do clã Madiba, do povo Thembu da etnia Xhosa. Pertencia à família real de sua tribo, mas em um ramo distante do sucessório. Seu pai era conselheiro do regente, e Mandela era predestinado a seguir seus passos.

Enquanto menino, vivia como os camponeses. Seu pai havia perdido a posição e a riqueza após ser detido por insubordinação. Foram viver ajudados por parentes em outro local. Ao perceber que Nelson era inteligente, um amigo da família o colocou na escola cristã, aos 7 anos. Depois de perder o pai, Mandela teve o chefe Jongintaba como seu guardião pela década seguinte, como homenagem que o regente fez ao pai. Isso permitiu a ele ter conforto e boa educação para o padrão dos negros de então: fez a escola fundamental local, depois a escola secundária. Aos 21 anos, ainda sob patrocínio do regente, entrou na faculdade metodista Fort Hare para se preparar para o curso de Direito. Nos dois anos em que lá estudou, conheceu gente de outras nações e diferentes níveis sociais. Gradualmente substituiu a reverência à autoridade por posições coletivas, enquanto foi representante de alunos em órgãos institucionais. Sua competência social e empatia já se manifestavam. Em uma dessas disputas com a direção, foi expulso da escola.

Ao retornar em férias para a casa do regente, soube que ele tinha arranjado casamento para seu filho Justice e também para Mandela. Ambos se rebelaram, demonstrando autoeficácia: abandonaram o curso, faltando um ano para a titulação como bacharel, e viajaram a Joanesburgo para trabalhar e viver com independência.

Em sua biografia, Mandela (1994) afirma nunca antes ter sabido o que era pobreza: passou a morar em quarto alugado sem energia elétrica, trabalhava em escritório de advocacia enquanto continuava seus estudos por correspondência. Quase nunca sobrava recurso suficiente para a adequada alimentação. Obteve o título de bacharel um ano depois e entrou para a universidade em 1943, aos 25 anos, para graduar-se em Direito. A tenacidade se fazia presente.

Mandela não sabe precisar quando se tornou um *freedom fighter*, como ele sempre se nomeou. Em 1943, ainda com ressalvas, foi aceito na juventude da ANC – *African National Congress*, entidade da elite negra africana criada em 1912. Em seguida, casou-se, mudando novamente. Em 1947 deixa o emprego em escritório de advocacia, para dedicar-se aos estudos visando completar a graduação no ano seguinte. Ainda nesse ano assumiu o primeiro cargo eletivo na ANC, e nos anos seguintes subiu rapidamente para posições mais elevadas, enquanto a entidade iniciava ações pela liberdade dos africanos, como reação às leis que entravam em vigor e que viriam a constituir o ignóbil "apartheid".

A ANC mantinha conexões históricas com os comunistas e buscava a aproximação com os movimentos dos hindus, antes liderados por Gandhi, e com o movimento dos *coloureds*, como a legislação tratava os mestiços. Em 1952, Mandela foi preso pela primeira vez, juntamente com 20 outros líderes desses movimentos – foi condenado a 9 meses de trabalhos forçados, mas a pena foi suspensa. Nessa ocasião e aos 33 anos de idade, Mandela já havia concluído o curso superior e podia atuar como advogado de forma restrita – sua vida se dividia entre a luta pela liberdade e o trabalho como advogado, na banca "Mandela e Tambo", primeiro escritório de negros a advogar em favor de não-brancos no país. Em Joanesburgo, vestindo terno e dirigindo um Oldsmobile, Mandela ainda considerava ser um menino do campo.

Nos anos seguintes, por longos períodos Mandela foi impedido de sair de Joanesburgo, de participar de reuniões e de eventos públicos. Mas a atividade política crescia, no comando da ANC. Nessa ocasião, Mandela passou a praticar boxe diariamente: "Nunca fui um boxeador excepcional... Eu não gostava da violência do boxe, mas de sua ciência... Boxe é igualitário. No ringue a posição, idade, cor ou riqueza são irrelevantes... Eu encontrei no exercício rigoroso uma excelente válvula de escape para tensão e estresse" (*ibid.*, p. 226). Essa tática para controle de estresse serviu tanto para reforçar a sua tenacidade quanto para preservar a temperança.

No final de 1956, Mandela e outros 155 companheiros de luta foram presos, acusados de traição ao país. Depois de duas semanas na prisão, seu primeiro casamento chegava ao fim. Em pouco tempo, apaixonou-se por Winnie, com quem logo se casou em 1958. Em seguida, começou o julgamento por traição, mas os procedimentos na corte de fato começaram em 1959. Depois de quatro anos na corte, dúzias de promotores e dezenas de milhares de páginas, em 1961 o julgamento terminou. O veredito contrariou os interesses do governo: Mandela e colegas foram considerados inocentes.

Depois desse julgamento, Mandela decidiu viver clandestino. O apartheid estava consolidado, os enfrentamentos entre negros e brancos pipocavam a toda hora. Por iniciativa proativa dele, obteve aval da ANC para iniciar e liderar um braço militarizado destinado a ações violentas: *Umkhonto we Sizwe* (MK). Muitos atribuem a Mandela afinidade com as ideias de Gandhi, e de fato, ele as discutiu muito com o filho dele, Manilal Gandhi, mas há discordâncias: "Eu vi a não-violência no modelo de Gandhi não como um princípio inviolável, mas como uma tática a ser usada conforme a situação demande... Eu chamei por protestos não-violentos enquanto eles foram efetivos" (*ibid.*, p. 147). Mandela vislumbrava quatro tipos de ação violenta: sabotagem, guerrilha, terrorismo e revolução aberta. Lutou e aprovou com a ANC pela sabotagem, adotando por princípio evitar a perda de vidas.

Ainda clandestino, Mandela viajou a países da África em missão para obter apoio para a luta em seu país. Foi sua primeira viagem ao exterior, e a primeira em aviões, que lhe causavam medo. Num dos voos ele notou que o piloto era negro e entrou em pânico. Logo em seguida, deu-se conta de que havia caído na armadilha da "mentalidade apartheid": "Negros eram inferiores; pilotar aviões era tarefa de brancos". E se conteve. Mandela foi recebido por dezenas de chefes de Estado, que lhe deram apoio e parcos recursos financeiros e materiais.

Em agosto de 1962 ele foi novamente preso, agora em circunstâncias bem piores. Foi condenado a cinco anos de prisão. "A prisão não apenas rouba a liberdade, ela também tenta extirpar a identidade", afirma Mandela (*ibid.*, p. 398). Por isso, considerou que a luta pela liberdade continuaria na prisão, só que de forma distinta. Essa crença lhe permitiu preservar a autoconfiança e tenacidade. Meses depois teve sua primeira passagem pela tenebrosa prisão de Robben Island, numa ilha próxima à cidade do Cabo.

Já adaptado por meses à vida nessa horrível prisão, Mandela é levado a outro julgamento, desta vez por sabotagem e conspiração: toda a rede clandestina havia sido desmantelada, e o governo detinha uma profusão de informação comprometedora. A pena máxima (morte) era uma possibilidade concreta e provável. Mandela decidiu assumir a própria defesa, para fazer do julgamento uma tribuna para propagar seus ideais. Em sua defesa, vestido como chefe tribal e não como advogado, argumentou que a ANC era nacionalista e não racista; que planejou sabotagem, mas nada foi de fato realizado; assumiu inteira responsabilidade pela MK; e mostrou-se distante do comunismo, porque valorizava a democracia ocidental.

O julgamento de Mandela foi acompanhado em muitos outros países. Antes de receber a sentença, Mandela escrevia artigos para viabilizar seu exame na universidade de Londres: "Certamente parecia bizarro aos meus guardas, que diziam que eu não precisaria do título para o lugar aonde eu iria... Mas eu estava com ideia fixa sobre isso, e mais tarde compreendi que foi o meio de evitar pensar negativamente" (*ibid.*, p. 445). Mandela nunca se entregou diante das circunstâncias, e compensou os prognósticos ruins com o otimismo aprendido.

Em junho de 1964, os acusados retornaram ao júri pela última vez. Diante da pressão internacional, o juiz decidiu pela prisão perpétua – e não morte –, de todos os acusados. Na madrugada seguinte foram todos levados à prisão de Robben Island. Mas as condições da prisão eram muito piores. Mandela afirmou: "O desafio de cada prisioneiro, particularmente de cada preso político, é como sobreviver intacto, como emergir da prisão sem ser diminuído, como conservar e mesmo completar suas crenças" (*ibid.*, p. 463).

Mandela se considera fundamentalmente um otimista: "Eu nunca considerei seriamente a possibilidade de que eu não sairia da prisão algum dia... Talvez eu negasse esta perspectiva por ser demasiado intolerável considerar. Mas eu sempre soube que algum dia eu sentiria a grama sob meus pés e o sol sobre minha cabeça como um homem livre" (*ibid.*, p. 464). Na prisão, ele se torna mais pragmático, cuida de pequenas conquistas, tenta melhorar a condição dos presos, e tenta reconciliar as organizações militantes (ANC e PAC). Também busca compreender a língua (africâner) e o ponto de vista dos brancos.

Praticamente sem contato com o mundo exterior, certo dia em 1969 ele recebe a notícia da morte de seu primeiro filho em um acidente de automóvel. Mandela ainda sofria com a perda recente da mãe e sofreu esta nova tragédia. Ele ficou por horas derrubado em seu leito, desamparado. Não lhe foi dada permissão para acompanhar o funeral do filho.

Enquanto os anos passavam, as condições da prisão se tornavam menos árduas. Mandela voltou a se exercitar todos os dias por mais de uma hora: "Eu sempre acreditei que o exercício é chave não só para a saúde física, mas para a paz mental... Exercícios dissipam a tensão, que é inimiga da serenidade" (*ibid.*, p. 583). Também passou a cuidar de uma horta, e semanalmente distribuía entre guardas e presos de outras alas os legumes que produzia.

Em 1978 sua filha o visitou e levou seu bebê recém-nascido. Como era costume em sua tribo, coube ao avô Mandela escolher o nome dele. Ele escolheu Zaziwe, que significa "esperança", porque ele nunca a perdera em todo o tempo na prisão. Em 1982 foi transferido para outra prisão, e perdeu contato com seus colegas, novamente.

Ficar só para ele era o pior castigo. Porém, em pouco tempo Mandela concluiu que o isolamento oferecia a liberdade de tomar iniciativas autônomas, mantendo-as confidenciais até que prosperassem. E solicitou reunião com o ministro da Justiça visando iniciar negociações. O governo já tinha feito mais de uma oferta de libertar Mandela, diante da pressão internacional contra o apartheid, mas Mandela só aceitava negociar se todos os presos políticos fossem libertados e a ANC deixasse de ser ilegal. De 1986 a 1989 ocorreram conversas sigilosas entre Mandela e uma comissão governamental periodicamente. Depois de obter apoio dos colegas de cárcere da ANC, essas negociações tornaram-se públicas. Mandela demonstrava sua capacidade de solução de problemas, desde os quase insolúveis até os pequenos detalhes.

Em fevereiro de 1990, o presidente da África do Sul, De Klerk, anunciou que levantava o banimento de todas as organizações, suspendia a pena capital, libertava todos os presos políticos encarcerados por atividades não violentas e aliviava muitas das condições presentes no estado de emergência. Sete dias depois chamou Mandela a seu gabinete para informar de sua libertação no dia seguinte. Foi um momento surreal: Mandela queria mais tempo para organizar o evento de libertação, e o governo tinha pressa em libertá-lo!

Com 71 anos de idade, depois de passar 27 anos encarcerado, Mandela foi recebido por multidões. A imprensa internacional deu farta cobertura: ele tinha se tornado o símbolo da luta pela liberdade. Ele não pretendia abandonar a política, mas desejava pelo menos viajar e descansar um pouco em convívio familiar. Nada disso foi possível, pois nos meses seguintes, com a substituição do presidente da África do Sul, os conflitos acirraram. Parecia que o sonho de democracia racial desapareceria a qualquer momento.

Em 1991 tem início a CODESA – *Convention for a Democratic South Africa*, órgão de múltipla representação, contendo observadores internacionais. Mas somente em abril de 1994 ocorreu a primeira eleição em que negros puderam votar. Pouco antes, Mandela e o presidente De Klerk repartiram o Prêmio Nobel da Paz. Também o bispo Desmond Tutu, que Mandela nem cita em sua autobiografia, havia recebido essa honraria por seus esforços pela mesma causa.

Aos 76 anos de idade, Mandela assumiu a presidência – foi uma "longa caminhada para a liberdade", daí o nome de sua autobiografia. Já no governo, Mandela designou o bispo Tutu para liderar a Comissão da Verdade e Reconciliação. Em suas palavras finais nesse livro: "Eu tenho visto homens se levantarem a ataques e torturas sem quebrar, mostrando força e resiliência que desafiam a imaginação. Eu aprendi que coragem não é a ausência de medo, porém o triunfo sobre ele" (*ibid.*, p. 748).

Quem tolera seguidos fracassos? A epígrafe de Churchill e o caso Mandela indicam que se os fracassos não nos abalam é porque temos crenças muito fortes sobre a própria capacidade. É disso que trata o primeiro fator da ERS: autoeficácia e autoconfiança.

No final dos anos 1980, iniciava a busca pela melhor qualidade em serviços, depois de décadas de estímulo à qualidade total na indústria. Muitos prestadores de serviço buscavam assegurar tratamento individualizado a clientes, visando superar suas expectativas. Isso não poderia ser obtido com a doutrina vigente de qualidade em processos, que prezava a uniformidade dos serviços e os manuais e padrões. Serviços demandam mais de quem atende clientes exigentes, daí a busca do *empowerment*, do *empoderamento* de funcionários da linha de frente, aqueles em contato direto com clientes.

Empoderar não significava dar mais poder aos funcionários, e sim, fazê-los recuperar seu poder pessoal, sua capacidade de discernir expectativas de clientes para agregar valor aos serviços prestados. Empoderar significava dar mais liberdade e, ao mesmo tempo, mais responsabilidades ao funcionário. Esse mote representou o mais forte movimento contrário à burocracia na administração.

Ao longo do século passado, o predomínio de hierarquia e burocracia nas organizações teve como consequência a remoção do poder pessoal dos funcionários, transformados em diligentes cumpridores de ordens, normas e procedimentos. Agindo "*by the book*" ou cumprindo ordens, o funcionário jamais "erraria" nem seria punido. Nas grandes corporações, o trabalho se desumanizava e os funcionários se acomodavam. Com o empoderamento, eles recuperariam sua responsabilidade de agir conforme princípios, valores e estratégias organizacionais; a padronização do trabalho seria combatida, e as normas internas deixariam de regrar processos para regrar comportamentos.

Nas empresas que de fato praticaram o empoderamento, os resultados foram significativos. Mas essa política causava incômodo à maioria dos funcionários, que inconscientemente ainda preferiam cumprir ordens e normas a decidir como agir, diante do peso da hierarquia. Faltava a eles a *autoeficácia*, a convicção na eficácia de sua própria atuação. Como a autoeficácia é uma crença arraigada, mudá-la requer esforço persistente e sistemático. Nas organizações, o empoderamento, para ser efetivo, requer mudança cultural.

Como você responderia às seguintes indagações relativas à autoeficácia e autoconfiança?

- *Tentando resolver problemas, eu confio em minhas competências para compensar minhas fragilidades.*
- *Eu confio em mim para descobrir como resolver problemas que surgem.*
- *Considero o trabalho como importante e valioso, e isso garante minha atenção plena e esforço.*
- *Minha vida é fruto das escolhas e decisões que tomo, e essa é minha liberdade.*
- *Tenho a visão clara do que quero alcançar e um propósito e foco na vida.*
- *Quando enfrento uma situação difícil, eu confio que tudo dará certo.*
- *Acredito que tenho boa habilidade de enfrentamento e respondo bem a desafios.*
- *Considero desafios como um bom modo de aprender e me aprimorar.*
- *Sou o tipo de pessoa que vive para tentar realizar coisas novas.*
- *Eu tento manter influência positiva sobre mudanças que ocorrem à minha volta.*
- *Se minha primeira solução não funciona, tento outras soluções até encontrar a que funciona.*

RESILIÊNCIA E AUTOEFICÁCIA

Ao longo da história da humanidade sempre houve preocupação com a causa de infortúnios, desastres e contingências ocorridas. Há inúmeros mitos que descrevem eventos controlados por deuses caprichosos assim como eventos causados ou sob controle de humanos.

O mito de Prometeu e de Pandora, por exemplo, elucida a questão. Filhos de titãs, Prometeu, que em grego significa "aquele que pensa antes de agir", e seu irmão Epimeteu, "aquele que pensa depois", são os personagens. Para ajudar os humanos, por ele criados, Prometeu engana Zeus quando lhe oferece um churrasco. Depois, rouba o fogo para entregar aos humanos. Os gregos acreditavam que o fogo havia propiciado a civilização, era o bem mais valioso, daí a importância atribuída ao ato de Prometeu. Para puni-lo, Zeus manda que Hefesto fabrique uma mulher "cheia de dons", que é o que significa o nome Pandora. Conhecendo a curiosidade de Prometeu, Zeus dá a ela uma "caixa de Pandora", ressaltando que ela não deveria ser aberta jamais, e mandou que ela a levasse a Prometeu. Este estava desconfiado de alguma vingança dos deuses e não quis receber Pandora nem recebeu a caixa. Mas Epimeteu a recebeu, foi seduzido por Pandora e logo a tomou por esposa. Quando Epimeteu abriu a caixa de Pandora, todos os males, desgraças e sofrimentos do mundo se espalharam. Epimeteu só teve tempo de reter na caixa a *esperança*. Por que havia esperança em meio a todos os males? Luc Ferry (2009, p.121) sugere que a esperança não é um bom presente, "pois esperar é continuar carente, é desejar o que não se tem e, consequentemente, estar de certa maneira insatisfeito e infeliz". Dependendo da resiliência do indivíduo, *esperar* é algo passivo, tanto quanto pode ser um desejo estimulante, uma expectativa. Nos de elevada resiliência, a esperança afeta o estilo explanatório sobre as adversidades (ver Capítulo 4), tornando-as algo temporário e específico na vida dessas pessoas (SELIGMAN, 2006).

Outro texto, escrito há 500 anos, compara príncipes que herdaram grandes propriedades e as perderam, com outros que, com recursos escassos, construíram grandes feudos. Machiavelli (1987, p. 103) compara a incerteza a um rio destrutivo que pode causar enchentes: "Do mesmo acontece com a fortuna; o seu poder é manifesto onde a força e a sabedoria não estão preparadas para resistir a ela, e dirige a sua fúria onde sabe que nenhum dique ou barragem estão prontos para contê-la." Em seu *Discursos*, completa: "Os homens podem prestar assistência à fortuna, mas não podem opor-se a ela. Podem entrelaçar seus desígnios, mas não podem destruí-la. Devem, então, nunca se entregar como derrotados porque, desde que não conhecem seu propósito e como ela segue através de caminhos sinuosos e desconhecidos, eles podem sempre esperar, e esperança é não desistir, seja qual for a fortuna e seja qual for a aflição que podem ter." Em meio a incertezas e adversidades, Maquiavel sugere tenacidade e precaução. Para enfrentar a fortuna, o autor refere-se à *virtú* (virtude): energia e força de vontade. No capítulo 6 de *O Príncipe* (MACHIAVELLI, 1987, p. 24), ele sugere acerca dos virtuosos: "eles têm da fortuna nada mais que oportunidade, que lhes dá a matéria em que eles podem introduzir a forma que escolherem; e sem oportunidade, a sua força de vontade seria desperdiçada, e sem tal força, a oportunidade seria inútil". Nega, assim, a noção de se entregar à sorte. A *virtú* consiste em primeiro lugar, na força do desejo ou da mente criadora e em segundo lugar, na força do discernimento. Maquiavel não tratava do destino. Na visão medieval, enquanto o destino representava a vontade divina fixa e inflexível, a fortuna era representada como elástica, imprevisível e aberta à influencia humana. O latim *fortuna* refere-se a sucesso imprevisto, revés da sorte ou ventura (que por sua vez relaciona-se com *aventura*). A virtude, hoje denominada competência, está sobretudo em saber explorar a incerteza.

Uma anedota que meu bisavô Abdo Tacla contava trata de um miserável que rezava a Allah implorando para mudar de vida. Todo dia era a mesma cantilena, ele se julgava um homem de fé, cumpria deveres religiosos e vivia de acordo com os postulados éticos e religiosos, e sempre implorava por melhor sorte na vida. Certo dia, após um estrondo, ele ouviu a voz divina: "eu já fiz a minha parte te oferecendo oportunidades; agora você faça a sua parte, tome iniciativas!". Meu bisavô foi um empreendedor: chegou ao Brasil adolescente, mascateou pela região sul e sudeste, montou loja, mais tarde montou fábrica, criou oito filhos com um nível de vida razoável.

Há muitas décadas a psicologia estuda o *locus de controle*, diferenciando indivíduos que acreditam que detém controle sobre suas vidas daqueles que o depositam na sorte e no destino. Em 1962, décadas depois de criar a teoria da aprendizagem social, Julian Rotter (1990) propôs escala para avaliar o "controle de reforço". A escala de Rotter contém 23 pares de frases de escolha forçada, ou seja, dicotomias. Os controles – interno ou externo –, são aprendidos desde a infância, quando certos comportamentos geram resultados que servem de reforço. Assim, eles dependem da orientação familiar, de aspectos socioeconômicos e culturais.

Indivíduos com forte controle interno creem que a responsabilidade pelo resultado (reforço) em última análise recai sobre eles mesmos: o sucesso ou fracasso se deve a seus próprios esforços. Em contraste, indivíduos com forte controle externo acreditam que na vida os resultados (reforçadores) são devidos à sorte, chance ou a entidades poderosas: percebem pouco impacto de seus esforços nos resultados que obtêm. A personagem da anedota tinha controle externo. Rotter acreditava na possibilidade de aprender os comportamentos de reforço para tornar-se possuidor de controle interno, na maioria dos casos.

Em jogos de azar, internos preferem apostas firmes, enquanto externos arriscam demais. Internos são mais persuasivos ao tentar mudar a atitude de colegas e resistem mais à manipulação de outros. Há mais fumantes de controle externo e não-fumantes ou ex-fumantes de controle interno, indica Rotter.

O que dizer de indivíduos que se subordinam ao destino, ao que "está escrito nas estrelas" e às superstições? Provavelmente eles tendem a ser externos, não reforçam sua autoconfiança a partir das conquistas derivadas de seu esforço. Por que se esforçar se há um destino imutável? Por que desejar desenvolver-se ou aprender se existe sorte? Ainda bem que as religiões também consideram o livre arbítrio para compensar a tendência ao fatalismo.

Rotter levantou a hipótese de que os de controle interno (mais que os de controle externo): buscavam aprender mais com situações vividas; tomavam mais iniciativas para melhorar de vida; atribuíam maior valor a suas habilidades e conquistas. E julgava que autoeficácia e controle interno basicamente se referiam ao mesmo fenômeno.

Na mesma corrente da teoria sócio-cognitiva, Bandura (1997), vai além do controle interno e adota conceito correlato, a *autoeficácia* percebida: crença na própria capacidade de organizar e executar ações requeridas para obter resultados desejados. Bandura alerta para a diferença entre acreditar que controla sua vida (*controle interno*) e acreditar que tem competência para fazê-lo (*autoeficácia*) – mas não me parece relevante distinguir esses conceitos. Bandura também diferencia *autoeficácia* de *autoestima*: alguém pode não ter *autoeficácia* (ser incompetente em algo), mas como não julga isso valioso, não compromete a sua *autoestima*.

A autoeficácia produz efeitos devido a quatro processos principais (BANDURA, 1997): *processos cognitivos* (antecipação do impacto das próprias ações);

processos motivacionais (determina o esforço e dedicação a certas atividades); *processos afetivos* (reações emocionais, estresse e ansiedade causados por situações ameaçadoras); e *processos de seleção* (daquilo que sente ser capaz de executar com sucesso).

Por exemplo: imagine um dirigente de uma empresa à beira do colapso, situação que demanda firmeza de comando, decisões difíceis e atenção contínua para os pequenos desdobramentos do processo. A autoeficácia dele é exigida. Se falta a ele esta habilidade, ele pode vacilar e atrasar as decisões. O comando será tímido, causando uma avassaladora resistência a mudanças. Diante disso, o dirigente pode isolar-se, perdendo a capacidade de articular apoiadores. De proativo nas situações corriqueiras, ele se torna reativo às demandas da crise. Seu emocional sofre muito, logo as doenças aparecem. Com autoeficácia o processo seria outro, por piores que fossem as contingências: ele teria tenacidade para buscar e implantar soluções; conquistaria apoio inclusive para as medidas impopulares; prontamente responderia aos pequenos incidentes de percurso; passaria incólume, do ponto de vista de sua saúde. Voltaremos a essa situação no Capítulo 12.

RESILIÊNCIA, AUTOESTIMA E AUTOCONFIANÇA

A *autoestima*, comumente chamada de *amor-próprio*, significa aceitar e valorizar a si mesmo, de modo positivo e realista. Porque *estimar* refere-se a avaliar seu valor. Do mesmo modo que a *autoeficácia*, ambos podem ser situacionais (variam conforme a situação) ou podem tornar-se um padrão de pensamento e comportamento.

Educação demasiada severa, desprezo ou abandono danificam a autoestima de crianças. Em adultos, o perfeccionismo cria expectativas tão exageradas sobre si mesmo que rebaixam a autoestima. O mesmo ocorre quando o indivíduo é extremamente vulnerável a críticas, porque depende da aceitação de outros. Ou mesmo quando o indivíduo postula para si regras e obrigações inflexíveis, e inatingíveis: "Eu tenho que ser..."

Também a falta de assertividade (abertura para expor sentimentos e opiniões) reduz a autoestima (McKAY e FANNING, 2011). Baixa autoestima remove o poder pessoal, a iniciativa e a positividade. Esses autores afirmam que "a essência da autoestima é a compaixão por si mesmo" (*ibid.*, p. 89), porque permite aceitar-se como se é, permite perdoar a si quando erra, e permite amar a si mesmo.

A pesquisa de Neff e Vonk (2009) revela que a autocompaixão prediz melhor o senso de valor que a autoestima, embora ambos os conceitos sirvam para predizer o otimismo, a felicidade e as emoções positivas. Nesse estudo, a autoestima vinculou-se ao narcisismo, ao contrário da compaixão. Este é outro elemento notável: autoestima elevada, mas frágil, leva o indivíduo ao narcisismo. Este equivale ao "ego inflado": visão grandiosa de superioridade pessoal; reduzida empatia a outros; vaidade excessiva; fantasia de grandeza e reações exageradas frente a insultos e humilhações. Baumeister e colegas (2000) sugerem que o narcisismo somado à autoestima instável determina comportamentos agressivos para proteger o ego ameaçado – é o lado sombrio do fator aqui estudado.

Note que quase todos os fatores da resiliência estão interligados, há uma argumentação circular, e agora relacionada à empatia (e compaixão). Se a rigidez mental cria a tirania das autoexigências, a flexibilidade mental ativa a autoestima. Se o perfeccionismo deriva do medo de errar, como acredito, ele tende a reduzir a autoestima pela teimosia, falta de proatividade e de espontaneidade, dessa vez afetando as relações.

Note também que qualquer critério usado para avaliar a si mesmo contém um forte elemento cultural. Será que o mundo contemporâneo favorece a autoestima dos indivíduos, em uma sociedade que preza demasiadamente a riqueza, a fama e a beleza?

Há uma pequena diferença de conceito entre *autoestima* e *autoconfiança*. Autoconfiança é a crença em si e em seu poder e habilidades, é a definição consagrada. Por ser um reconhecimento de poder, habilita o possuidor a agir. Todavia, a autoconfiança é ainda mais situacional que a autoestima. Muitos confundem os dois conceitos, mas há uma distinção marcante: a autoconfiança é intrínseca, enquanto a autoestima, embora seja uma avaliação do próprio valor, quase sempre considera o reconhecimento extrínseco de outros.

White (2009) aponta três atributos que compõem a autoconfiança: crença em conquistas positivas (resulta de otimismo e atitude afirmativa); autoconsciência (decorre do controle interno, autorregulação de emoções e intuição); e persistência (que inclui visão, capacidade de projeção e estabelecimento de metas). Diante desse conceito, muitos o consideram sinônimo de autoeficácia.

A autoconfiança somada à *autoestima* e *autoeficácia* pode representar o "combustível" para a *proatividade* e *solução de problemas*. Diante disso, é plausível unir esses dois fatores para formar o fator de maior carga da ERS.

A escala de Wagnild (2009) contém dois fatores semelhantes: *propósito de vida* (compreensão de que a vida tem significado pelo qual vale a pena viver) e *autoconfiança* (*self-reliance*, crença em sua própria capacidade e força). A RSA contém *competência pessoal* (AHERN *et al.*, 2006), Maddi e Koshaba (2005) denominam constructo semelhante de *senso de propósito*, enquanto Reivich e Shatté (2008) tratam da *autoeficácia*. Hoopes e Kelly (2004) a tratam como *foco*. Como se nota, a maioria das escalas existentes trata de atributos correlatos.

A análise fatorial agrupa em um mesmo fator as perguntas teoricamente relacionadas à autoeficácia e algumas questões relacionadas à autoconfiança. Ao que parece, a fusão dos três conceitos é requerida para a resiliência: não acreditar em destino (*controle interno*), acreditar em seu próprio valor (*autoconfiança*) e confiar que possui as competências requeridas para agir (*autoeficácia*).

Bandura (1997, p. 39) afirma que: "Pessoas com fortes crenças em suas capacidades abordam tarefas difíceis como desafios a serem enfrentados mais que ameaças a serem evitadas. Essa orientação afirmativa amplia o interesse e aumenta o envolvimento em atividades. Estabelecem para si metas desafiadoras e mantém forte comprometimento com elas. Investem elevado nível de esforço no que fazem e ampliam esforços em face de falhas ou contratempos. Permanecem focados e pensam estrategicamente frente a dificuldades. Elas atribuem falhas ao esforço insuficiente, o que apoia a orientação para o sucesso. Rapidamente recuperam seu senso de eficácia após falhas ou contratempos."

Tudo indica que a autoeficácia afeta e agrava muitos dentre os demais fatores da ERS. Somando autoeficácia e autoconfiança, situações que para outros mobilizariam muitas emoções causando distresse, para esses é enfrentada com maior frieza, ou temperança. Se uma tática não se mostra adequada, a autoeficácia dota seu possuidor da capacidade de perseverar com tenacidade e proatividade.

Por exemplo: o funcionário sofre assédio moral: seu chefe expõe críticas a ele em público, usa apelidos desrespeitosos, grita quando comanda e faz ameaças veladas acerca do desempenho desse indivíduo. Onde a hierarquia é exacerbada, "manda quem pode, obedece quem tem juízo". Mas juízo aqui é resignar-se, aguentar a situação que já perdura? O assédio moral, para ser mais eficiente, agride os pontos fracos do funcionário. Sua autoconfiança se perde, às vezes até a autoestima é abalada. Como não consegue reagir, passa a depender mais do chefe, que o controla e o espezinha ainda mais. Não vê como pedir ajuda aos colegas de trabalho, a situação é percebida por ele como humilhante. Fantasias negativas sobre uma demissão no curto prazo ocupam a mente do funcionário, cada vez mais acabrunhado. Seu desempenho piora, sua saúde também – o distresse se instala. Somente com elevada resiliência o funcionário conseguiria impor um freio no processo, para preservar sua saúde e desempenho, e também para avaliar soluções.

APRIMORANDO A AUTOEFICÁCIA NO MOMENTO

Sempre que nos deparamos com algo que precisa ser aprimorado em nós, buscamos remédios. Mas a resiliência é um fenômeno tão complexo e variado que não há remédio nem remediação que funcione. Cada um precisa tornar-se o "cuidador" de si mesmo: por meio de esforço paciente e amoroso, aceitando avanços e retrocessos, e comemorando pequenas e grandes conquistas.

A resiliência como competência pode ser aprimorada, desde que com esforço disciplinado e sistemático. Isso não significa desprezar as medidas momentâneas, paliativas ou de curto prazo. Como há muitas emoções envolvidas ao se enfrentar adversidades e sucessos, essas ações trazem alívio imediato, portanto fortalecem o indivíduo, apesar de seu efeito transitório.

Adotando medidas paliativas, criamos um processo dinâmico: quando algo nos derruba fazemos algo para nos aprumarmos, recuperando alguma força. A repetição dessa recuperação acelera o processo de longo prazo, e o torna mais consistente e sólido. Por isso, as ações momentâneas são mais que paliativas.

Neste e nos próximos oito capítulos, quero sugerir medidas de momento e para sempre (no curto e no longo prazo), não como um receituário, mas para exemplificar o que está ao nosso alcance realizar. Cada leitor pode criar seus próprios estratagemas para ampliar cada fator sistemicamente e, portanto, a sua própria resiliência. Afinal, a resiliência é um modo de viver.

São medidas de momento para elevar autoeficácia, autoestima e autoconfiança:

A1. Mapeando sua autoeficácia

Em um momento de descrença, elabore duas listas. A primeira retrata todas as conquistas significativas obtidas com seu próprio esforço e competência. Inicie a lista pelas mais recentes e some as mais antigas, até onde for possível se recordar.

A segunda lista, produzida do mesmo modo, enumera todos os infortúnios, perdas, traumas e adversidades significativas porque passou. Também enumere, nessa lista, os "presentes" significativos que recebeu sem qualquer contribuição sua. A primeira lista é fruto de seu esforço, a segunda é quase casual ou fortuita.

À primeira vista, a comparação entre as duas listas pode ajudá-lo a perceber o quanto é protagonista em sua vida ou não. Mas recomendo que antes de comparar as listas, verifique em quantas das contingências positivas ou negativas da segunda lista você teve alguma participação. Seja por omissão (não ter agido no passado), seja porque algo em si ou em sua vida criaram a chance daquelas situações ocorrerem. Sua verdadeira "sorte" ou "azar" fica restrita apenas aos itens em que você nada contribuiu no passado ou no presente. Agora compare as duas listas.

A2. Identificando seus gatilhos

Quando estiver abalado, mas desejoso de compreender suas reações, anote todas as situações, corriqueiras ou não, que te "tiram do sério", isto é, te afetam e provocam emoções negativas. Em outra lista, anote todas as situações em que se sente competente e realizado. Qual das listas é mais significativa, seja pela quantidade de itens, seja pela relevância deles? Sintetize o que há em comum em cada lista. A primeira aponta onde falha a autoconfiança, a autoestima é comprometida ou mal enfrentada, portanto falta eficácia. A segunda é o oposto.

Este exercício cria a consciência (*awareness*) sobre esse fator da ERS. Também esclarece que ninguém é autoconfiante e autoeficaz todo o tempo. Por isso, particulariza os momentos e situações em que sua resiliência falha. O que se busca com essa compreensão é fortalecer um padrão habitual ou abrangente para esses fatores. Crie suas próprias defesas contra esse tipo de situação.

A3. Recuperando a confiança

Antes de enfrentar situações que percebe como desastrosas, pense em ações e situações onde sua confiança é reforçada, mesmo que seja em pequenas coisas do dia a dia. São ações e situações realizadas sem dificuldade, e cujo resultado causa senso de realização, portanto causa satisfação. Faça uma lista e a guarde para uso esporádico.

Depois de uma situação que lhe derrube a autoestima ou autoconfiança, recupere a lista, escolha um item viável naquele momento e o faça. Enquanto se pratica algo confiante, a espiral de negatividade que conduz à fragilidade é enfrentada. Ao se obter satisfação com o resultado da prática adotada, a confiança é recuperada. Revisite a lista, para adicionar ou remover itens. Ampliando o repertório de ações que te fortalecem, tende a ocorrer menos episódios de baixa autoconfiança.

A4. Pequenas conquistas

Conviva com indivíduos realizadores, deixe-se ser estimulado por eles ou pelo modo com que o realizador lida com elas. A experiência vicária pode ser uma boa fonte de inspiração. Estar ao lado dessas pessoas é revigorante.

Escolha pequenos experimentos que está ao seu alcance realizar com sucesso. Transforme esses experimentos em experiências bem sucedidas. Alimente-se dessas pequenas conquistas.

A5. Desmascarando o crítico interno

Cada um de nós tem uma voz interior, aquela usada no *solilóquio*, o diálogo silencioso consigo mesmo. Há indivíduos cuja voz interior é a de um crítico abrasivo que o julga e critica. Essa voz é insidiosa, sugere McKay e Fanning (2011) porque mina a sua autoestima no dia a dia. Cria um hábito de pensar, um padrão de autoavaliação. Seu crítico aponta tudo o que deveria ser, avalia severamente tudo o que você fez de errado, e não é complacente com nada.

Não dar ouvidos ao crítico interno ajuda a lidar com a ansiedade, desamparo, rejeição e senso de inadequação, quando se perde a autoconfiança. Já vimos que indivíduos de baixa resiliência ficam "ruminando" pensamentos negativos: pode ser o crítico interno atuando. Resultado: sentimento de culpa, medo, raiva e depressão. Se o crítico não fosse tão áspero, ele poderia nos ajudar, induzindo a aprendizagem e a ação corretiva.

Esses autores sugerem fazer uma lista das frases mais habituais de seu crítico interior. Procure escrever do modo como o pensamento vem à mente, sem atenuar ou modificar o jeito como surgiu. Depois crie duas colunas: na primeira escreva "como ele me ajuda a sentir ou fazer". Na segunda escreva "como ele evita que eu sinta". Para cada frase do crítico, responda na primeira ou na segunda coluna como ele o ajuda ou atrapalha.

Procure encontrar os temas mais frequentes, revendo a lista para encontrar padrões. Pode ser que seu crítico o ataque porque impõe um nível muito elevado de exigências, na vertente do perfeccionismo. Ou então revela a sua vulnerabilidade à aceitação por outros. Ou porque revela sua inflexibilidade.

APRIMORANDO A AUTOEFICÁCIA SEMPRE

Quanto tempo leva para "descongelar" crenças e comportamentos arraigados em nossa vida? Ainda mais quando se trata de autoeficácia, é de se esperar um longo período. Por isso é necessário adotar medidas viáveis no longo prazo, e que sejam praticadas metodicamente para que o acúmulo de êxitos reforce o processo. Abaixo algumas práticas são propostas:

A6. Lidando com seu autoconceito

McKay e Fanning (2011) sugerem registrar o máximo de palavras ou frases que o descrevam nos seguintes aspectos:

- *Aparência física*: inclua altura, peso, aparência de seu rosto, de sua pele, do cabelo, de seu estilo de vestir e também partes singulares de seu corpo.
- *Relacionamento*: forças e fraquezas nas relações íntimas e com amigos, familiares, colegas de trabalho e estranhos.
- *Personalidade*: aponte traços de sua personalidade, de seu modo de ser.

- *Como é percebido*: forças e fraquezas que seus amigos e familiares percebem.
- *Desempenho*: indique o modo como atua ou lida com questões na vida pessoal e profissional.
- *Cuidados*: inclua hábitos de saúde, higiene, alimentação, manutenção do ambiente onde vive e como cuida de necessidades pessoais ou familiares.
- *Mente*: como lida com problemas, como aprende, como usa suas capacidades, campos onde tem perícia etc.
- *Sexualidade*: como vê e se sente como uma pessoa sexual.

Concluída a lista, retorne a ela para adicionar um sinal de + ou de – conforme o item represente uma força (ou algo que goste) ou uma fraqueza (ou algo que gostaria que fosse diferente). Não marque itens neutros. Gaste uma hora nesse processo.

No dia seguinte, revisite os itens com sinal negativo. O propósito aqui é reescrevê-los, seguindo quatro regras: *elimine toda linguagem pejorativa* (substitua conotação negativa por neutra); *prenda-se a fatos e evidências* (use linguagem precisa); *não generalize* (use linguagem específica); *procure exceções ou forças em contraposição.*

Agora releia a lista de itens positivos e acrescente aqueles que antes não havia se dado conta. Veja a lista completa: há muitos aspectos positivos, alguns neutros e os negativos perderam seu poder corrosivo. Preste atenção nos sentimentos que essa análise despertou em você.

Para finalizar, escreva um texto de apresentação – *quem é você?* –, com no máximo uma página. Se tiver dúvidas a respeito da consistência do texto, apresente-o a amigos íntimos para que eles o avaliem.

A7. Mapeando padrão atitudinal

Em cada linha do quadro abaixo, marque o item à esquerda ou à direita que melhor representa o seu padrão habitual.

A proporção de marcas à direita ilustra, de certo modo, o seu grau de resiliência, sistemicamente. Nenhum desses fatores é fixo, todos podem ser alterados com esforço e disciplina.

	SATISFAÇÃO	QUEIXAS	
	Assumo responsabilidades	Encontro justificativas	
	Atento ao aqui e agora	Divago em fantasias	
	Sinto-me apto	Guardo ressentimentos	
	Considero, não ignoro	Desconsidero, oculto	
	Visão para o futuro	Apego ao passado	
	Pronto para agir	Pronto para reagir	
	Gentil e amável	Áspero e crítico	
	Empático	Isolado	
	Contente	Pessimista	
	Ligado aos sentidos e sentimentos	Ligado ao racional	
	Tolera frustrações	Ressentido	
	Persiste mesmo mudando as táticas	Insiste nas táticas habituais	
	Adiciona positividade	Realista e crítico	
	Criativo	Não inspirado	

A8. Realize projetos pessoais

Todos nós temos capacidade de executar projetos pessoais. São projetos tudo o que é incomum, extraordinário ou especial, que tem prazo para iniciar e concluir, e envolve recursos escassos, portanto, dificuldade, risco e incerteza sobre os resultados. Nem tudo o que sonhamos vira projeto; apenas o que é viável e nos comprometemos a realizar.

Os projetos pessoais transformam nossas vidas. Mas, para isso, é preciso aumentar a chance de sucesso. Faça uma boa avaliação de viabilidade antes de assumir compromisso com um projeto pessoal. Estando seguro de sua viabilidade, faça um planejamento para otimizar recursos e mitigar riscos. Faça um ritual de lançamento de seu projeto, junto a pessoas que considera: é o modo de demonstrar seu compromisso com a execução, esforço e dedicação.

Curiosamente, à medida que os imprevistos, acidentes e problemas surgem e você os enfrenta adequadamente, sua autoeficácia é reforçada. Passo a passo seus projetos terão o poder de revigorá-lo, atenuando a insegurança que poderia existir no início deles. É a melhor maneira de praticar o protagonismo.

Como se nota, as práticas de momento e para sempre aqui sugeridas servem principalmente ao propósito de tomar consciência (*awareness*) sobre as crenças arraigadas que minam nossa resiliência. Há outras práticas de longo prazo não citadas acima, a mais poderosa delas a psicoterapia. Seja ela psicanálise, seja a terapia cognitivo-comportamental.

Transpondo ideias de Neenan (2009), as terapias: modificam a autoimagem que formamos sobre nós, reforçando a identidade; clarificam e enriquecem nossas relações com a vida, com o mundo e com outros indivíduos e organizações; alteram nossas prioridades de vida. Portanto, promovem o amadurecimento do indivíduo. Os italianos Fava e Tomba (2009) relatam os benefícios da "terapia de bem-estar" que considera os seguintes fatores: maestria no manejo do contexto; senso de crescimento pessoal; propósito de vida; autonomia; autoaceitação; e relações positivas com outros. Note que são fatores similares aos da ERS.

Nos próximos oito capítulos, novas práticas são sugeridas. Muitas delas envolvem registrar algo, coisa que muitas vezes negligenciamos. Farnè (2003) indica que escrever tem um efeito libertador e protetor, ativa regiões cerebrais distintas, portanto favorece a memória e a reflexão. Não deixe de registrar suas ideias e percepções.

Outra recomendação: de nada adianta fazer todas elas ou somente as listadas em um capítulo. Na perspectiva sistêmica, é provável que a combinação das práticas relacionadas aos nove fatores da resiliência ofereça maior contribuição. Variedade é mais útil que quantidade.

4

Fortaleça com seu otimismo

É melhor ser pessimista do que otimista. O pessimista fica feliz quando acerta e quando erra.

MILLOR FERNANDES

Marco estudou geologia na USP, depois de prestar vestibular para engenharia civil em escolas particulares, porque gostava de ciências exatas e de viajar, conta Godinho (2011). Durante a faculdade, e mesmo antes, no colegial, Marco fazia bicos para pagar suas viagens. Deu aulas de judô, química, física ou de qualquer tema em que houvesse demanda. No final de 1983, ao se formar, conseguiu emprego em uma mina de cassiterita em Goiás. Em local ermo, sem infraestrutura, que chovia sem parar, dormindo em rede ao relento. Uma semana depois voltou a São Paulo trazendo amostras para ensaio e descobriu que as condições de trabalho eram ainda piores. Marco desistiu. Era época de crise econômica no Brasil, e ele ficou triste. Com a ajuda do pai, tentou exportar pedras preciosas. Mas a mercadoria ficou parada na alfândega norte-americana, corroendo todo o lucro que ele esperava obter na sua primeira encomenda.

Enquanto isso, Marco voltou a dar aulas de física por alguns meses. Até que sua irmã sugeriu a ele trabalhar com computadores, campo promissor. Sem alternativa, já que não queria trabalhar no negócio de varais de seu pai, Marco foi procurar emprego no Bradesco, para trabalhar com mainframes, com um salário menor que o que obtinha como professor do Objetivo. Em novembro de 1984, Marco terminou o curso em quarto lugar e pôde escolher a área onde atuaria: suporte técnico. Com tanta tenacidade, Marco logo aceitou o desafio de usar suas noites e finais de semana para criar sistemas para uma loja de materiais de construção – mais um bico. Antes de completar dois anos no Bradesco, Marco mudou-se para a Engesa e, em paralelo, como de hábito, aceitou encomenda de sistema, como bico, para indústria de plástico. Em 1987, Marco aceitou convite da Servimec para aulas noturnas de informática, depois migrou para a Compucenter. Na economia brasileira, mais planos econômicos tornavam difícil poupar. Casou no final deste ano, e, após um final de semana de lua de mel, ele retornou aos cursos; trocou férias na Engesa por mais e mais cursos, até que a situação ficou insustentável e Marco demitiu-se.

Nascia a *Stefanini IT Solutions*. Marco tinha 27 anos quando emitiu sua primeira nota fiscal. Seu primeiro foco era em cursos de informática, e Marco aprendeu a buscar profissionais para lecionar e clientes para vender seus treinamentos, que realizava em um pequeno escritório alugado na Avenida Paulista. No início de 1990, Marco teve seu veículo roubado. Ficaria difícil realizar os 30 cursos agendados, mas veio o confisco que marcou o governo Collor. Apenas um curso não foi cancelado, mas o pagamento foi liberado 90 dias depois. Marco decidiu fazer palestras gratuitas em empresas, para divulgar o trabalho, usando transporte público. Chegou a fazer 60 dessas palestras naquele ano. Tenacidade ou esperança? O ano não terminou mal.

Em 1991, a Stefanini ganhou seu primeiro contrato de terceirização de suporte técnico, com a Nitroquímica e, depois, com a Johnson & Johnson. O faturamento saltou de US$100 mil para US$700 mil, de um ano para outro. Parecia que, afinal, a empresa encontrava seu caminho. Contudo, naquele ano muitas empresas começavam a migrar de mainframes para mini ou microcomputadores, ou seja, para "plataformas baixas". Marco tentou entrar nesse mercado, sem muito sucesso naquele momento. O faturamento em 1992 caiu para US$500 mil. Altos e baixos.

Com a criação de uma divisão de serviços e a retomada do mercado, a Stefanini reagiu e faturou US$1 milhão em 1993 e US$3 milhões em 1994. De 40 a empresa saltou para 100 funcionários e de um pequeno escritório na Av. Paulista para um de 225 m^2 na Av. Faria Lima.

Marco sentia que precisava expandir a Stefanini. Houve crise no México em 1994 e Plano Real no Brasil, o nosso liquidando a inflação. Casualmente, a Stefanini fez parceria com a HP para executar o "*downsizing*" de sistemas do Bamerindus, Nacional, Finasa e Alcatel. Mas a crise chegava ao Brasil: com a quebra do banco BIG, a Stefanini perdeu todos os seus investimentos. O governo criava o Proer, e logo mais tornavam insolventes, entre outros, o Banco Nacional, adquirido pelo Unibanco. Foi um esforço tremendo para recolocar os funcionários da Stefanini dos contratos encerrados em novos clientes. Em 1997, era a vez de o Bamerindus ser adquirido pelo HSBC, fazendo a Stefanini perder 30% do faturamento. Nova luta para realocar funcionários.

Com tanta turbulência na economia, muitos empreendedores se retraíram. Afinal, os pessimistas estavam certos. Marco não se acomodou com o início da parceria com a HP. Ainda em 1995 enviou um funcionário para montar uma filial em Campinas para atender 100 empresas de médio porte do interior de São Paulo, que poderiam ser adequadas ao perfil da Stefanini. Demorou meses até obter contrato com a Bosch, o que permitiu montar escritório em Campinas. Em menos de um ano a filial já era rentável, com oito contratos. Logo teria 60 clientes na carteira. A partir de 1996, a irmã de Marco passou a supervisionar filiais de Campinas, Porto Alegre e Curitiba, todas criadas nos mesmos moldes. Logo vieram as filiais mineira e carioca. Uma empresa intensiva em pessoal, em ambiente de alta tecnologia e contexto de crises ocasionais conquistava a geografia do Brasil.

A Stefanini era uma empresa média que passou a concorrer com as gigantes que chegavam ao Brasil com o fim da reserva de mercado – IBM, EDS –, e com as empresas derivadas das grandes corporações: a Philips trouxe a BSO/Origin, o Bradesco com a COM e Scopus, o Itaú com a Itautec, o Bunge com a Proceda. A Stefanini buscou melhoria na qualidade e eficiência no desenvolvimento de sistemas. Marco não parou aí; a febre da qualidade na indústria era representada pela certificação de qualidade em processos ISO-9000. Em 1996, a Stefanini tornou-se a primeira empresa de tecnologia de informação no Brasil a obter a certificação ISO-9001. Em 2002 obteve o CMM nível 2, a terceira empresa brasileira a chegar a esse nível de maturidade em processos. Em 2005 chegou ao máximo, CMM nível 5, feito só igualado por 29 empresas indianas e norte-americanas, relata Godinho (2011).

Naquela época de 1996, Marco criou uma filial na Argentina, com dois funcionários de lá, mas não obteve sucesso. Apenas em 2000 a empresa voltou a prospectar clientes fora do Brasil. Um emissário foi enviado aos EUA, mas era difícil começar a operar lá. Chegou a ter um pequeno contrato com a Odebrecht, mas não era o mesmo que atender empresas locais. Mais uma contingência se colocou no caminho: o ataque às Torres Gêmeas em 2001 e a decorrente crise nos EUA. A Stefanini já tinha um faturamento de R$85 milhões, tinha 300 funcionários no Brasil e escritórios nos EUA, Argentina, México, Peru, Colômbia e Chile. Com essa estrutura, assegurou contrato com a Dell, para apoiar a operação em Porto Alegre e com 60 funcionários dedicados à fábrica de software. Logo veio o contrato com a Kimberly Clark, para o qual a Stefanini abriu escritório em Atlanta.

Em 2006, Marco indagou à Dell se eles teriam interesse em contratar uma filial indiana da Stefanini. Diante da resposta positiva, montaram a filial na Índia, não para atender empresas locais, mas para concorrer no mercado global com o padrão de preços que as empresas de lá eram capazes de praticar. Em 2008, o ranking da Fundação Dom Cabral mostrava a Stefanini como uma das empresas mais globalizadas do Brasil: 20% do faturamento de R$470 milhões vinha do exterior.

Bem, este caso demonstra o comportamento do fundador diante de crises, aprendendo a contrapor otimismo ao pessimismo, e buscando soluções com tenacidade. A história não acabou: em 2008, com a quebra do banco Lehman Brothers nos EUA, a crise imobiliária tornou-se crise financeira, e com amplitude mundial. Todos imaginavam que essa crise seria pior que a de 1929. A avalanche de más notícias contagiou os funcionários da Stefanini. Marco decidiu escrever um e-mail a todos eles, reconhecendo a necessidade de mais esforço, garra e energia para resultados; valorizou a condição excepcional da empresa e a competência dos funcionários; indicando as ações que estavam sendo adotadas para a crise; e concluindo o texto conclamando para o trabalho árduo e para explorar novas oportunidades.

Uma empresa de Michigan, que atuava para a indústria automobilística, a TechTeam procurou a Stefanini para uma parceria. Marco gostou do que viu: havia complementaridade entre as duas empresas, e a aquisição de uma empresa norte-americana consolidaria a presença da Stefanini naquele mercado. O ano seguinte, 2009, foi de prejuízos, mas Marco fez ofertas crescentes para comprar a TechTeam, todas infrutíferas. Em final de 2010, Marco teve sucesso. A Stefanini IT Solutions alcançava 27 países, empregava 12 mil funcionários e tinha um faturamento de R$1 bilhão de reais. Em meio à crise global, a Stefanini se tornou a terceira mais internacionalizada empresa brasileira, depois da JBS Friboi e da Gerdau, no ranking da Fundação Dom Cabral. Não encontro melhor caso para ilustrar o otimismo aprendido, e a resiliência organizacional.

Perdeu-se no tempo a noção de que o otimismo alimenta a vida. Desde filósofos, poetas e trovadores antigos até psicólogos contemporâneos, muitos trataram do assunto. Exatamente por isso precisamos ter cautela para compreender esse fator. Note que é o elemento com menor carga na ERS, o oposto do que ocorre com a autoeficácia, que mais carrega no escore de resiliência.

Não se trata de retomar a fé no "poder do pensamento positivo", mas de não deixar que as adversidades estabeleçam uma corrosiva negatividade. O otimismo é antídoto para o desamparo e para o pessimismo nos momentos adversos. "Vamos guardar o pessimismo para dias melhores", afirma o ambientalista brasileiro Sérgio Besserman Vianna*. O pessimismo é realista, impede a contaminação pela euforia, por isso precisa ser guardado para melhores momentos.

Martin Seligman (2006) interessou-se pelo tema quando estudava psicologia em 1964. No laboratório de psicologia experimental, ele notou que após uma bateria de experimentos, os cães ficavam prostrados, passivos, desistiam de agir, haviam "aprendido" o desamparo, a sensação de que não valia a pena agir. Ele acreditava que só eventos inescapáveis produziam tal desamparo. Mas em seus experimentos com cães, Seligman concluiu que ao aprender antes que "agir vale a pena" os imunizava contra o desamparo.

O autor afirma que crianças nunca sentem desamparo, nem cometem suicídio, mesmo quando deprimidas. Adultos, em contrapartida, aprenderam a usar um "estilo explanatório" para justificar as adversidades, e esse estilo pode ser otimista ou pessimista. O estilo explanatório pessimista está associado à passividade, fatalismo e depressão, como veremos.

Note que o desamparo em situações de crise e estresse elevado pode derivar de isolamento. Nesse sentido, a competência social (Capítulo 7) contribui para evitar o desamparo. Se o indivíduo não apresenta autoeficácia, o *desamparo* pode se transformar em *desesperança*, prejudicando o enfrentamento da

---

* *O Estado de SãoPaulo*, 11/03/2012.

situação. No extremo, essa condição leva ao *desespero*, onde depressão severa e suicídio podem ocorrer.

Antes de aprofundar as ideias sobre otimismo aprendido, vamos analisar o estado de ânimo. Por enquanto, avalie seu grau de otimismo aprendido nas questões abaixo:

- *Eu tento manter influência positiva sobre mudanças que ocorrem à minha volta.*
- *Eu tento realizar planos, mas me sinto aberto a feedback para reavaliar meus planos.*
- *Quando colegas estão estressados por mudanças, eu expresso solidariedade porque entendo as emoções envolvidas.*
- *Eu (não) tendo a ficar arredio com colegas no trabalho, para proteger-me dos impactos de mudanças.*

RESILIÊNCIA E ESTADO DE ÂNIMO

Toda adversidade ativa nossas emoções, assim como ativa nossas capacidades de enfrentar a situação. Reconhecendo os "gatilhos" que disparam as emoções, encontramos maneiras de lidar melhor com elas. Aqui está a diferença entre emoções e estados de ânimo: estes não são vinculados a uma situação específica. É um *estado* no qual nos encontramos, como o próprio termo indica. Mas há uma relação estreita entre eles: o que começou com uma emoção transitória ligada a um acontecimento pode converter-se em estado de ânimo se ela perdura, e com isso contagia todos os espaços onde vivemos. Do mesmo modo, certas emoções afloram em terrenos constituídos por estados de ânimo e podem perdurar como se fossem ondas sucessivas: no amor, por exemplo.

Um cuidado: o traço emocional não é realmente uma emoção, mas uma tendência a manifestar certas emoções. Exemplo: "Pessoa triste." Reunindo as ideias: para a emoção *amor*, o traço emocional é *amoroso*, e o ânimo pode envolver *euforia, contentamento*; para a emoção *medo*, o traço é *medroso* e o ânimo pode ser *temor* ou *ansiedade*.

Echeverría (2011a) acredita que os estados de ânimo são constitutivos da existência humana. Não só. Cada cidade parece ter um estado de ânimo; o estado de ânimo de países tropicais é diferente do de países nórdicos; o do verão é diferente do ânimo do inverno; o início da semana pode criar um humor diferente do relativo aos finais de semana; também a idade tem seus humores distintos. Também a cultura afeta: asiáticos esperam que as mulheres sejam calmas e contidas; no oriente médio esperam que os homens expressem suas emoções; norte-americanos prezam a energia positiva. Por sua vez, economistas afirmam que os estados de ânimo afetam o mercado e as condições da economia.

Enquanto a emoção é aguda, e se desfaz em pouco tempo, o estado de ânimo é crônico, perdura, já que depende menos de gatilhos. Emoções são expressas ou suprimidas; os estados de ânimo podem ser disfarçados. Contudo, tanto as emoções quanto os estados de ânimo predispõem à ação, portanto influenciam comportamentos.

A raiz etimológica de *emoção* a explica: o termo deriva do latim *exmovere* e significa sair, agitar ou excitar. *Sair* ou mover para fora com o sentido de expressar, "por pra fora"; *agitar* remete ao popular "fiquei mexido", que é o sentido de *excitar*. Envolve, portanto, sensações intensas tanto físicas quanto psíquicas. Se ela deriva de sensações, ela reúne pensamentos e sentimentos predispondo à ação. No extremo, emoção vira comoção. Assim como vale notar que desânimo não é propriamente a falta de ânimo, e sim a falta de entusiasmo, de alento.

Liz Miller (2011, p. 30) sugere que os estados de ânimo afetam o que escolhemos fazer, o que sentimos, como pensamos, como nos comportamos e como nos comunicamos: "Nossas vidas e nossos sucessos são definidos tanto por nossos estados de ânimo quanto por nossa personalidade." Para quem deseja modificar seu estado de ânimo, uma boa dica é "*mexa-se!*", porque isso momentaneamente ativa emoções. A autora chama a atenção para o fato de que o ânimo não está só na mente, ele reflete a biologia do cérebro: dopamina, endorfina, serotonina, dentre os neurotransmissores, por exemplo. Também afeta a física, a energia mobilizada.

Para classificar estados de ânimo, Miller (*op. cit.*, p. 46) sugere um gráfico com dois eixos, que adaptei na Figura 4.1. O eixo vertical avalia o nível de energia, do mínimo na parte inferior, neutro no zero e do máximo na região superior. No eixo horizontal é marcado o estado de ânimo: positivo à direita e negativo à esquerda. O gráfico estabelece, portanto, quatro regiões.

A região superior direita (alta energia e ânimo positivo) da Figura 4.1 é representada pelo estado *ativo*, para a autora. A região inferior direita (baixa energia e ânimo positivo) eu prefiro representar por *serenidade*. A região superior esquerda (alta energia e ânimo negativo) é representada pela *ansiedade*. A região inferior esquerda (baixa energia e ânimo negativo) envolve a *melancolia* ou depressão.

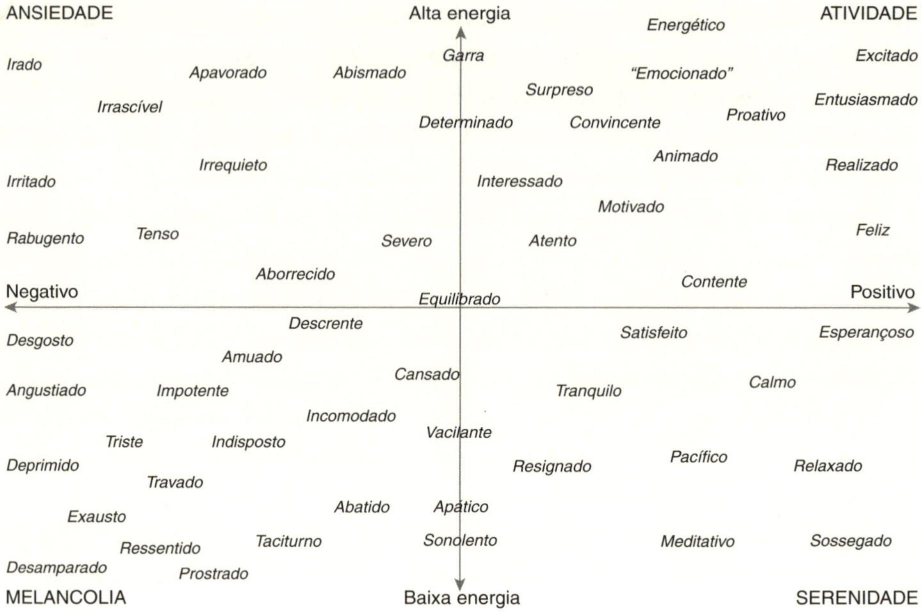

FIGURA 4.1. Diferentes estados de ânimo
Adaptado de Miller, 2011.

O estado de ânimo dos outros é percebido no corpo e na linguagem (ECHEVERRÍA, 2011a, p. 287): "Cada conversa traz consigo seu próprio estado de ânimo. As conversas são tampouco emocionalmente inocentes." A diferença entre dar uma boa e uma má notícia é evidente. Ereta e de "peito aberto" são posturas associadas à atividade; encurvado, com ombros e braços caídos remetem à melancolia; agitado, com o semblante carregado remete à ansiedade; leve, relaxado e sorrindo remete à serenidade. Echeverría faz uma interessante distinção entre quatro ânimos, mostra o Quadro 4.1.

QUADRO 4.1. Juízos associados a quatro estados de ânimo

JUÍZOS DE	NÃO FACTIBILIDADE (*O QUE NÃO PODEMOS MUDAR*)	POSSIBILIDADE (*O QUE PODEMOS MUDAR*)
Oposição	RESSENTIMENTO	RESIGNAÇÃO
Aceitação	ACEITAÇÃO (paz)	AMBIÇÃO

Fonte: ECHEVERRÍA, 2011a

O ressentimento é corrosivo, perdura e, para piorar, pode suscitar a vingança. Ele bloqueia a possibilidade de solução, portanto mina a autoeficácia, a proatividade e a solução de problemas; enquanto paralisa, destrói a tenacidade; enquanto "rumina" pensamentos negativos, corrói o otimismo e a autoconfiança. Ressentidos, portanto, tendem a perder resiliência.

Nem tudo o que não é factível gera ressentimento: pode gerar paz. Ficamos em paz quando aceitamos as impossibilidades, para que possamos enfocar as possibilidades. Como o ressentimento perdura, só conquistamos paz se ele for dado como encerrado, sem recriminações ou queixas, afirma o autor (*op. cit.*, 2011a). Também a reparação é uma solução para o ressentimento, porém ela requer compaixão, que corresponde à aceitação plena do envolvido, com suas virtudes e defeitos. Daí deriva outra potente solução: o perdão, que libera os envolvidos da prisão do ressentimento.

O resignado, por sua vez, acredita que algo não pode ser mudado, enquanto outros consideram o oposto. A ele sua resignação costuma ser justificada como realismo. Esse estado de ânimo reforça e justifica a baixa resiliência, o que é pena. Para migrar da resignação à ambição, como denomina Echeverría (2011a, p.340), mas que prefiro denominar *proatividade*, a solução é aprender: a aprendizagem faz parecer alcançável aquilo que podia parecer impossível. Por meio da aprendizagem os juízos de não factibilidade se convertem em seus opostos.

Se os estados de ânimo predispõem à ação, eles afetam a resiliência dos indivíduos. Qual das regiões da Figura 4.1 estaria associada à resiliência elevada? Desatentos, poderíamos eleger o quadrante da *atividade*. Todavia, vimos no Capítulo 1 que a energia elevada é tão perniciosa quanto a reduzida, em termos do distresse desenvolvido. E vimos no Capítulo 2: que a autoeficácia, proatividade e a solução de problemas envolvem ação positiva; que o otimismo aprendido remete ao lado direito da Figura 4.1; que a temperança requer alguma tranquilidade, veremos.

Diante disso, acredito que os estados de ânimo mais afeitos à elevada resiliência encontram-se na região à direita, mais acima que abaixo do eixo horizontal. A resiliência moderada está afeita à mesma região, deslocada à esquerda. E a baixa resiliência está associada à periferia da figura.

Serenidade induz temperança: em situações adversas há foco, concentração, planejamento e ação orientada para resultados (solução de problemas). Até a competência social é favorecida, na medida em que a calma lida melhor com as emoções dos envolvidos. Em contrapartida, a ansiedade rebaixa a resiliência porque torna mais agudo e arriscado o enfrentamento da adversidade. A melancolia remove a vitalidade para enfrentar a adversidade, gera descrença em relação à chance e às opções de solução do problema, e dificulta a empatia e competência social, dado que enclausura o indivíduo em seus próprios pensamentos.

Por exemplo: Antonio perde a mãe; durante o luto percebe que sua relação conjugal e com os filhos é afetada, e seu desempenho profissional também. Essa perda foi considerada por Selye um dos mais estressores agentes em indivíduos, sobretudo se o indivíduo cuidou da mãe durante o agravamento de sua doença. O luto, para chegar ao fim, consome tempo, às vezes muitos anos. Perdura um estado de ânimo de melancolia, de vazio. Mas Antonio é muito resiliente, e começa a agir. Primeiro procura pequenos expedientes capazes de animá-lo ou trazer satisfação: vai dançar e ouvir as músicas que gosta; redecora o seu apartamento, adiciona flores e incenso; vai praticar esportes, que revigoram e causam sensação de satisfação. Toma a iniciativa de aprender a meditar. Procura um *coach* para lhe apoiar nas dificuldades profissionais. Um psiquiatra que procurou indica terapia e medicação para a depressão que então diagnosticou. Esse indivíduo sente-me mais capaz de superar a perda; no futuro rememorará esse episódio difícil que superou com altivez.

RESILIÊNCIA E OTIMISMO APRENDIDO

Para Seligman (2006, p. 221): "O otimismo aprendido funciona não pela injustificável positividade sobre o mundo, mas por meio do poder do pensamento não negativo." Em uma visão retrospectiva do humano, afirma (*op. cit.*, p. 114): "O gênio da evolução está na tensão dinâmica entre otimismo e pessimismo continuamente corrigindo-se um ao outro." Ou seja, na capacidade de contrapor emoções positivas às negativas que afloram nas graves adversidades e desafios.

Baseado na teoria da atribuição de Bernard Weiner, Martin Seligman denomina *estilo explanatório* o hábito de explanação de sucessos e fracassos, aprendido na infância e adolescência. Seligman adota duas dimensões sugeridas por Weiner – *permanência* e *personalização* –, e adiciona outra, a *difusão*.

Diante das contingências ruins, um pessimista tende a percebê-las como permanentes: "governo só atrapalha"; "dietas nunca funcionam"; "nunca vai dar certo". Já o otimista as percebe como temporárias: "se você come demais, a dieta não funciona"; "até agora não deu certo". O uso de palavras taxativas (nunca, sempre) indica pessimismo e rigidez. Erros e perdas nos deixam momentaneamente abatidos e desamparados – isso é otimismo aprendido. Seligman (2006, p. 47) afirma: "Explanações permanentes para eventos ruins produzem desamparo duradouro e explanações temporárias produzem resiliência."

Diante de contingências positivas, a permanência funciona ao contrário. Otimistas acreditam em causas permanentes: "Sou talentoso." Pessimistas acreditam no sucesso transitório: "Hoje é meu dia de sorte"; "fiz um tremendo esforço". Quem acredita em causas permanentes de sucesso se esforça ainda mais em situações semelhantes, enquanto que os que acreditam em razões temporárias podem desistir até mesmo quando obtiveram sucesso.

Difusão é sobre espaços, enquanto a permanência se vincula ao tempo. Há quem delimite seus problemas a um aspecto de sua vida, e siga em frente; outros reclamam de tudo, tendem a contaminar todos os aspectos de sua vida quando algum deles falha. Diante de coisas ruins, um pessimista difunde a tudo: "Todos são injustos"; "sou incompetente"; "não adianta nada"; otimistas tendem a especificar: "fulano é injusto"; "nessa questão eu sou bom"; "este cara não vale nada". Ao contrário, otimistas creem que maus eventos têm causas particulares, enquanto os bons eventos engrandecem tudo o que ele faz. Diante de eventos positivos, otimistas afirmam: "Sou esperto"; "sei como agir"; pessimistas afirmam: "Sou esperto em matemática"; "nessa situação eu soube como agir".

A terceira dimensão do estilo explanatório é a personalização. Podemos internalizar as culpas por contingências ruins que ocorrem, ou podemos externalizar, responsabilizando outros ou circunstâncias. Quem internaliza perderá depois sua autoestima; quem externaliza a preserva. Seligman (2006, p. 50) afirma: "Quem acredita que causa boas coisas tende a gostar de si melhor que quem acredita que as coisas boas derivam de circunstâncias ou de outros." Mas alerta: não se trata de atribuir a outros as responsabilidades que não se deseja assumir – é questão de não assumir só para si, sem reconhecer as de outros.

Esperança, vimos no Capítulo 3, tanto significa esperar passivamente quanto almejar – expectativa positiva. Se algo é universal e permanente, qual expectativa isso gera no indivíduo? Por isso, a esperança positiva requer encontrar causas específicas, casuais e creditadas a outros para as contingências negativas.

Pessimismo não causa depressão, mas quando alguém está deprimido é também pessimista. Pessimismo amplia a severidade da depressão, assim como afeta negativamente o sistema imunológico. E a resiliência. Psicoterapias cognitivas rompem com o padrão pessimista de pensamento, tornando os pacientes mais otimistas.

Quem rumina pensamentos pode ser otimista ou pessimista; se é também pessimista isso prejudica a resiliência. Curiosamente, quem não rumina tende a evitar a depressão mesmo que seja pessimista. Diante disso, o leitor pode julgar que não deve ser pessimista. Não é o caso: pessimistas distorcem menos a realidade quando fazem avaliações do que otimistas; têm melhor senso da realidade; são mais cautelosos e prevenidos. Otimistas incondicionais são mais egoístas e autoassertivos. Ao que parece, o otimismo é mais efetivo quando corrige o pessimismo. O autor defende o *otimismo flexível*, a capacidade de controlar o modo como um enfrenta adversidades, apenas quando o custo de errar não é elevado.

Seligman (2006, p. 112) sugere: "Talvez a vida bem sucedida, como a empresa bem sucedida, necessita de ambos: otimismo e ao menos um pessimismo ocasional." Ong e colegas (2010) sugerem que emoções positivas promovem flexibilidade mental e solução de problemas, facilitam o enfrentamento (*coping*) adaptativo ao estresse e promovem duradouro bem-estar. Seus estudos comprovam que durante períodos de incerteza e estresse, as emoções positivas (alegria, paz, felicidade) dos mais resilientes se mantêm lado a lado com emoções negativas (ansiedade, preocupação, depressão). E afirmam (*ibid.*, p. 89): "Emoções positivas são vitais para nos preparar para o futuro incerto acenando-nos para testar as fronteiras do que sabemos; para gerar soluções criativas para ameaças iminentes, pequenas e grandes; na expectativa de que por detrás de cada estressor espreita invisível uma miríade de oportunidades para o crescimento transformador."

Quanto ao pensamento positivo, Jon Kabat-Zinn (2005) alerta: "Facilmente nos tornamos prisioneiros do pensamento positivo. Ele confina, fragmenta, é impreciso, ilusório, alimenta-se a si mesmo e é errado." Voltaremos a esse autor ao tratar da atenção plena no próximo capítulo.

Pouca gente gosta de músicas tristes, a não ser nos episódios de melancolia. Mas há muita música alegre e ao mesmo tempo triste, e essas podem nos ajudar a compreender as ideias de Seligman e Kabat-Zinn. Por exemplo, o poeta Vinícius de Moraes compôs com Baden Powell o "Samba da benção", que prega:

É melhor ser alegre que ser triste
Alegria é a melhor coisa que existe
É assim como a luz no coração

Mas pra fazer um samba com beleza
É preciso um bocado de tristeza
É preciso um bocado de tristeza
Senão, não se faz um samba não

Fazer samba não é contar piada
E quem faz samba assim não é de nada
O bom samba é uma forma de oração

Porque o samba é a tristeza que balança
E a tristeza tem sempre uma esperança
A tristeza tem sempre uma esperança
De um dia não ser mais triste não

A resiliência requer o otimismo aprendido: a situação adversa nunca é fácil de enfrentar, táticas não funcionam, faltam apoios externos para quem a enfrenta, e assim por diante. Naturalmente, surgem pensamentos e emoções negativas que precisam ser contrabalançadas com pensamentos e emoções positivas. Do contrário, a autoconfiança deteriora, carregando consigo a empatia e a competência social; a tenacidade se esvai, ocorre a vacilação que leva junto a proatividade; e, claro, perde-se a temperança, inflando emoções de todo tipo.

Por exemplo: despreparada, a gestora Vivian dá um vexame em reunião com dirigentes. Não é a primeira vez que ocorre, e ela pensa que sempre isso acontece, e só com ela. Ela pensa que logo todo mundo saberá do ocorrido, e se sente humilhada e culpada. Na carreira de alguém, um episódio como esse pode ser devastador. Mesmo assim, não se pode ficar remoendo o problema, é preciso agir. As cenas do vexame brotam à mente sem parar. Mas, cada vez que isso acontece, Vivian busca pensar em suas outras conquistas na organização.

Seu chefe, maduro e sensível, a acolhe e lhe ensina que aquilo foi só um mau momento, e que não deixará cicatrizes. E constrói com ela uma tática para recompor sua imagem junto aos dirigentes.

APRIMORANDO O OTIMISMO NO MOMENTO

Aqui as práticas sugeridas são importantes entre outros motivos porque desenvolvem maior consciência sobre os estados de ânimo. Já as práticas de longo prazo modificam a cognição, portanto contribuem para a autoconfiança, solução de problemas e, sobretudo, para a flexibilidade mental.

01. Identifique estados de ânimo

Toda forma de arte expressa emoções e estados de ânimo: cinema, teatro, dança, fotografia, pintura etc. Se as imagens não tornam evidentes, preste atenção nas falas. Tome consciência desses ânimos e de sua eventual mudança. Ganhando capacidade de leitura de estados de ânimo, você compreenderá melhor os seus próprios.

Identifique o seu estado de ânimo agora, usando o esquema da Figura 4.1. Repita a avaliação em outros dias e outros momentos. Olhando em retrospectiva, algum estado de ânimo específico perdura? Então é hora de mudar.

02. Sorria e pratique as emoções positivas

Há evidências de que sorrir altera o estado de ânimo. Gaste um minuto pensando em algo positivo – alimente-se dessa positividade. E sorria, por alguns minutos. Lembre-se de algo que te fez sorrir: uma cena na TV, uma piada, uma situação que viu ocorrer, ou então uma ideia maluca que te alegra. Fez diferença, compensou algum ânimo negativo?

03. Minuto de calma

Fique sozinho, sente-se quieto e confortavelmente. Feche os olhos e concentre-se em sua respiração. Para conseguir atenção, conte de um, quando inspira, até cinco, quando expira. Expire mais lentamente do que inspira e deixe o pulmão todo esvaziar antes de inspirar novamente. Perceba se a velocidade da respiração é constante, note os movimentos de seu corpo. Tome consciência de sua musculatura, e relaxe onde estiver retesada.

Quando a respiração estiver mais calma, observe atentamente uma imagem que você gosta muito. Perceba cada detalhe, cada cor, estude a composição, atenção à figura e ao fundo. Feche os olhos e tente rememorar o que viu, sempre atento à respiração. Depois de algum tempo, tente rememorar algo que esteja relacionado à imagem que viu, em todos os seus detalhes.

Escolha uma música que gosta muito ou que o acalma. Feche os olhos para ouvir atentamente a música, sempre atento à respiração. A música afeta as ondas cerebrais e modifica o estado de ânimo sempre para melhor. É uma alternativa, todas explorando o sensorial.

APRIMORANDO O OTIMISMO SEMPRE

04. Vida saudável

Dormir bem é tão importante quanto a dieta e o condicionamento físico, porque afeta os estados de ânimo. Tirar uma pequena soneca em geral é revigorante e clareia a mente. Sobre a dieta, em primeiro lugar o álcool deve ser evitado, mais vinculado à depressão. Evite exagerar na comida, ou em horários irregulares. Prefira uma dieta leve e natural – evite açúcar, cafeína, gordura trans e tudo o mais que você sabe que não lhe cai bem. Cuidar do próprio corpo gera ânimo positivo.

Qualquer forma de exercício intenso e aeróbico (andar, correr, nadar) é importante. O condicionamento físico: alivia agressividade; desenvolve força e flexibilidade; desenvolve coordenação; desbloqueia o corpo e a mente; melhora a respiração; corrige postura; libera endorfinas. Por isso, conduz a estados de ânimo positivos.

05. Minhas forças e minhas ansiedades

Miller (2011) sugere um interessante mapeamento. Indique as áreas mais importantes de sua vida (saúde, finanças, carreira, família, círculo social, trabalho social, espiritualidade, colegas de trabalho, hobbies). Para cada área, classifique como está lidando com ela:

- *Adequada* (lida bem com ela).
- *Sobrecarregada* (é difícil de lidar com ela ou não lida com ela como gostaria).
- *Suprimida* (ativamente procura empurrá-la para o fundo da mente).
- *Segregada* (a mantém afastada e se recusa a reconhecer os problemas nessa área).

Depois disso avalie, dando notas de 0 a 10, quão próximo está de atingir seu ideal em cada área. Onde avaliou como adequado podem estar as notas mais altas, e assim por diante. Os resultados podem ser lançados em um gráfico, para melhor visualização.

Agora, liste para cada área os meios que dispõe para aprimorá-la: o que seria preciso fazer para chegar à avaliação máxima. Preserve alguma área importante de sua vida com notas altas e lidando adequadamente – ela será útil quando alguma outra área da vida apresentar desafio e adversidade. Amplie as áreas confortáveis de sua vida, metódica e sistematicamente. Representa o verdadeiro bem-estar.

06. Guia para usar o otimismo aprendido:

Seligman (2006) sugere meios para enfrentar o pessimismo usando a cognição. Nem sempre o otimismo é uma solução, sobretudo quando o custo de falhar é alto. Mas se o pessimismo é um hábito, a estratégia de compensar com otimismo é deveras util.

O primeiro passo é compreender a conexão entre Adversidade, Convicção e Impacto. Liste seus ACI, registrando situações adversas relativamente comuns de forma objetiva, sem avaliar a situação. Para cada frase A, liste o C, o que pensou ou como interpretou essa adversidade. Separe pensamentos de sentimentos sobre a situação: esses últimos serão registrados como impactos. Agora registre os I, os sentimentos e ações que você teve consciência naquela situação. Liste o máximo de impactos, diretos e indiretos, sobre você e sobre a situação.

Depois de produzir uma lista de ACI, releia cuidadosamente o que escreveu. Note o vínculo entre convicções e impactos. Note se o pessimismo induziu passividade e desânimo; note quando a explanação otimista energizou, com impactos positivos. Na lista, verifique o que prevaleceu: explanações otimistas ou pessimistas?

Se prevalecer a explanação pessimista em sua lista, ela pode ser enfrentada de duas formas: *distração* e *disputa*. Pela via da *distração*, a convicção deixa de prejudicar o sentimento e o comportamento diante da adversidade. Não é fácil livrar-se de pensamentos pessimistas, cujo padrão foi demoradamente consolidado. Se você consegue pensar atentamente em outra coisa, ou não pensar, concentrando-se no agir, ótimo. Seligman (2006) sugere algumas táticas: gritar "pare" batendo com a palma da mão em uma parede; tocar uma campainha; carregar consigo um cartão escrito "pare"; dar um beliscão. Para evitar remoer ou ruminar pensamentos, o autor sugere que você reserve tempo depois para pensar nisso, esforçando-se para adiar o processo.

Pela via da *disputa*, você pode criar argumentos para confrontar o pessimismo. É a solução mais duradoura. Em primeiro lugar, é preciso que você compreenda que suas convicções são apenas crenças, são produtos da mente! Não necessariamente elas são justificáveis. Para isso, é preciso distanciar-se delas para avaliá-las com isenção. Ajuda externa é sempre útil, porque provoca o confronto de mentalidades. Mas a disputa requer método: busque *evidências*; busque *opções*; busque *implicações*; questione a *utilidade*.

Pensamento positivo é sobre ufanismo; otimismo aprendido é sobre evidências. Na busca de opções, enfoque as causas que são: modificáveis (não são permanentes), específicas (não são universais) e impessoais (não se difundem por toda a sua vida). Só de encontrar opções, a questão fica mais leve. Quando as convicções são corretas, ainda assim é possível "decatastrofizar", desinflando as emoções envolvidas. Avaliar as implicações é aferir quão provavelmente elas podem ocorrer. Por fim, questionar a utilidade de uma convicção envolve perceber se é destrutiva, se é uma justificativa aliviadora ou se é funcional.

Retorne à sua lista de ACI e acrescente dois outros tópicos: D de *disputa* e E de *energização*. Ou seja, explique a disputa e depois avalie como se sente energizado. Esses sentimentos mostram se o enfrentamento do pessimismo foi funcional.

5

Tempere suas emoções

Eu construo a mim mesmo continuamente e construo você, e você faz o mesmo. E a construção dura tanto quanto o material dos sentimentos não se desintegra e tanto quanto o cimento do nosso desejo perdura.

LUIGI PIRANDELLO

Steve Jobs foi abandonado pelos pais ao nascer, em 1955. Joanne Schieble fazia pós-graduação na universidade de Wisconsin quando se apaixonou pelo sírio Abdulfattah Jandali, precoce assistente de ensino. Aos 23 anos Joanne descobriu que estava grávida, mas a família não aceitava o namoro porque Jandali era muçulmano. Ela mudou-se para San Francisco para cuidar da gravidez, ter o bebê e entregá-lo para adoção. Joanne só exigia que o filho fosse adotado por pessoas com pós-graduação, mas isso não foi possível. Semanas depois de entregar o bebê à família Jobs, ela os aceitou com a única condição de que eles fariam poupança para garantir a universidade do filho. Paul Jobs e Clara Hagopian, casados desde 1946, não podiam ter filhos e queriam adotar um bebê.

Steve soube que era adotado desde muito cedo. Apesar de se sentir abandonado, lhe diziam que ele era especial – na primeira vez que Steve sofreu por ser adotado, seus pais lhe disseram "nós escolhemos especificamente você" (ISAACSON, 2011 p.22). Ter sido abandonado marcou sua vida, e talvez explique sua reduzida competência social. A família Jobs sempre enfatizou que ele era especial, instigando autoconfiança e tenacidade. Aos 11 anos, Steve descobriu que era mais inteligente que os pais – seu pai adotivo era mecânico de automóveis, enquanto seus pais biológicos eram pós-graduados.

Steve é um fruto esplendoroso do Vale do Silício: "Ao crescer, fui inspirado pela história do lugar", disse Jobs, "eu quis ser parte daquilo" (*ibid*., p. 28). Vivendo perto de Palo Alto, Steve era estimulado por engenheiros que viviam na vizinhança – foi onde nasceu sua paixão por design simples e funcional. Foi em Palo Alto, em 1938, que Bill Hewlett e David Packard viveram e criaram a HP. Em 280 hectares de terrenos da Universidade de Stanford, ela criou a primeira tecnópolis, conhecida desde 1965 como Vale do Silício por aglomerar pequenas empresas dessa nova indústria. Lá nasceram os chips de silício, depois a Intel e seus microprocessadores.

Antes mesmo de entrar na escola, sua mãe ensinou Steve a ler. Entediado, logo se mostrou um aluno rebelde na escola: pregava peças em todos. Mas na quinta série uma professora o conquistou, dando a eles sucessivos cadernos de exercícios de matemática. Em pouco tempo Steve era capaz de acompanhar o ensino médio. Porém, seus pais só aceitaram que ele pulasse uma série.

Mudando de casa e de escola, Steve descobriu na adolescência a alimentação orgânica. Também se afastou da igreja, embora depois tenha estudado e praticado o zen-budismo à sua moda. No ensino médio, Steve descobre a cultura hippie e amigos *"geek"* realmente inteligentes. Conheceu a HP 9100A, uma grande calculadora de mesa precursora dos microcomputadores, enquanto participava do Clube do Explorador da HP.

Em um curso não formal de eletrônica, Steve Jobs conheceu Stephen Wozniak, que já era considerado um gênio na eletrônica e era igualmente rebelde na escola. Em 1971, a dupla criou a Bluebox digital, um segredo de hackers para fazer ligações de longa distância: "Se não fosse pelas Bluebox não teria existido a Apple", disse depois Steve, "Woz e eu aprendemos a trabalhar juntos, e ganhamos confiança de que podíamos resolver problemas técnicos e pôr efetivamente algo em produção" (*ibid*., p.48).

Ainda no colegial, Steve conheceu Chrisann Brennan, com quem passou a morar ao terminar o colegial. Steve fazia dietas compulsivas, só comia frutas e legumes, tinha cabelos longos e barba desgrenhada. Em 1972, Steve teimou em estudar no Reed College, uma das mais caras faculdades particulares, em Oregon. Seus pais cederam como de costume, apesar de estar acima de suas posses e de saberem que em Stanford ele teria bolsa de estudos. Reed era uma escola exigente em termos acadêmicos, mas pelo foco em humanidades admitia um estilo de vida hippie para seus alunos. Steve então reunia vegetarianismo e zen-budismo, meditação e pés descalços, ácido (LSD) e rock. Logo se desinteressou pela faculdade, abandonou o curso, mas ficou por lá mais um ano assistindo algumas aulas e convivendo com colegas. Curiosamente, a faculdade permitiu.

Ao retornar à casa dos pais na Califórnia conseguiu um emprego na Atari, pioneira em videogames. No segundo dia de trabalho seu chefe se queixou: "Esse cara é um maldito hippie que fede... É impossível lidar com ele" (*ibid.*, p.62). Steve acreditava que com a dieta vegetariana não era preciso tomar banho todos os dias – só o fazia uma vez por semana, se tanto. A solução foi transferi-lo para o período noturno para isolá-lo. Alguns meses depois ele pediu demissão e foi à Índia para uma jornada espiritual. Mas lá não era como esperava, então perambulou pelo oriente: "Ao voltar, depois de sete meses em aldeias indianas, vi a loucura do mundo ocidental, bem como sua capacidade para o pensamento racional" (*ibid.*, p. 68). Steve voltou ao emprego na Atari, e ao convívio com o amigo Wozniak. Talvez isso indique foco na resolução de problemas.

Em 1975, os dois amigos juntam-se ao *Homebrew Computer Club* com aficionados por fazer em casa um computador pessoal. Wozniak trabalhava na HP e nas horas vagas desenvolveu uma placa de circuito impresso e software extraordinários. Steve o convenceu a fabricar e vender essas placas, mas para isso criariam uma empresa. Steve sugere o nome Apple Computer: ele estava em uma de suas dietas de frutas, só comia maçãs. A garagem da família Jobs abrigou a linha de montagem daquilo que chamaram Apple I. Em 30 dias, entregaram o lote inicial de 50 placas a Paul Terrell, que possuía três lojas de informática, venderam mais 50 a amigos e produziram um lote de 100 para lojas de varejo.

Ainda em 1976 estava pronta a nova versão, chamada Apple II, que agora teria integrado o teclado, monitor e fonte, além de software mais sofisticado. O papel de Steve foi criar o design do novo produto. Para captar recursos, Steve aceita Mike Markkula como sócio e diretor de marketing. Juntos, convencem Wozniak a deixar a HP e contratam Regis McKenna para a campanha publicitária de lançamento do Apple II em 1977. Da garagem dos Jobs, a Apple mudou-se para um escritório em Cupertino, onde abrigava uma dúzia de funcionários.

Steve tornou-se tirânico e abrupto em suas críticas, e ainda apresentava problemas de higiene. Quando contrariado, ele se desfazia em lágrimas. Como explicar esse destempero? Narcisismo, talvez. Trouxeram Mike Scott para presidir a Apple. Scott atribuiu a Wozniak o crachá de número 1 e a Jobs o crachá número 2 – Steve não se conformou, tiveram aí sua primeira rusga. Para todos, Wozniak era o gênio.

A empresa ia bem: nos 16 anos seguintes vendeu quase seis milhões de Apple II. Foi essa máquina que consolidou o mercado de computadores pessoais. Embora já pudesse comprar um imóvel, em 1977 Steve alugou uma casa onde vivia com amigos, uma "república". Voltou a ter um caso com sua primeira namorada. Chrisann engravidou de Steve. Ele sugeriu-lhe aborto e enfatizou que ela não deveria dar o filho para adoção. Aos 23 anos, a mesma idade de seus pais biológicos quando o tiveram, nasceu sua filha, Lisa Brennan.

Poucas semanas antes de abrir o capital da Apple, Steve fez um acordo judicial de pensão e sumiu da vida da filha: "Eu gostaria de ter tratado a coisa de forma diferente. Na época, não conseguia me ver como pai, então não enfrentei a questão", disse ele (*ibid.*, p.109).

Em 1980 ocorreu o lançamento do Apple III, que foi um fracasso. Steve decide criar um computador totalmente novo. O nome escolhido por Steve para esse produto – Lisa – sugere sentimento de culpa? Mas o desenvolvimento do produto não engrenava e parecia seguir o mesmo caminho do Apple III. Wozniak estava relegado ao terceiro plano, cuidando somente do Apple II.

As dificuldades de relacionamento de Steve provocaram mudanças na Apple. Em 1980, ele é destituído do cargo de vice-presidente de pesquisa, perde a liderança da equipe do Lisa e passa a ser presidente não-executivo do conselho. Isso o magoou muito. A abertura ao mercado (IPO) da Apple fez muitos deles milionários. Nesse ano, aos 25 anos de idade, as ações de Steve valiam 256 milhões de dólares. A fama dele no meio empresarial havia chegado.

Havia outro projeto de produto em andamento, chamado Macintosh, a variedade de maçã preferida do gestor do projeto, Jeff Raskin. Desde 1979 esse projeto estava por um fio, não conseguindo se afirmar. Ao perder o comando do Projeto Lisa, Steve se interessou por ele; era a chance de criar algo maravilhoso longe de Wozniak. Após várias brigas com o gerente do projeto, assumiu o seu lugar. Montou uma nova equipe para o projeto e, ainda em 1981, conseguiu retirar Mike Scott da presidência. Exemplo de tenacidade: qualquer outro que se sentisse rejeitado poderia ter desistido de batalhar por suas ideias.

Nunca antes na Apple uma equipe de projeto foi tão pressionada. Um engenheiro de software da equipe do Mac afirmava: "Steve tem um campo de distorção da realidade", usando um jargão do seriado Jornada nas Estrelas, "na presença dele a realidade é maleável. Ele consegue convencer qualquer um de praticamente qualquer coisa" (*ibid.*, p. 135). Era uma maneira polida de dizer que mentia; ou poderia ser mais, uma dissociação complexa da realidade, da qual ele próprio se convencia. As pessoas eram classificadas por Steve como "geniais" ou "idiotas", maniqueísmo que revela rigidez e falha competência social.

Para aceitar um investimento da Xerox na Apple, Steve exige que, em troca, ela mostrasse as criações de seu centro de pesquisas em Palo Alto. Quando vê a interface gráfica usando ícones e o "*mouse*" para ativar os comandos na tela, Steve e sua equipe ficam atônitos. Não é verdade que a Xerox não se interessava por essa sua criação, tanto que ela lançou um computador pessoal – Xerox Star –, antes do Lisa ou do Macintosh. Mas a Apple aperfeiçoou muito a metáfora do "desktop", a mesa de trabalho carregada de pastas, e as colocou na tela do computador. Steve descobriu seu talento para o design sofisticado e para o cuidado com a embalagem e a marca.

Nos retiros com sua equipe, Steve os instigava com conceitos: "Não façam concessões", "não está pronto enquanto não for lançado", "os verdadeiros artistas lançam", "é melhor ser pirata do que entrar na Marinha". A bandeira dos piratas permaneceu hasteada por meses, enquanto eles adaptavam as criações da Xerox.

Em 1981 a IBM lança o PC – Personal Computer, com arquitetura aberta, facilmente "clonável". A tecnologia era ruim, o design feio, e o sistema operacional DOS, da Microsoft, muito limitado. A Apple levou um ano para perceber o impacto dessa estratégia no mercado, mas na época publicou anúncio no Wall Street Journal com a chamada: "Bem-vinda IBM. Sério." A Apple lançou o Lisa em 1983, um ano antes que o Mac. Foi um fracasso.

Bill Gates já fornecia softwares para o Apple II, e havia criado o Excel, o Chart e o File para o Mac. Bill e Steve passaram a se encontrar com frequência, apesar da rivalidade entre eles. Bill não tinha empatia por Steve: ele não entendia nada de programação. Bill dizia de Steve: "De fato, ele nunca entendeu muito de tecnologia, mas tinha um instinto espantoso para saber o que funciona." Steve nunca retribuiu os elogios: "Bill é pouco imaginativo e nunca inventou nada, e é por isso que acho que ele se sente mais à vontade agora na filantropia que na tecnologia" (*ibid.*, p. 191).

Para substituir Mike Scott na presidência, em 1983 Steve encantou-se com e contratou John Sculley, então presidente da divisão Pepsi-Cola. Apesar da mútua empatia, eles eram opostos na formação, no estilo de vida e na personalidade. Sculley havia recebido educação aristocrática, era culto e polido. Em poucos meses as ilusões de ambos foram desfeitas. Porém, Steve continuava a adular Sculley: a Apple estava crescendo demais.

No início de 1984 a Apple lança o Mac, com uma estrondosa campanha de marketing. Steve atingiu a maestria como mestre de cerimônias de lançamento de produtos. Com barba aparada, jeans e camiseta preta, o visual depois desenvolvido e que o marcaria nas décadas seguintes. Steve atingiu o topo, como celebridade e com poder dentro da Apple. Ao completar 30 anos de idade em 1985, Steve concede entrevista à Playboy, quando afirma: "É raro ver um artista na casa dos 30 ou 40 anos capaz de contribuir realmente com algo estupendo." Claro, existem algumas pessoas que são curiosas por natureza, eternas crianças na sua admiração pela vida, mas são raras (*ibid.*, p. 208). Flexibilidade mental e solução de problemas – é o nome do jogo.

Todavia, as vendas do Macintosh nem chegavam perto do planejado. O PC da IBM era o computador pessoal padrão. Começa o êxodo de diretores: Hertzfeld, Burrell e, depois, Wozniak. Ainda em 1985 ocorre o confronto entre Steve, que colocava a divisão Mac contra as demais, e Sculley, que obteve o apoio da diretoria e do conselho. No final de maio ocorreu a queda de Steve.

Nada mais ele podia fazer na Apple, empresa que criou. Ele tinha apenas 11% das ações, que valiam US$100 milhões. Nos dias seguintes à catástrofe, Steve ficou em casa, com as persianas fechadas, por horas, ouvindo Bob Dylan. Rejeitado e ressentido.

Em setembro daquele ano, Steve já estava montando a equipe da sua nova empresa NeXT, dedicada a microcomputadores para a universidade. Essa empresa fez produtos espetaculares, mas que resultaram em incríveis fracassos. Nessa fase de sua vida, ele teve que aprender com os constantes fracassos. Também na mesma época, provando que havia superado o desamparo, Steve comprou a Pixar, divisão de informática da empresa de George Lucas, especializada em computação gráfica para o cinema.

Sua mãe, Clara Jobs, faleceu em 1986, e só então Steve encontrou a mãe biológica, que ele vinha procurando há anos, mas somente após obter a permissão do pai. Joanne ficou bastante emocionada, pediu desculpas a ele, e o informou que Steve tinha uma meia-irmã, Mona Simpson. Os dois procuraram pelo pai, mas só Mona aceitou encontrar-se com ele. Steve tentava, nesse momento, recuperar sua relação com a filha Lisa, então com 8 anos de idade. A partir daí, as relações com a mãe biológica, a irmã e a filha tornaram-se tão inconstantes quanto com quase todo mundo.

Em 1988, no discurso de lançamento do NeXT, Steve brincou com sua fama de "mercurial": "Caracterizado por uma imprevisível mudança de humor", leu a definição de dicionário. Em seguida, ele mostrou o antônimo 'saturnino', leu a definição "de humor frio e constante", e concluiu: "Acho que 'mercurial' não é tão ruim assim" (*op. cit.*, p. 254). Não só ele ganhava temperança, mas resiliência em geral.

Até 1991, Steve havia investido mais de US$50 milhões na Pixar, enquanto a NeXT só acumulava prejuízos. Tentou produzir hardware e software para a computação gráfica, mas com resultados pífios. Até que procurou os estúdios Disney para produzir em parceria um filme de longa-metragem. Em 1995 foi lançado Toy Story, recuperando o investimento apenas no primeiro final de semana de exibição. Este filme gerou US$362 milhões de receita em todo o mundo. Uma semana depois do lançamento do filme, ocorreu o IPO, oferta pública de ações da Pixar. As ações em poder de Steve passaram a valer US$1,2 bilhões, mais do que ele ganhara com a oferta pública da Apple. O fracasso da NeXT a inviabilizara. Foi difícil para Steve desistir de produzir hardwares nessa empresa, como teria sido também na Pixar. Ele começou a pensar em retornar à Apple, mas não fazendo um "*takeover*" hostil, que não era de seu feitio.

Com a hegemonia da Microsoft e seu sistema Windows, a Apple sofreu muito após a saída de Steve. Michael Spindler substituíra John Sculley em 1993, e tentava vender a Apple para a Sun, IBM ou HP, sem sucesso. Esse dirigente foi substituído por Gil Amelio. O preço das ações caiu de US$70 para US$14, de 1991 a 1996. Após uma breve tentativa de aproximação, Steve reúne-se com Amelio para oferecer o software da NeXT, único ativo valioso que ela dispunha. Sugeriu que se a NeXT fosse comprada pela Apple, ele retornaria ao conselho na condição de acionista, e poderia ajudar a levantar a Apple. Bill Gates ficou irado com a solução, diante da rixa que tinha com Steve. Larry Ellison, criador da Oracle, não compreendeu porque ele e Steve, juntos, não compravam a Apple, mas a questão não era de dinheiro, mas sim de reparação.

Em 1997, timidamente, Steve voltava a trabalhar na Apple após a compra da NeXT. Coloca pessoas de confiança nas posições-chave, e espera pelos desdobramentos: Amelio não era o dirigente requerido para "virar a mesa" e reconstruir a Apple. A questão se tornou pública, todos esperavam que Steve reassumisse o comando, mas ele hesitava... Wozniak também retornara à Apple na mesma posição que Steve – consultor –, e apoiou o amigo: "Achem o que acharem de Steve, o fato é que ele sabe como trazer a magia de volta" (*ibid*, p. 333). Mike Markkula percebeu que era chegada a hora de partir (foi afastado), e Steve montou um novo conselho. As ações da Apple voltaram a subir para US$20.

No evento Macworld 1997, Steve foi ovacionado e deixou todos estupefatos ao declarar a parceria Apple-Microsoft. Em troca de ações sem direito a voto, a Microsoft investia US$150 milhões na Apple. O risco de colapso foi mitigado e as ações da Apple subiram a 26 dólares.

Ninguém ligava para o cargo formal de Steve, ele de fato estava no comando. Aos 42 anos de idade, estava maduro e resiliente, embora conservasse certos atributos: "Ele fica muito apaixonado e emotivo quando nos mostra o que está sendo desenvolvido", diz um funcionário da agência de publicidade após visitar o estúdio de design da Apple (*ibid*, p. 349). Uma de suas grandes virtudes era a concentração – seu mantra era "foco" –, às vezes acompanhado de explosões de fúria. Era de fato criativo e visionário, focado na solução de problemas, mas lhe faltava empatia e competência social.

Em 1998 o iMac era lançado e causou a maior velocidade de vendas iniciais da história da Apple: era a materialização do lema "pensar diferente" adotado na propaganda. Agora um competente dirigente, Steve enxugou ao máximo o portfólio de produtos, demitiu três mil pessoas, reduziu de 100 para 24 o número de fornecedores e reduziu estoques e centros de armazenagem. E recebia apenas US$1 de salário, sem direito a bônus em ações – pelo menos até 2000, quando aceitou o cargo de presidente executivo.

Em 2001 a primeira loja da Apple foi inaugurada, contrariando a visão dominante na imprensa especializada. Dez anos depois havia 317 lojas Apple, responsáveis por 15% da receita da empresa. Mas o mundo digital entrava em zona cinzenta: a bolha das "pontocom" havia estourado e a NASDAQ havia perdido metade de seus ativos em relação ao pico.

Steve lança uma nova estratégia: o computador pessoal como "hub digital". Logo, percebe que o mercado de música digital seria enorme, dada a quantidade de músicas copiadas na rede. Nasce o iTunes ainda em 2001, para ouvir músicas no computador. Para completar, veio o iPod. Em 2002 lança a iTunes Store, para a venda de músicas digitais. Os três produtos, integrados, alavancavam as vendas um do outro: iMac, iTunes, iPod.

As relações entre a Pixar e a Disney azedaram, devido à dificuldade de relacionamento entre Steve e Michael Eisner. Após a saída deste do comando da Disney em 2005, as duas empresas voltaram a conversar, e a negociar. A Disney acabou adquirindo a Pixar por US$ 7,4 bilhões. Com a troca de ações, Steve obteve 7% do capital acionário da Disney.

Tudo ia bem: muito trabalho comandando a Pixar e a Apple, muitos sucessos, boa vida familiar com a esposa e filhos. Até que em 2003 um exame de rotina detectou um raro câncer no pâncreas de crescimento mais lento, ainda no estágio inicial. Por nove meses Steve recusou o tratamento: cirurgia e quimioterapia. Sua esposa explicou: "Ele tinha essa facilidade de ignorar as coisas que não queria enfrentar" (*ibid*, p. 472). Mas a realidade é implacável, e em julho de 2004 foi operado. Havia metástase no fígado. Tinha 50 anos de idade. Após meses de recuperação, Steve voltou a trabalhar com a máxima energia: tinha pressa.

Em 2007 Steve provoca mais uma revolução: lança o iPhone, que até 2010 venderia 90 milhões de unidades. O produto nasceu de um projeto que visava criar um tablet que mais tarde se tornaria o iPad.

Em 2008 o câncer se agrava, Steve perde 18 kg e passa a usar morfina para as dores cruciantes. No início de 2009 ele tira licença da Apple. No período, as ações da Apple subiram de US$82 para US$140, e ninguém sabia o que ocorreria se sua saúde se agravasse ainda mais. Em março faz um transplante de fígado, mas isso pouco ajudou. Seis meses depois, voltou a trabalhar, com a mesma tenacidade apesar da saúde frágil. Lançou o iPad, que em nove meses vendeu 15 milhões de unidades. Sua chegada ao mercado foi acompanhada da Apps Stores, para a venda de seus aplicativos, e da iBooks Stores, para difundir livros digitais. Em 2010, após o lançamento do iPad, meses antes da sua morte, a Apple foi por um breve período a empresa mais valiosa do planeta. Ainda se ocupou do iCloud, seu interesse no final da vida.

As empresas reproduzem a cultura de seu fundador. A Apple deve ser tão resiliente quanto Steve Jobs foi: criada em 1977, quase faliu em 1996, foi socorrida por Bill Gates, quando Steve retornou ao comando da empresa que criou e da qual tinha sido expulso, promovendo outra revolução.

Steve Jobs revolucionou seis indústrias: a de computadores pessoais, que ele criou; a de filmes de animação, quando deu asas à Pixar; de música, ao comercializar pelo iTunes as músicas digitais; a de telefone, com o iPhone e seus maravilhosos aplicativos; a de tablets, indústria criada com o iPad; e a de conteúdos digitais. Em apenas 56 anos de vida, ele revolucionou o estilo de vida do planeta: "Meu objetivo sempre foi não só fazer grandes produtos, mas construir grandes empresas", afirmou Steve (*op. cit.*, p. 461). Não duvido de sua elevada resiliência, mas o caso demonstra que essa foi uma conquista tardia e sofrida em sua vida.

Os capítulos 3 e 4 abordam aspectos cognitivos da resiliência, sendo o otimismo afetado por estados de ânimo. Este capítulo aborda a questão emocional de maior importância para a resiliência: a *temperança* ou regulação de emoções.

Wagnild (2009) considera em sua escala o fator *equanimidade*, considerado por ele como uma perspectiva equilibrada de vida e de experiências, que permite ao resiliente moderar as respostas extremas à adversidade. E completa: indivíduos com equanimidade frequentemente manifestam senso de humor. A escala CD-RISC (CONNER e DAVIDSON, 2003) considera o fator *controle* relacionado à temperança.

A *regulação de emoções* e o *controle da impulsividade* são fatores citados por Reivich e Shatté (2008) na composição da resiliência. Para os autores, regular emoção é permanecer calmo sob pressão; exprimir emoções é parte da resiliência e permite enfrentar adversidades e solucionar problemas. Os autores sugerem que o controle de impulsos e de emoções são intimamente ligados. Goleman (1996, p. 12) alerta: "A capacidade de controlar os impulsos é a base da força de vontade e do caráter", portanto está ligada à temperança.

Crises são situações onde as emoções são infladas pela sensação de perda de controle e de resultados catastróficos. Nessas situações, preservar a "frieza", isto é, não se deixar levar pelas emoções e por impulsos é essencial.

Regular as emoções é preceito antigo, sobretudo nas religiões budistas e cristãs. Nesses campos, é comum o processo ser nomeado como *temperança*. Nelas, os destemperados não controlam seus atos, sua fala e seus desejos: daí a impulsividade, a perda de resiliência e a dificuldade nas relações sociais.

Abordando respostas a perdas, Boerner e Jopp (2010) indicam que resilientes processam luto em menor prazo, ao mesmo tempo em que evitam menos o luto e usam mais o conforto das lembranças positivas. Isso significa maior capacidade de regular as emoções com flexibilidade: resilientes experimentam afetos positivos e negativos ao mesmo tempo, o que confere relativa independência sobre o impacto deles sobre os comportamentos. Uma parte importante do processo, para os autores, é a habilidade de não se deixar tomar inteiramente por emoções negativas: é o balanço entre otimismo e pessimismo.

Controlar emoções não é o mesmo que suprimi-las, alerta Neenan (2009). Para esse autor, a resiliência se fortalece quando o indivíduo regula suas emoções, ou seja, quando é capaz de moderar sentimentos intensos não só para permanecer focado na situação estressante como para ser capaz de demonstrar comportamentos consistentes em uma variedade de situações. O autor também trata da força obtida por maior tolerância à frustração, que propicia condições para a persistência, mesmo em situação de desconforto ou frustração.

Como você responderia às seguintes questões?

- *Quando discuto questões quentes com outros, sou capaz de manter minhas emoções sob controle.*
- *Posso controlar o modo como sinto, quando adversidades ocorrem.*
- *Sou quase (in)capaz de controlar emoções para ajudar a manter foco na atividade.*
- *Meus amigos me dizem que eu desmonto e perco o rumo quando o problema é grave.*

RESILIÊNCIA E EMOÇÕES

Não há um consenso acerca da classificação de emoções e estados de ânimo. Considero *emoções básicas* aquelas que são universais (independem de cultura), ancestrais, inatas e quase automáticas: *medo*, *alegria (joy)*, *raiva*, *aflição*, *surpresa*, *desgosto e tristeza* (SPRADLIN, 2010; EVANS, 2009; GOLEMAN, 1996). Sem *medo* estaríamos mais expostos a ameaças e sem *raiva* não haveria preparo humano para lutar quando exigido.

Há também as emoções *secundárias*, tão universais quanto as básicas, porém altamente cognitivas: *amor*; *interesse*; *culpa*; *vergonha*; *embaraço*; *orgulho*; *inveja*; *ciúmes* e *mágoa*. Fico em dúvida se incluo como emoções secundárias: *desconfiança*; *vingança*; *simpatia*; *esperança*; *prazer*. E tenho dúvida se a *ansiedade* e *tristeza* são emoções ou ânimos – acho difícil discernir. Para completar a classificação de trabalho, considero a *felicidade* e *bem-estar* como estados de ânimo. Spradlin (2010) sugere que a *culpa* se justifica porque desenvolve consciência moral e confiança; a *inveja*, cita o filósofo Bertrand Russell, é a base da democracia; e o *ciúmes* ajuda a manter vínculo em grupos sociais complexos. Evans (2009) opina que todo o sistema ético de Aristóteles foi baseado na noção de que o ciúme estava no ponto médio entre a possessividade e a permissividade.

As emoções primárias são universais; as secundárias são universais, porém modeladas pela cultura, o que revela a enorme plasticidade da mente humana. Para Evans (2009) é exatamente esta a função de certas emoções: ajudar o indivíduo a lidar com as demandas de sua cultura. As emoções secundárias são também chamadas *emoções altamente cognitivas*, porque envolvem um processamento cortical maior que as emoções básicas, portanto são afetadas por pensamentos.

Emoções afetam comportamentos e sentimentos do indivíduo, e a expressão delas fornece informação aos outros envolvidos, para que eles regulem sua relação com o indivíduo. Ficar ruborizado ou chorar, por exemplo, tem essa função. Toda emoção envolve mobilização de energia psíquica, por isso o seu excesso exaure e causa distresse.

Emoções e estados de ânimo exercem uma poderosa influência sobre os julgamentos, os juízos e a tomada de decisão. Razão e emoção se complementam no processo de avaliar e decidir. Quando uma emoção sobrevém, ela pode interromper processos mentais como respostas rápidas a mudanças ambientais. Esse tipo de emoção é imprevisível.

O Quadro 5.1 apresenta palavras que definem a flutuação de emoções primárias e secundárias, usando o mesmo expediente de Aristóteles.

Embora o *medo* seja considerado uma emoção básica, portanto, inata, Bucay (1999) o define como algo aprendido. Portanto, para o autor ela é emoção secundária, e retrata os três medos mais profundos: o medo da *solidão*, o medo da *impotência* e o medo do *descontrole*. Somando o medo da solidão com o do descontrole, o autor percebe o medo da loucura; somando os medos da solidão e da impotência surge o medo da morte; somando os medos da impotência e do descontrole surge o medo da velhice. Creio que o medo é a mais forte de todas as emoções. E o medo da perda de controle revela a importância de regular as emoções, da temperança.

QUADRO 5.1. Excesso e falta no que concerne às emoções primárias e secundárias.

FALTA	EMOÇÃO	EXCESSO
Destemor	MEDO	Fobia, pavor, pânico, terror
Indiferença, desdita	ALEGRIA, CONTENTAMENTO	Euforia
Indolência	RAIVA	Ódio, fúria
Frieza, insensibilidade	AFLIÇÃO	Agonia
Apatia	SURPRESA	Susto, espanto
Desavença	DESGOSTO	Desespero
Indiferença	NOJO	Asco, repulsa
Impassível	TRISTEZA	Pesar, sofrimento
Ingratidão, desapego, desamor	AMOR	Adoração, devoção
Desinteresse, menosprezo	INTERESSE	Cobiça
Negligência	CULPA	Atormentado
Despudor, "desbunde"	VERGONHA	Pudor, constrangimento
Desembaraçado	EMBARAÇO	Perturbado
Pusilanimidade, desvalia, desmerecimento	ORGULHO	Vaidade, altivez, soberba
Desprendimento	INVEJA	Mesquinhez, mordacidade
Permissividade	CIÚMES	Possessividade
Desencanto, decepção	MÁGOA	Rancor, ressentimento
Inquietação, desassombro	ANSIEDADE	Aflição, angústia

A intensidade das emoções varia de pessoa a pessoa, devido a fatores biológicos, vulnerabilidade e crenças. A biologia da emoção se confunde com a biologia do estresse: cortisol, endorfinas e serotonina são envolvidas na experiência da emoção. A vulnerabilidade decorre das condições físicas: excesso ou falta de sono; compulsão de comer; excesso de cafeína; desnutrição; falta de condicionamento físico; doenças; preocupações exageradas; compulsão pelo trabalho; ocorrência de estressores; fadiga ou exaustão. Também as nossas crenças sobre como se comportar frente às emoções afetam o modo como experimentamos emoções.

Goleman (1997) exemplifica estudos que demonstram o efeito das emoções sobre a saúde:

- *Raiva*: pesquisa longitudinal na Duke University com dois mil trabalhadores revela que 25 anos depois de avaliar a hostilidade deles, apenas 20% dos pouco hostis morreram, enquanto 30% dos mais hostis morreram; em Harvard há evidências de que a emoção mais comum duas horas antes de graves ataques cardíacos era a raiva; além do mais, dobra a chance de morrer em ataques posteriores. Pessoas com raiva têm 1,5 mais chances de morrer, e morrem mais cedo.

- *Ansiedade e estresse*: experimento na Inglaterra em parceria com a Carnegie-Mellon expôs voluntários ao vírus da gripe. Apenas 27% dos pouco estressados contraíram a doença, enquanto 47% dos mais estressados manifestaram a doença – estresse causa impacto no sistema imune.
- *Equanimidade* (temperança): pesquisa com estudantes da Ohio State University que meditavam todo dia aumentaram as células-T do sistema imune.
- *Otimismo*: estudo iniciado em Harvard em 1940 classificou alunos em otimistas e pessimistas. Trinta anos depois, o histórico de saúde deles revela que os pessimistas tiveram mais problemas de saúde; estudo similar na University of Michigan revela que otimistas tem menos complicações em cirurgias e recuperação mais rápida.
- *Confiança*: experiência com ratos em diversos locais revelou que aquele que não podia controlar o choque elétrico que recebia apresentou úlcera estomacal, e depois de contaminado com células cancerígenas, o tumor crescia mais rapidamente que o do rato de controle, que podia controlar a interrupção do choque.
- *Conexão social*: estudo da University of California mapeou as conexões sociais de cinco mil moradores: quantidade de amigos, de cuidadores, de participação na comunidade, na igreja e na escola dos filhos. Nove anos depois, pessoas com muito pouca conexão social apresentaram o dobro de chance de morrer que as muito conectadas.

Como a resiliência é uma forma de resistência flexível, ela requer que as emoções sejam experimentadas sem excessos. Muitos autores chamam a isso de "controle de emoções". Não gosto do termo, porque dá a impressão de que podemos suprimi-las, e isso não é verdadeiro, ao menos em relação às emoções básicas. Outros autores tratam de "regular emoções", o que considero um termo mais apropriado.

Na ERS eu preferi usar o termo não científico, de origem filosófica e religiosa, "temperança", pelo significado que ele carregou nos últimos milênios e que torna mais claro o conceito. Para mim, exprimir *emoções* é bom e necessário: ela nos coloca em movimento para fora, como retrata a etimologia do termo.

Emoções ativam a vida e a tornam exuberante. Sem emoção não há satisfação, nem senso de realização. Qual é o problema? É o excesso, o descomedimento. E isso as filosofias e religiões já haviam compreendido há milênios.

RESILIÊNCIA, FILOSOFIA E RELIGIÃO

A mais antiga referência que encontrei para a temperança vem do budismo, um saber gerado há 2500 anos. Quando estive na Tailândia, um monge budista me contou a parábola desta descoberta: em busca de iluminação espiritual, Buda vai viver só em uma floresta, fazendo experiências de extrema austeridade, visando subjugar todos os seus apetites e paixões. Algum tempo depois, ele estava extremamente debilitado pelo jejum, à beira da morte. Então ele teve um sonho com um anjo que carregava uma lira de três cordas. Ao tocar a primeira corda, que estava muito frouxa, brotou um som feio e vacilante. Ao tocar outra corda extremamente retesada, o som agudo doeu em seus ouvidos – também não era uma música agradável. Apenas ao tocar a terceira corda, bem ajustada, o som harmonioso brotou. Acordado de sobressalto, Buda compreendeu que o "caminho do meio", a moderação entre a indulgência e a austeridade era o melhor, e voltou a se alimentar, mas com moderação. É o caminho que considera ambos os extremos (ou opostos) e escolhe permanecer no meio – sem agradar nem desagradar demasiadamente o corpo.

Na mesma época, os gregos nutriam ideias semelhantes. A deusa do descomedimento – *Hybris* –, tornou-se arquétipo de falta de sabedoria, de insolência, de ultraje, da vaidade em excesso que desafia os deuses e remete, portanto, a catástrofes e punições. Na entrada do templo de Delfos na Grécia, dedicado a Apolo, há uma inscrição: "*Nada em excesso.*" Apolo representava a ordem e a inteligência, e também era ligado às artes.

Vimos no Capítulo 3 o mito de Prometeu, punido por sua arrogância e desmedida, mas há também os mitos de Midas, Esculápio e Sísifo com igual tema (FERRY, 2009). Midas era rei da Frigia; após agradar ao deus Dionísio, este lhe oferece como recompensa a possibilidade de escolher o que quisesse. Midas era ganancioso, e escolhe o poder de transformar em ouro tudo o que tocasse. Demorou a perceber que morreria de fome. Filho de Apolo e de uma mortal, Esculápio é arrancado da barriga da mãe que morria e é entregue a Quíron, o centauro, que o ensina as artes da medicina. Ele se torna um salvador de vidas humanas, de tal modo que Zeus decide puni-lo, fulminando-o com um raio pela audácia de querer equiparar humanos a deuses. Sísifo, homem de mil astúcias, engana Zeus, que decide puni-lo com a morte. Envia Tânatos para carregá-lo ao inferno, mas ele se safa, prendendo-o. Zeus envia Ares, que liberta Tânatos e envia Sísifo a Hades (ao inferno), onde ele foi obrigado a rolar uma pesada pedra até o cume de uma montanha, para em seguida vê-la retornando à base – mais um mortal punido pela destemperança. Em oposição à *hybris*, os gregos postulavam a *sophrosyne*, que significa sobriedade, e *enkráteia*, que significa temperança ou moderação dos diversos prazeres. Ambos os termos aparecem na Bíblia, Novo Testamento, em Carta aos Gálatas, 5-23.

No século XIII, São Tomás de Aquino escreve na *Suma Teológica*: "Mas foi a própria natureza que pôs o prazer nas operações necessárias à vida humana. Por isso, a ordem natural exige que o homem desfrute desses prazeres, na medida em que são necessários para a saúde humana, que seja em ordem à conservação do indivíduo, quer da espécie" (FAUS, 2004, p. 24). Não se trata de abafar os instintos, eliminar os prazeres, extirpar os desejos e apetites, para viver sem paixões – o propósito é o *equilíbrio*, a *equanimidade*.

Na visão cristã, a temperança requer *autodomínio*, popularmente atribuído à "*força de vontade*" que conduz ao que é *razoável*, para o nosso bem. É o sensato e lúcido ensinamento. Faus (2004) a compara à *renúncia* de Jesus, voluntária e alegre, em troca de um bem maior. Não demora, e a noção de *autodomínio* se junta à de *perseverança*, para construir a *tenacidade* dos de elevada resiliência. Mas não precisamos chegar ao extremo proposto por São Josemaría Escribá: a *mortificação* dos sentidos e a *penitência* para chegar ao *autodomínio* (Faus, 2004, p. 61) – veremos que há meios brandos para ampliar a temperança.

Quero enfatizar: no século XXI já temos conhecimento científico, e também filosófico e religioso, que apontam para uma temperança que não depende de renúncia ou de penitência. O desafio da vida moderna que tanto remete à destemperança é aprender a desenvolver temperança preservando os sentidos, os prazeres e mesmo algumas contidas indulgências. Pode ser que leve mais tempo, mas não vejo modo melhor de obtê-la.

Escrita por Prudêncio no poema *Psychomachia*, logo os *sete pecados capitais* se popularizaram na Europa da Idade Média. São eles: *luxúria, avareza, gula, preguiça, ira, inveja e soberba.* Note quantos deles correspondem a emoções exacerbadas descritas no Quadro 5.1. Pense: por que coisas tão prazerosas se tornaram pecado? Ora, porque representam exageros, destemperança.

Prudêncio pregava as *sete virtudes*, respectivamente: *castidade* (autossatisfação), *generosidade* (desprendimento), *temperança* (autocontrole), *diligência* (proatividade), *paciência* (serenidade), *caridade* (compaixão) e *humildade* (modéstia).

Os alquimistas, por sua vez, chamavam o processo de destilação de temperança, porque significava fundir, chegar à fórmula ideal contrabalançando os insumos. Daí a linguagem corrente na ciência, que trata de "temperar" o aço, por exemplo.

O que tudo isso ensina para a vida contemporânea? Que os excessos fazem mal, e que é preciso o autodomínio e a moderação. Anorexia e bulimia significam negar ao corpo suas necessidades; obesidade significa descomedimento. A sociedade industrial do desperdício, do consumo irrefreável de recursos naturais, é prova de destemperança; a busca do consumo consciente e da sustentabilidade – ética da sociedade do conhecimento (SABBAG, 2007) – revela temperança. A sociedade do "progresso" tecnológico a serviço do domínio e da destruição é destemperada. A sociedade da celebridade, da fama a qualquer custo, é destemperada. A sociedade onde o sexo perdeu o recato e a intimidade é destemperada.

Sempre sou questionado sobre o papel da religião sobre a resiliência. É um tema espinhoso, sobretudo para quem, como eu, não recebeu formação religiosa. À parte questões de fé e espiritualidade, avalio apenas do estrito ponto de vista psicológico. Para muitos, o principal benefício da prática religiosa é promover conforto e bem-estar. Seja por meio de preces, cantos ou mantras esses rituais servem ao controle de estresse, portanto promovem temperança. Na aceitação do indivíduo desenvolvem o pertencimento, forte promotor da autoestima. Nos rituais promovem o senso do coletivo, enfrentando o desamparo. Do ensino da compaixão deriva a empatia. Na reflexão filosófica do sentido da vida, algumas religiões pregam o otimismo, outras pregam o esforço tenaz que alimenta a autoeficácia e a proatividade, talvez. Somente quando privam o indivíduo da capacidade de controlar sua própria vida servem à alienação e não à resiliência. Por isso é tão importante a noção de "livre arbítrio" para os religiosos.

RESILIÊNCIA E ATENÇÃO PLENA

A destemperança é observada em comportamentos muito comuns, talvez por isso tenha despertado o interesse das religiões pelo conceito. Note nos exemplos abaixo fatores corriqueiros que promovem a destemperança:

- "Pavio curto", indivíduos irritadiços, capazes de explodir em fúria, porque não controlam sua raiva e agressividade.
- Compulsão pela comida ou por dietas exageradas, com seus desdobramentos: obesidade mórbida, anorexia, bulimia.
- Compulsão por sexo ou sexo fora do casamento, não por amor, mas alegando que "a carne é fraca".
- Ciúme exagerado, acompanhado de reações impulsivas ou "histéricas".
- Impulsividade de indivíduos que agem sem medidas, conforme o momento.
- Compulsão pela bebida e pela droga – de quem perde o controle, não sabe parar quando "desfruta" disso.
- Atividade física compulsiva.
- Indivíduos que correm demais na cidade e nas estradas; não têm limites alegando que necessitam de "adrenalina".
- Quem não sabe parar de jogar, em jogos de azar, dentre outros "vícios".
- Quem manifesta apego demasiado a coisas.
- Compulsão pelo trabalho (*workaholic*).
- Indivíduos demasiado extravagantes: no vestir, no falar, no modo de se comportar.

Juntamente com a flexibilidade mental, a temperança apresentou as mais baixas médias no conjunto dos respondentes da enquete que originou a ERS. Considerando a prevalência das situações pontuadas acima, considero que a sociedade contemporânea é caracterizada pela baixa temperança, o que faz desse fator um dos mais relevantes no esforço de aprimorar a resiliência.

A diferença mais notável entre estados de ânimo e emoções é que os estados de ânimo podem ser enfrentados com uma adequada cognição. Mas as emoções contaminam a cognição, portanto não são enfrentadas pela força do pensamento. Atenuar o pensamento, ou meditar, é uma prática útil no longo prazo.

Khalsa (1997) arrola os efeitos benéficos da meditação: reduz o metabolismo, provocando relaxamento e após a meditação, aumento da energia física; reduz o lactato sanguíneo (responsável pela sensação de ansiedade) em dez minutos; diminui a frequência cardíaca, a pressão arterial e a respiração; produz mais melatonina (hormônio do sono). Retarda o envelhecimento, em síntese.

Esse médico usou o saber ancestral do oriente somado ao saber científico para criar um tratamento sistêmico para prolongar a saúde do cérebro, e portanto, prevenir o mal de Alzheimer.

Pessoas que meditaram por mais de 5 anos apresentaram idade biológica 12 anos menor que a sua idade cronológica, conclui um estudo. Meditadores tinham 80% menos doenças coronarianas e 50% menos câncer, conclui outro estudo. Outro estudo indica que, ao praticar meditação, 75% dos insones conseguiam dormir normalmente, 34% dos portadores de dor crônica reduziram o uso de analgésico, e 35% das mulheres inférteis engravidaram, cita Khalsa (1997).

Há muitas táticas para meditar, isto é, para ampliar os espaços entre pensamentos. A prática da meditação remonta a Buda, e na atualidade não se restringe ao budismo. Na Clínica de Redução de Estresse do Centro Médico da Universidade de Massachussets, Kabat-Zinn (2005) desenvolveu técnicas de meditação budistas para ocidentais, que ele denominou *atenção plena* (*mindfulness*). O sucesso de sua aplicação em pacientes com fibromialgias, dores e estresse crônicos revela a importância dessa prática.

A atenção plena é a consciência momento-a-momento, aqui-e-agora. Para Kabat-Zinn (2005), a única maneira de influenciar o futuro é possuindo o presente, de modo a reduzir o grande e insidioso estresse que nos aflige. Muitos acreditam erroneamente que a meditação é um processo passivo de relaxamento, místico, para piorar. Meditar é prestar atenção, e usar esforço e energia para regulá-la e permanecer genuinamente calmo e não-reativo.

Para usar adequadamente a atenção plena, Kabat-Zinn (2005) julga necessário adotar sete atitudes:

1. *Não-julgamento:* nosso pensamento é tão desenvolvido que é difícil permanecer por minutos sem categorizar, avaliar e julgar; mas isso exclui a atenção plena, que requer tomar consciência sem julgar.
2. *Paciência:* é atributo dos sábios, é deixar o tempo e a pressa de lado, em benefício da atenção plena; se algo falha, requer tomar consciência disso, para persistir.
3. *Curiosidade do aprendiz:* é muito mais fácil assegurar atenção plena quando um percebe cada coisa como se fosse a primeira vez – é a curiosidade focada do aprendiz.

4. *Confiança:* confiar em si mesmo e em seu corpo é respeitá-lo: por exemplo, na prática da ioga é preciso considerar o corpo, para não se machucar ao alongar-se. Confiar em si é não copiar, compreender a si mesmo.
5. *Não-esforço:* meditar é não agir, para que se obtenha a atenção plena – para atingir seu objetivo de atenção plena é preciso abdicar de agir para perceber e aceitar as coisas como elas são.
6. *Aceitação:* é compreender "a vida como ela é", e não como gostaria que fosse.
7. *Deixar seguir:* é cultivar intencionalmente a atitude de desapego, seja dos bons momentos, dos bons pensamentos etc.

Note a circularidade dos fatores de resiliência, novamente. A atenção plena favorece a temperança, mas requer autoconfiança e tenacidade (paciência). Ao estimular o não-julgamento, a aceitação e o deixar-seguir ela concorre para melhorar o estado de ânimo, portanto, o otimismo aprendido. Também transforma distresse em eustresse. Concluo que a prática da atenção plena merece prioridade por quem deseja ampliar sua resiliência: "É uma mudança perceptiva desde a fragmentação e isolamento para a inteireza e conexão. Com essa mudança de perspectiva, ocorre a mudança do sentimento de perda de controle e falta de ajuda (desamparo e pessimismo) para um senso do possível, um senso de aceitação e controle e paz interior" (KABAT-ZINN, 2005, p. 168).

O autor relata pesquisa com portadores de psoríase em fototerapia. Dividindo esses pacientes em dois grupos, um praticou a atenção plena enquanto recebia o tratamento de luz ultravioleta, e o outro serviu para o controle. Após 12 semanas de tratamento, quase todos do primeiro grupo apresentaram regressão do surto, enquanto apenas 20% do grupo de controle apresentou igual resultado. Mesmo sendo uma pesquisa exploratória, ela revela efeitos da atenção plena sobre o sistema imunológico. No centro médico, a base do tratamento envolve: meditação sentada, relaxamento corporal e *hatha yoga*, esta última porque reúne corpo e mente, alonga e relaxa ao mesmo tempo.

Para o indivíduo que detém controle sobre sua agenda, e sabe reservar algum tempo e disciplina para o autodesenvolvimento, há excelentes oportunidades cotidianas para praticar a atenção plena: tomando banho, lavando a louça, lavando roupas, praticando condicionamento físico, praticando algum *hobbie* – arte ou marcenaria, por exemplo –, ou contemplando uma paisagem.

Quanto maior o tempo em que permanecer atento, maior o efeito sobre a temperança.

De que modo a atenção plena contribui para a temperança? Retomando textos budistas, Chödrön (2009) explica o termo *shenpa*, que em tibetano significa *ser fisgado*, como ela prefere, ou *arrebatado*, como eu prefiro. Quando alguém fala ao indivíduo uma palavra áspera ou algo que o faz se sentir pressionado, logo surge o *shenpa*, ele é arrebatado em uma espiral crescentemente negativa. Para a autora, o arrebatamento precede as emoções, e contamina os pensamentos e as palavras em resposta à pressão. É o gatilho que aguça as emoções negativas, que dispara comportamentos exagerados ou fora de controle. Não devemos aspirar eliminá-lo: "Viver sem *shenpa* não determina a complacência, conduz à mente aberta e à ação compassiva" (*op. cit.*, p.27).

Há uma incrível afinidade entre o que Chödrön (2009) denomina *shenpa* e o que Goleman (1996) denomina *mente emocional*: é mais rápida que a mente racional, exclui a reflexão e a ponderação; é nosso radar para o perigo. Por isso, muita gente justifica seus atos por estar "tomado pelas emoções". Até mesmo a Justiça já foi mais complacente com essa justificativa diante de crimes bárbaros. Regulando a mente emocional ou *shenpa* ganhamos resiliência.

RESILIÊNCIA PARA REGULAR EMOÇÕES

Nos anos 1970, Daniel Goleman realizou um estudo fascinante com crianças de 7 anos de idade, que eram levadas a uma sala onde um pesquisador as esperava. Era oferecido um marshmallow que a criança poderia comer, mas se esperasse o adulto voltar dentro de alguns minutos e a criança pudesse aguardar sem comer a guloseima, ela receberia outra. Dez anos depois, Goleman avaliou os que participaram do experimento, e concluiu que aqueles que puderam controlar seu impulso (resistindo a comer o marshmallow para ganhar outro depois) tinham obtido maior sucesso acadêmico e social (REIVICH e SHATTÉ, 2002).

Mais difícil é conviver com a impulsividade. O caso Mandela revela a tática por ele empregada: o boxe. Toda forma de condicionamento físico alivia a agressividade e canaliza a impulsividade visando a ação consciente. Fortalece a saúde, com impacto sobre a autoconfiança, também. A disciplina do condicionamento físico promove a aceitação de si, sugerida por Kabat-Zinn (2005), e o respeito escrupuloso aos limites do corpo. Passa-se, inclusive, a ter algum domínio sobre a dor, estimulando a tenacidade. Nessas condições, promove a temperança, regulando tanto as emoções negativas quanto as positivas. Por isso, promove a resiliência.

O propósito da temperança não é o de renunciar às grandes emoções, é moderar a relação com elas. Não precisa de penitência ou qualquer forma de sofrimento autoimposto, é aprender a recuperar o equilíbrio.

O caso Gandhi (Capítulo 7) aponta outra tática interessante: o desprendimento. O desapego, na linha sugerida por Kabat-Zinn (2005), desmonta as emoções infladas. Spradlin (2010, p. 93) costuma gracejar que "as emoções amam a si mesmas", porque uma vez que são ativadas, elas organizam a mente e o corpo da pessoa de tal maneira a perpetuar aquelas emoções. Desapegando-se delas, seu poder se esvai.

Praticar o desapego não é difícil, para a maioria dos indivíduos. Que tal limpar os armários, desapegando-se de velhas mobílias, velhas roupas, lembranças... Que tal fazer doações constantemente, alimentando-se das emoções positivas que o ato de doar remete... Que tal enfrentar o consumismo, passando a levar uma vida frugal e comedida? Certamente a temperança será ampliada.

Há ainda outro recurso: o autocontrole cotidiano. Cada vez que conseguimos frear uma indulgência, dizer não a algum comportamento inadequado, agir ao invés de deixar-se levar – esses gestos favorecem a temperança. É como as táticas empregadas com tanto sucesso pelos Alcoólicos Anônimos: uma pequena vitória a cada dia, não importa se no dia anterior ocorreu um excesso. Essas pequenas vitórias fortalecem o psiquismo do indivíduo, e é disso que se trata a conquista da temperança.

Goleman (1996, p. 300) cunhou o conceito de "inteligência emocional", que se tornou popular. Ela reúne diversos aspectos aqui considerados nos Capítulos 4, 5 e 6:

- *Autoconsciência emocional*: reconhecimento e designação das próprias emoções; capacidade de entender as causas dos sentimentos; diferenciar sentimentos e atos.
- *Controle de emoções*: tolerância à frustração e controle da ira; menor agressividade e destrutividade; melhor ao lidar com tensões; mais sentimentos positivos.

- *Canalizar produtivamente as emoções*: maior atenção e concentração; autocontrole, menor impulsividade.
- *Empatia – ler emoções*: capacidade de adotar a perspectiva do outro; sensibilidade sobre os sentimentos do outro; escutar ativamente.
- *Lidar com relacionamentos*: compreender as relações; solucionar conflitos e negociar; assertividade e habilidade de comunicação; ser amistoso, atencioso e prestativo; mais cooperativo e harmonioso em grupos.

Por exemplo: Ana é diretora de uma grande organização que atua em vários países. O marido acaba de deixá-la, depois de 20 anos de casados e com duas filhas adolescentes. Ela perdeu o controle, sua autoestima desabou, chora por qualquer motivo, fica irritadiça com os caprichos exigidos pelas filhas. No trabalho, volta e meia se refugia no toalete para chorar, e sabe que mesmo disfarçando, todos à sua volta percebem que nada vai bem. E teme não ser considerada uma profissional. Como ela nunca foi assim, Ana pensa que está enlouquecendo. Os amigos da família se afastaram, e para ela seria humilhante pedir ajuda. Suas emoções se alternam: raiva, angústia, ciúmes, ressentimento. Seu mentor delicadamente se aproxima, e consegue que ela retorne ao ioga, tome sol na praia nos finais de semana, e volte a regrar o sono e a alimentação. Com apoio de um consultor, promove a coesão da equipe de Ana. Ela se sentiu confortada quando soube que um assessor que se fez mais próximo dela havia passado por situação similar anos antes, e havia aprendido com a vivência.

APRIMORANDO A TEMPERANÇA NO MOMENTO

No fator temperança, as medidas momentâneas são poderosas, em termos de eficácia. As sugestões abaixo são muito populares: você mesmo provavelmente costuma usar alguma tática dessas para recuperar o autocontrole ou esvaziar emoções exageradas.

TM1. Aperte o PAUSE

Quando surgem as emoções, elas geram um processo com impactos crescentes. Um bom modo de interromper esse processo é estabelecer pausas nos processos cognitivos. A qualquer momento, diga a si mesmo "Pausa", interrompa o que está fazendo e, imóvel, preste atenção em sua respiração. Depois de respirar três vezes, volte à atividade que fazia. Quanto mais vezes repetir o processo ao longo de dias, mais fácil será obter a atenção plena, ou meditar. E momentaneamente a temperança é favorecida.

TM2. Medite ao caminhar

Quando precisava ter um conversa importante, Steve Jobs preferia caminhar em espaços abertos, um hábito que perdurou por toda a sua vida. Note que ele também tentou praticar o zen e a meditação quando era jovem. Meditar caminhando requer intencionalmente prestar atenção à caminhada em si. Envolve focar as sensações em seus pés e pernas ou, opcionalmente, sentir todo o seu corpo se mover (KABAT-ZINN, 2005). Comece, por exemplo, por 10 minutos diários. Evite distrações, por exemplo, olhar para a paisagem à sua volta. A observação interna é que precisa ser cultivada. A velocidade não importa, e sim a atenção contínua ao andar.

TM3. Enfrente o arrebatamento

Para conviver com as energias derivadas das emoções desconfortáveis, Chödrön (2009) sugere uma prática metódica. Primeiro, reconheça que está arrebatado. Depois pause, respire por três vezes, debruce sobre esta energia, permaneça atento a ela, sinta-a, interesse-se por ela; aceite-a, com compaixão, silenciosamente. A seguir, relaxe e permita-se seguir em frente, deixando que a emoção se dissolva. Não é tão estranho: muitas vezes o leitor já foi exposto a agressões verbais e não se deixou levar por elas. Mas a temperança envolve uma proteção sistemática contra este arrebatamento de emoções.

TM4. Respiração diafragmática

O modo mais rápido de regular suas emoções é através da respiração lenta e profunda, que envolve o diafragma. Deitado é mais fácil. Inspire empurrando a barriga para fora, portanto preenchendo a base dos pulmões. Expire empurrando a barriga para dentro, portanto fazendo o diafragma subir, o que faz esvaziar todos os pulmões. Se necessário, coloque uma de suas mãos suavemente pousada sobre a região entre o peito e a barriga, acompanhando os movimentos do diafragma de olhos fechados.

TM5. Água de todos os modos

Água tem um efeito terapêutico, e ajuda a acalmar e relaxar. Simplesmente jogando água no rosto, bebendo água, tomando banho ou nadando – qualquer uso tem efeito significativo nos momentos de emoções exacerbadas.

TM6. Soneca

Algumas pessoas têm a capacidade de dormir por 20 minutos, durante o dia, para relaxar e revigorar a mente e o corpo. Encontre um local tranquilo e confortável, feche os olhos, relaxe o corpo e preste atenção à respiração. Entregue-se ao sono. No começo, coloque um despertador para não se preocupar com o momento de acordar. Com algum treino você aprende a controlar o tempo gasto.

TM7. Alongamento

Em geral, a tensão de determinadas situações afeta todo o corpo: musculatura se contrai e se torna rija, a postura muda, sobretudo na região do pescoço e ombros. O alongamento permite recuperar a postura, relaxar a musculatura, favorecendo a melhor respiração. Comece por movimentos circulares, nos dois sentidos, dos ombros. Depois alongue os braços, mexa os punhos. Movimente a cabeça. Depois alongue as pernas. Preste atenção se a respiração melhora enquanto alonga, para acalmar-se.

TM8. Divertimento

Para muitos indivíduos não é nada fácil divertir-se. Mas é uma ajuda poderosa para regular as emoções. Mantém você ocupado, amplia as endorfinas, favorece o otimismo pela via das boas lembranças, modifica por algum tempo o estado de ânimo. Qualquer coisa prazerosa tem esse poder. Reflita (SPRADLIN, 2010):

- Qual é a sua ideia de divertimento?
- Qual o modelo de divertimento que seus pais ensinaram a você?
- Quais obstáculos ocorrem quando pensa em divertir-se?
- De que maneiras você poderia integrar divertimentos em sua vida?

APRIMORANDO A TEMPERANÇA SEMPRE

TM9. Respiração

Sente-se com a coluna ereta e com os olhos fechados. Tome consciência de sua respiração, sem tentar controlá-la. Observe a velocidade, o ritmo e a profundidade de sua respiração. Fique atento ao que sente, ao fluxo e aos movimentos, por três minutos. Depois, procure respirar mais profunda e lentamente, sempre expirando mais lentamente que inspirando. Inspire pelo nariz e expire pela boca. Em poucos minutos seu corpo e sua mente se acalmam.

TM10. Atenção Plena

Para desmistificar a meditação, Kabat-Zinn (2005) inicia seus alunos jocosamente pela "meditação alimentar". Pegue três grãos de uva passa, e experimente comê-los um a um. Dê tempo para o exercício, mantenha o máximo de foco e atenção. Imagine que é a primeira vez que você experimenta uma passa. Se em algum momento desconcentrar, divagar ou começar a julgar, não tente interromper essas ações, apenas tome consciência (*awareness*) delas. Siga o roteiro abaixo:

- **Segurar:**
  - ✓ Pegue a passa e a coloque na palma da mão, entre polegar e indicador.
  - ✓ Enfoque nela; imagine que nunca viu em sua vida um objeto como esse.

✓ Sinta o peso; pense quantas precisa para sentir o peso de palma da mão, sem deixar cair; gire; troque de mão.

- **Olhar**:
  ✓ Gaste tempo observando cuidadosamente, cada pedaço dela; dê atenção integral.
  ✓ Explore cada parte dela, perceba as nuanças de cor, de brilho; os vales e os montes; as assimetrias ou formas únicas.

- **Tocar**:
  ✓ Pegue a passa entre os dedos; explore sua textura, lisa ou rugosa; com olhos fechados use o tato para perceber melhor.

- **Cheirar**:
  ✓ Aproxime-a de seu nariz, inale suavemente, tentando perceber odores, fragrâncias; imagine o que isso desperta em seu estômago e em sua boca.

- **Colocar**:
  ✓ Aproxime-a de seus lábios; note como estão suas mãos, braços.
  ✓ Gentilmente coloque-a em sua boca, sem mastigar ou engolir; gaste alguns minutos explorando as sensações de ter uma passa em sua boca; gire, mude de lado, pressione sobre o céu da boca.

- **Saborear**:
  ✓ Cuidadosamente mastigue a passa; mordisque um ou dois pedaços; sinta o gosto; note como explode, acompanhe momento a momento as sensações.

- **Engolir**:
  ✓ Quando estiver pronto para engolir, note como a intenção surge – engula conscientemente a passa.

- **Finalizar**:
  ✓ Sinta a passa em seu estômago, ao mesmo tempo em que limpa a boca dos sabores obtidos.

TM11. Meditando sentado

Não há meditação ruim, todo esforço é válido. O aprendizado pode ser lento, mas é progressivo. Note: meditar não é esvaziar a mente, é gentilmente voltar a prestar atenção em algo quando sobrevêm os pensamentos. É um processo intencional, experiencial e livre de julgamento. Siga o procedimento sugerido por Kabat-Zinn (2005):

- Assuma uma postura confortável sentado, com a espinha ereta e ombros relaxados, com as mãos suavemente pousadas sobre as coxas.
- Feche os olhos se assim se sentir confortável.
- Coloque sua atenção na barriga, sentindo se ela se eleva ou expande suavemente enquanto inspira e se abaixa ou é comprimida quando expira.
- Mantenha o foco em sua respiração, permanecendo com cada inspiração e expiração, por toda a duração, como se estivesse cavalgando as ondas de respiração.
- Sempre que notar que sua mente se distrai da respiração, seja lá quantas vezes isso ocorrer, não se preocupe, note o que te distraiu e gentilmente retorne a atenção para a barriga e para o fluxo da respiração.
- Pratique o exercício por 15 minutos diariamente em horário conveniente, pelo tempo que se sente bem. Após uma semana perceba como a prática da meditação se incorpora a seus hábitos. Esteja atento sobre como se sente deixando-se ocupar da respiração sem ter nada para fazer.

TM12. Relaxamento corporal:

Essa prática, muito popular entre os praticantes de ioga, é meditação e atenção plena. Kabat-Zinn (2005) incentiva muito essa prática denominada por ele *body scan* para o relaxamento. Sugere o investimento de 45 minutos diários no processo. Pode ser feita com os olhos fechados, caso você se mantenha acordado, ou com os olhos abertos. Considera:

- Deite-se em local confortável, onde não sinta frio nem sono. Permita que seus olhos se fechem suavemente.

- Sinta os movimentos de sua barriga enquanto inspira e expira.
- Fique por alguns minutos sentindo o seu corpo na totalidade, da cabeça aos pés, o "envelope" que é sua pele, as sensações associadas ao contato com o piso ou com o lençol que talvez use para se cobrir.
- Dê atenção ao seu pé esquerdo. Tente canalizar a respiração para esse pé, enquanto inspira e expira. Permita-se sentir qualquer sensação que deriva de seu pé, talvez distinguindo cada sensação que ocorre na região. Se não sente nada, tudo bem: permita-se não sentir nada.
- Quando se sentir pronto para deixar seu pé, faça uma inspiração profunda e expiração tentando dissolvê-la no seu "olho da mente". Permaneça respirando um pouco antes de mover a atenção para a sola do pé, para o calcanhar, para a parte superior do pé, para o tornozelo – sempre inspirando e expirando para aquela região e observando as sensações que experimenta. Depois deixe seguir e mude a sua atenção.
- Quando percebe que perdeu a atenção, volte a focar a respiração e a parte do corpo que experimenta. Do pé esquerdo, mova a atenção para a barriga da perna, para o joelho, depois para a coxa esquerda. Depois invista sua atenção na pélvis. Reinicie o processo pelo pé direito até a pélvis. Depois enfoque o tronco, a coluna dorsal, o abdômen, as costelas e depois os ombros. Em seguida dê atenção aos dedos de ambas as mãos; mova para os braços e retorne aos ombros. Mova a atenção para o pescoço, para a garganta, finalizando com a atenção para a cabeça, para a face, para a nuca e para o topo.
- No topo da cabeça imagine um furo nela, por onde se esvai a energia. Deixe sua respiração mover-se do topo aos pés, e dos pés ao topo.
- Ao final do relaxamento, sinta se seu corpo desapareceu ou ficou transparente, como apenas uma respiração fluindo nele. Permaneça um pouco mais em silêncio desfrutando do relaxamento. Volte a sentir o corpo, movimente as mãos e pés intencionalmente, massageie o rosto, balance o corpo de lado a lado, depois abra os olhos e se levante.

Os benefícios de buscar a temperança no longo prazo são muitos, e consistentes. Enfrenta de fato o distresse, portanto melhora o estado de bem-estar em geral. Promove a empatia e a competência social, além de fortalecer a autoestima. Como torna mais efetiva as funções cognitivas, é de se imaginar que também atue sobre a flexibilidade mental.

Dentre as práticas aqui recomendadas, Kabat-Zinn (SALZBERG e KABAT-ZINN, 1997) indica que em sua clínica, a técnica preferida pelos pacientes é o *hatha yoga*, seguida de perto pela meditação sentada e pelo *body scan*. Como alternativa à ioga, sugiro *tai chi chuan*. Para os autores, essas técnicas não substituem os tratamentos médicos, elas as complementam. Em particular, nos casos de depressão leve elas podem tornar-se um excelente coadjuvante, sugerem Williams e colegas (2007).

6

Desenvolva empatia

O segredo da vida consiste em recusar qualquer emoção que não seja conveniente.

OSCAR WILDE

O que torna alguém extraordinário? Suas ideias, seus feitos, seu legado ou a sua resiliência? A leitura dos casos anteriores indica que há modos muito diferentes de se conquistar a resiliência. Como veremos no presente caso, modos incomuns, e não copiáveis, também foram usados.

Em janeiro de 1948, o papa Pio XII, o rabino-chefe de Londres, o Dalai Lama do Tibet, o presidente Truman dos EUA, o rei da Inglaterra, o presidente da França e mais de três mil personalidades estrangeiras enviaram condolências à Índia; na Nações Unidas a bandeira estava a meio pau. A morte do Mahatma Gandhi foi lamentada em todo o mundo. Meses antes de ser assassinado, perguntaram a Gandhi que conselho ele daria aos jovens. Ele respondeu: "Minha mensagem é a minha própria vida."

Nascido em uma família abastada da terceira casta, Mohandas K. Gandhi nasceu em outubro de 1869. Foi um aluno medíocre: "Meu intelecto deve ter sido preguiçoso, e minha memória não desenvolvida", escreveu ele (FISCHER, 1992, p. 20). Era muito tímido – "Eu sentia-me envergonhado de mim mesmo" – e medroso – "Naqueles tempos eu costumava ser acossado pelo medo de ladrões, de fantasmas e serpentes. Não ousava sair para fora da porta à noite" (*op. cit.*, p. 22). Casou aos

13 anos de idade, acerto comum entre famílias hindus. Por razões religiosas não comia carne, e aprendeu com a mãe a jejuar, outro preceito religioso.

Diante da falta de brilho intelectual, seus tios o convenceram a estudar Direito em Londres. Deixou sua esposa e o primeiro filho bebê para permanecer em Londres por quase três anos. Lá, ele tentou seguir os costumes dos britânicos que admirava, além de estudar outras religiões. Mas encantou-se com o poema Bhagavad-Gita e o 'iogue carma', voltado à ação e não à meditação.

"Aquele que está sempre levando em consideração o resultado perde frequentemente os nervos no cumprimento do dever. Torna-se impaciente e então dá vazão à zanga, começando a fazer coisas indignas: passa de uma ação à outra, sem se conservar fiel a qualquer delas", afirma depois (*op. cit.*, p. 33). Isso explica a renúncia, o ideal da ausência de desejo, que Gandhi passou a lograr.

Retornando à Índia, mostra-se um tímido, hesitante e medíocre advogado. Dois anos depois aceita convite para trabalhar por um ano na África do Sul. Iniciando sua atuação, comprou passagem de primeira classe em um trem para Pretória e lá ficou, janota, até que um passageiro branco incomodado chamou os policiais para retirá-lo de lá. Ele não aceitou ir para a terceira classe, dado que tinha adquirido o bilhete corretamente. Foi enxotado do trem com suas malas, em uma estação. Lá ficou sentado a noite toda remoendo a questão. Essa experiência mudou a vida dele. Fischer (1992, p. 39) afirma: "Sempre que Gandhi se sentia inquieto ou perturbado, desejava fazer alguma coisa para superar a situação". Essa proatividade fez com que permanecesse não um, como foi contratado, mas 21 anos nesse país. E lá sua força de vontade, energia, autoconfiança e devoção a causas fizeram dele o que depois tornou-se seu apelido na Índia: "grande alma", Mahatma.

Gandhi era de índole violenta, e se na maturidade demonstrou calma, isso se deveu a um longo treino em temperança: "Aprendi graças a uma amarga experiência, a única suprema lição: controlar a ira... não é que eu não me ire ou perca o controle. O que eu não dou é campo à ira. Cultivo a paciência e a mansidão e, de uma maneira geral, consigo. Mas quando a ira me assalta, limito-me a controlá-la. Como consigo? É um hábito que cada um deve adquirir e cultivar com uma prática assídua" (CLARET, 1996, p. 51).

Em 1892 Gandhi viaja à Índia para buscar a família. O retorno à África do Sul despertou ressentimentos dos brancos que o culparam de trazer ao país muitos indianos indesejados. Ao desembarcar, Gandhi foi surrado e pisado, agarrando-se à grade de uma casa e lá permanecendo ereto até ser salvo e preso. Demonstrava sua tenacidade. Depois que a situação esfriou Gandhi foi solto e recusou-se a prestar queixa: "Esta é uma questão religiosa contra mim", afirmou (FISCHER, 1992, p. 46).

Foi quando começou a praticar o "autocomedimento". O problema da austeridade e do autocontrole preocupava Gandhi, que passou a jejuar. Curiosamente, em todas as religiões a santidade está vinculada a esses dois fatores – para nós, a temperança.

Gandhi também adotou o princípio do "*ahimsâ*" (não-violência): "Aquele que fez voto de ahimsâ permanece, pois, fiel à sua fé se todos os seus atos têm por móvel a compaixão, se empenha do melhor modo que pode em evitar destruir até o mais minúsculo dos seres vivos... Continência e compaixão não cessarão de crescer nele" (CLARET, 1996, p. 112) – a empatia como um voto de vida.

A partir de 1901 ele passa a considerar o *Brahmacharya*, o voto de castidade, mas falhou duas vezes. Somente em 1906 ele expressou o voto à esposa. Ele tinha 37 anos de idade. Foi casto por mais 42 anos, até a morte: "Como dominar as minhas paixões? Suprimir todas as relações carnais com a esposa parecia uma coisa estranha. Mas lancei-me na água depositando a minha fé em Deus e em sua força para sustentar-me" (CLARET, 1996, p. 79). Decidiu controlar o paladar, entendendo que a alimentação devia ser reduzida, simples, vegetariana e, se possível, crua. "Os sentidos são a tal ponto todo-poderosos que somente podemos dominá-los depois de os cercar, por toda parte, de alto a baixo" (CLARET, 1996, p. 81). Gandhi usou o jejum como instrumento de continência. Poderia ele desenvolver temperança de outro modo? Creio que sim, mas optou por ser um "*iogue carma*", como no *Gita*.

Sua fé foi provada quando seu segundo filho teve "um grave acesso de tifoide, complicado com pneumonia e crises de delírio". Diante da gravidade, o médico queria usar de medicamentos, mas Gandhi foi inflexível e usou apenas hidroterapia e cuidou sozinho da criança. Depois de três dias a febre não cedia. Dilacerado por pensamentos contrários, Gandhi conta: "Eu estava morto de fadiga. Deixei Manilal entregue aos cuidados da mãe e fui dar um passeio para retemperar-me" (CLARET, p. 86). Na manhã seguinte o filho se restabelecia, e Gandhi estava certo de que Deus havia salvado a sua honra.

Gandhi inicia sua liderança social no final da guerra entre ingleses e bôeres em 1900, criando um corpo de pronto-socorro com 1100 indianos para apoiar os ingleses. No ano seguinte, embarca para a Índia e chega até a montar escritório de advocacia em Bombaim quando é chamado de volta à África para liderar a luta contra as medidas antiasiáticas. Já era um líder político. Em 1904 passa a viver em um "*ashram*", que para os antigos hindus era local de retiro de monges, mas sob Gandhi torna-se uma comunidade ativa, a Fazenda Tolstói, onde edita o jornal *Indian Opinion*.

"Os preconceitos não podem ser removidos por meio de legislação... Eles cedem somente ao trabalho paciente e à educação" (*op. cit.*, p. 44), escreveu Gandhi anos depois para explicar o movimento que liderou por dez anos.

Em 1906 o governo põe em vigor uma lei que exige o registro de todos os indianos, para conter a imigração. Começa a experiência de "resistência passiva" – e centenas são presos. Gandhi não gosta do termo ocidental e lança um concurso em seu jornal para a escolha desse novo princípio. Vence *Sadâgraha*, mas Gandhi o substituiu por *Satyâgraha*, literalmente "firmeza da alma" ou da "verdade": "É a reivindicação da verdade, não por infligir sofrimento ao opositor, e sim ao próprio eu" (FISCHER, p. 59). A temperança aliada à consciência moral representava a fortaleza dos indivíduos. Gandhi pregava o destemor, e seu pacifismo era apenas tático: "Onde houver escolha entre a covardia e a violência, eu escolherei a violência" (FISCHER, p. 146), porque a covardia reduz a autoestima e aniquila a proatividade.

Após negociação com o governo, Gandhi passa a defender o registro voluntário; meses depois o governo não cumpre a sua parte do acordo. Em 1908 mais de dois mil indianos se reúnem na mesquita de Joanesburgo e queimam seus registros. Gandhi gradualmente passava à não-cooperação proativa.

Em 1913, os indianos haviam decidido desafiar a proibição de emigrar para o Transvaal; Gandhi escolheu alguns para pacificamente entrar nessa região – e foram todos presos por três meses. Em pouco tempo, Gandhi fez-se cozinheiro de 75 de seus compatriotas, todos presos. Em certo momento, 2500 indianos estavam presos. Fischer (1992, p. 72) afirma: "A confiança em si mesmo o enchia de energia exuberante e de um brilho a que nenhum crítico e, naturalmente, nenhum discípulo podia resistir." Como um jovem advogado inseguro desenvolveu autoeficácia na maturidade?

A situação se agravou quando a Corte Suprema sentenciou que somente os casamentos cristãos eram legais. Era uma ofensa aos hindus e muçulmanos. Gandhi planejou a campanha: mulheres foram presas e outras delas convenceram os trabalhadores de mina de carvão a fazerem greve. Diante da pressão sobre os grevistas, Gandhi decide levá-los à Fazenda Tolstói. Ele lidera uma marcha de mais de dois mil homens, mulheres e crianças, sendo preso logo de início. No quarto dia de marcha a coluna foi colocada à força em um trem e levada de volta às minas, mas se recusou a trabalhar. Mais de 50 mil indianos entraram em greve; milhares estavam nas cadeias. Gandhi foi libertado. Logo mais, os trabalhadores brancos das estradas de ferro entraram em greve. Gandhi decidiu não tirar vantagem da fraqueza do opositor, e suspendeu a ação programada. Começou a negociar com Smuts, presidente do país. Em 1914, Gandhi obtém a vitória em todos os seus pleitos.

Quando alterava a estratégia planejada, deixando seus discípulos inseguros, Gandhi citava um provérbio sânscrito: "O perdão é o ornamento do valoroso" (FISCHER, p. 77). Também disse: "Creio que a não-violência é infinitamente superior à violência, e que o perdão é bem mais viril que o castigo" (CLARET, 1996, p. 50).

Pouco antes de viajar à Inglaterra (para nunca retornar à África do Sul), Gandhi envia ao general Smuts um par de sandálias que ele havia feito na prisão. Em 1939, quando Gandhi comemorava 70 anos, Smuts escreve sobre ele para o livro comemorativo: "Ele nunca esqueceu o fundo humano da situação, nunca perdeu as estribeiras, nunca sucumbiu ao ódio; sempre preservou o seu delicado humor nas situações mais desesperadas" (FISCHER, p. 80). À autoeficácia, tenacidade e temperança, Gandhi somava outro ingrediente: o otimismo aprendido.

Voltando a viver na Índia em 1915, logo recebe o apelido. Tagore, Nobel de Literatura em 1913 o chama de Mahatma, e logo Gandhi passou a ser reverenciado em todo o país. Vive no *ashram* de Sâbarmati, pregando a austeridade. Participa de conflitos sociais: em 1917 defende os camponeses de índigo; em 1918 os tecelões de Ahmedabad e da campanha do Khera contra o fisco de camponeses. Também apoia em 1919 o movimento contra o califado entre os muçulmanos.

Contrapondo-se à lei Rowlatt, que restringia as liberdades individuais, nova satyâgraha inicia em 1919. Conflitos se espalharam pelo país. Para piorar o quadro, ocorre um massacre de civis em Amritsar: usando 1650 munições, o exército britânico causou 1516 vítimas, 379 fatais.

Gandhi passou a ser em 1920 o líder inconteste do nacionalismo indiano. Pregava a desobediência civil e o boicote a produtos estrangeiros. Nasce a campanha do "*khâdi*", do tecido feito a mão. Em todos os lugares que visitava, convidava os indianos a queimar as roupas ocidentais, passando a usar tecidos feitos em casa – era um ato político contra a proibição de produzir têxteis na Índia, para adquirir produtos ingleses. Desde então e até o final de sua vida Gandhi gastava meia hora por dia na roca, fiando algodão: chamava a isso jocosamente de "sacramento". Era contra a tecnologia? Sim, no sentido de que ela tiraria mais empregos de um país miserável. Sim, se a roca recuperasse o orgulho e autonomia dos indianos. Mais que política, sua luta era voltada à transformação pessoal dos indianos, para reduzir o sofrimento.

Em 1930 a Índia estava em convulsão. Mais um ato de desobediência civil era necessário, e Gandhi pensou "furiosamente" no que fazer. Decidiu enfrentar a lei que proibia a produção de sal na colônia. Depois de respeitosamente comunicar o que faria ao vice-rei, abrindo as portas para a negociação, sem sucesso, Gandhi parte de Ahmedabad com 78 seguidores. Com 61 anos de idade, Gandhi caminhava cerca de 20 quilômetros por dia. Depois de 24 dias e 370 quilômetros, o grupo somava milhares de pessoas, e o exército nada pôde fazer para contê-los. Gandhi foi o primeiro: entrou na água e apanhou um pouco de sal em sua caneca. Note que ele próprio não usava sal por seis anos. A desobediência foi seguida em todo o país. Havia comércio clandestino de sal. Gandhi retirou-se, após o que 60 mil indianos foram presos, até que a lei foi removida.

Em 1931, em Londres, Chaplin pediu para ver Gandhi. Como nunca tinha visto um filme, Gandhi não queria recebê-lo, e só o fez quando soube do passado pobre e das privações de Chaplin. Conversaram muito sobre a atitude de Gandhi sobre as máquinas. Fischer (1992) sugere que Chaplin ficou tão impressionado que decidiu fazer o filme *Tempos Modernos.*

Fischer (1992, p. 149) aponta outra contradição de Gandhi: ele possuía um código de conduta muito rigoroso para si e outro código, indulgente, para aplicar aos outros. É fruto de sua empatia – o amor o tornava indulgente. Como cativava as pessoas? "Era seu tato, sua profunda simpatia; a sua delicadeza e o seu encanto pessoal."

Ele poderia ser confundido com um místico, ou religioso, mas sempre repetia: "Nunca ouvira uma voz, nem contemplara uma visão, nem tivera alguma experiência reconhecida de Deus" (*op. cit.,* p. 176). É uma ironia que aquele que mais se aproximou de Cristo em seu modo de viver não fosse cristão. Em suas preces diárias, incluía trechos do Alcorão e da Bíblia.

Em mais de um de seus "jejuns até a morte", Gandhi demonstra a sua empatia para com os párias, ou intocáveis. Por milênios, a Índia fora repartida em quatro castas. A casta superior envolvia os *brâmanes* (sacerdotes); depois havia os *kshatriyas* (governantes e guerreiros); depois vinha a dos *vaysias* (comerciantes e camponeses), a casta da família Gandhi; por fim, a casta dos *sudras* (operários). Abaixo delas vinha o *sem-casta*, dito "intocável", tratado como pária e relegado a viver em cortiços e a fazer apenas serviços degradantes. Eram intocáveis porque não podiam ser tocados por gente das castas; até a sombra deles era considerada impura. Gandhi apoiou o sistema de castas até 1921, mas em 1932 havia entendido que a divisão em castas enfraquecia a sociedade hindu. Desde então, Gandhi só compareceu a casamentos cujos noivos eram de castas distintas. Aonde ia perguntava se havia na plateia algum intocável, valorizando a diversidade. Em seu *ashram* sempre havia intocáveis dividindo até mesmo a preparação de comida. Muitos doadores de recursos deixaram de fazê-lo – o preconceito era profundamente arraigado –, mas Gandhi não abandonou a luta pela igualdade entre indianos. Gandhi era um altruísta nato, e genuíno.

Gandhi passou a chamar os intocáveis de *harijans*, que significa "filhos de Deus". O jejum épico durou seis dias. Quase à morte, Gandhi acompanhava os acordos que foram efetuados. Os harijans passaram a ter representação política significativa; os templos abriram suas portas a eles; nas ruas, hindus de casta e harijans confraternizavam, e as estradas foram abertas a eles. Ninguém seria considerado intocável em consequência de seu nascimento, instituía o Pacto de Yeravda, como ficou conhecido. Foi uma verdadeira revolução religiosa.

Aos que sugeriam a ele o controle de natalidade, necessário em uma sociedade tão pobre, Gandhi respondia: "O autocontrole é o único meio de se regular o teor da natalidade" (FISCHER, p. 203). Gandhi nunca foi um bom pai para os filhos, e reconhecia isso. Mas os indianos passaram a chamá-lo devotadamente de "*bapu*", pai. Com frequência, ele se comparava a uma mãe. Uma vez escreveu à senhora Naidu, valorosa *satyâgrahi*: "Espero que não tenhais deixado de notar a mulher que existe em mim" (FISCHER, 1992, p. 208). Seria consequência de seu amor infinito pela humanidade? Gandhi afirma: "O amor é a força mais abstrata, e também a mais poderosa, que há no mundo" (CLARET, 1996, p. 48).

No final da vida, sua autoeficácia transparece em sua fala: "Conheço as causas de minhas doenças; sei, perfeitamente, que sou o único responsável por elas e é porque tenho consciência disso que não perdi a paciência" (CLARET, 1996, p. 95).

Enfim, o império britânico devolveu a Índia aos indianos em 1947. Em meio a sangrentos conflitos étnicos entre hindus e muçulmanos, Gandhi perdeu o poder político. Até mesmo o Congresso indiano era a favor de separar o Paquistão da Índia. Gandhi recolheu-se. Desde 1942, resolvera que viveria até os 125 anos de idade, contando com seu autocontrole, alimentação saudável e "desprendimento de espírito". Gandhi não comemorou a libertação da Índia: "Na Índia que está se formando nos dias de hoje, não há lugar para mim", disse ele com voz trêmula, "já renunciei à esperança de viver 125 anos. Devo durar, talvez, um ano ou dois" (FISCHER, p. 280). Em 1948 ele foi assassinado. Viveu 79 anos, tendo passado quase 6 em cárceres indianos e 259 dias em prisões na África do Sul.

A empatia envolve "compreender uma pessoa a partir do quadro de referência dela e não do próprio, de modo a experimentar de modo vicário os sentimentos, percepções e pensamentos dela" (APA, 2010). *Empatia* não é um fator citado nas demais escalas de resiliência, apenas Reivich e Shatté (2002) o consideram. Mas na ERS é um fator importante, com a mesma carga no cálculo do escore que a *temperança*. Contudo, as escalas RSA e BRS consideram a *competência social* como fator associado à resiliência, e esse fator deriva propriamente da *empatia*. Porque, sem empatia, como as relações interpessoais poderiam ser sadias e fecundas?

Já vimos no Capítulo 5 que as emoções são uma expressão "para fora" de movimento. Essa expressão muitas vezes é incontrolável: um sorriso, um choro, por exemplo. Significa que as emoções servem a um grande propósito nas relações: o de permitir que o outro se ajuste ou regule a sua relação com o que apresenta certa emoção. Daí decorre a empatia.

Há um século, teóricos da estética usaram o termo grego *empátheia*, que significa "entrar no sentimento, experimentar forte afeto ou paixão", para descrever a capacidade de perceber a experiência subjetiva de alguém. Nos anos 1920, o psicólogo norte-americano Titchener passou a usar o termo *empatia* com igual sentido, diferenciando-o de *simpatia*, capacidade de causar atração em outro.

Entrar no sentimento, no caso, inclui não só compreender, mas aceitar os sentimentos do outro, estabelecendo vínculo emocional. Não é possível, portanto, manifestar empatia sem que o indivíduo perceba e compreenda as suas próprias emoções: quanto maior a inteligência emocional, maior a habilidade de leitura de sentimentos de outros, daí a melhor qualidade das relações.

O oposto da *empatia* é a *alexitimia*, do grego *a* – ausência, *lexis* – palavra e *timia* – emoção, significando a dificuldade de expressar emoções. Ou mais adequadamente, a confusão entre sensações e sentimentos. Alexitímicos ficam perplexos quando os outros expressam seus sentimentos, uma condição desastrosa. A ausência de empatia também é notável em psicopatas e sociopatas.

Isso significa que doses razoáveis de empatia pertencem ao humano, e desde muito cedo. Precocemente, antes mesmo de compreenderem o mundo, os bebês sentem angústia solidária e ficam perturbados quando outros bebês choram. Existe uma "mímica motora" (GOLEMAN, 1996) até os 2 anos de idade, mas que depois pode ser a responsável pelo fenômeno do *espelhamento*, quando repetimos um gesto ou uma postura de quem interage conosco. Exemplos de espelhamento involuntário: a maioria das pessoas boceja até um minuto depois que percebe o outro bocejando; o mesmo ocorre com a "troca" de sorrisos. Ou quando mimetizamos o modo como o corpo do outro está. É a semente da empatia, ou a pré-condição para que ela se desenvolva.

A empatia começa com a simples sincronização dos corpos. Note amigos caminhando e ajustando seus passos; observe corredores em esteiras contíguas, em sincronia. Essa coordenação de movimentos estreita laços, aprofunda a relação. Até mesmo a convivência íntima entre mulheres sincroniza os ciclos menstruais. A empatia vai além, transmite estados de ânimo, que se tornam contagiosos, para o melhor e para o pior. É o *contágio emocional*. Por isso, a empatia requer envolvimento emocional e, claro, a temperança ajuda.

Mas há também o oposto da empatia, que os alemães denominam *schadenfreude*: o deleite com a desgraça alheia, que possivelmente só aflige os homens, quando se sentem enganados por alguém que depois manifesta algum sofrimento. Por essa razão, é mais provável encontrar manifestações de empatia em ambientes de trabalho cooperativos que nos competitivos, onde a insensibilidade prevalece.

Mas a empatia que importa para a resiliência vai além da sincronia, da identificação e do contágio emocional, envolve sentir o que o outro sente, e compreender suas necessidades e desejos, aceitando-os. No extremo, a empatia permite assumir a perspectiva do outro, o que significa "sincronizar" a cognição.

Possivelmente, as raízes da moralidade e da ética se encontram na empatia. Reconhecer o sofrimento de outros, a injustiça e a desigualdade estabelecem a ética. Indivíduos sem compaixão e sem valores morais – que tanto nos rodeiam –, não são capazes da empatia que fornece resiliência.

Como você responderia às seguintes questões?

- *Se um colega está incomodado, eu tenho uma boa ideia dos porquês.*
- *Olhando fisionomias, reconheço as emoções que outros experimentam.*
- *Quando colegas estão estressados por mudanças, eu expresso solidariedade porque entendo as emoções envolvidas.*

EMPATIA EM HUMANOS E ANIMAIS

O primatólogo Frans de Waal (2010, p. 9) inicia seu livro com a provocação: "A empatia está na moda; a ganância, ultrapassada" diante do cenário de crise financeira mundial desde 2008. E usa seu conhecimento sobre a empatia em animais para defender a tese de que vivemos a "era da empatia". O autor estranha aqueles convencidos de que a empatia é uma condição puramente humana: "Como se uma capacidade tão visceral e onipresente, e que além do mais aparece num momento tão precoce da vida, pudesse não ser biológica" (*op. cit.*, p. 115).

Se dois macacos recebem recompensas diferentes pela mesma tarefa, aquele em desvantagem simplesmente se recusa a executá-la. De Waal (2010, p. 21) cita Darwin: "Todo e qualquer animal dotado de instintos sociais bem definidos [...] inevitavelmente adquirirá senso ou consciência moral assim que suas faculdades intelectuais se tenham tornado tão bem desenvolvidas quanto no homem." Nem é preciso tanto.

O mapeamento corporal é inconsciente e pouco notado, afirma de Waal, notando que nossos bebês recém-nascidos mostram a língua a um adulto que faça o mesmo. E cita Plutarco: "Viva com um aleijado e você aprenderá a mancar" (*op. cit.*, p. 82). Certamente o leitor já passou pela experiência de passar algum tempo em outra região do país, adquirindo o sotaque dela – é notável o mimetismo.

Mapeamos também as emoções exageradas. A aflição de um rato pode provocar aflição em outro que o vê, mas o fenômeno da identificação é a precondição essencial para esta empatia, afirma De Waal. E nota que os filmes de terror tiram partido dessa identificação emocional.

O compartilhamento diário das emoções parece levar o parceiro a "internalizar" o outro. Casais harmônicos têm gestos parecidos. Todavia, a preocupação com o outro começa a partir da consciência de si, coisa que falta aos bebês humanos. De Waal aponta um fenômeno restrito aos animais com grandes cérebros: elefantes, golfinhos e grandes primatas, como o homem, se reconhecem no espelho.

E, se alguém ainda duvida de que os animais mantêm relações de afeto, o autor menciona não ser raro que mães primatas carreguem seus filhos mortos até que nada tenha restado deles além da pele e ossos. Também indica que os elefantes costumam retornar ao local onde se encontram os restos dos companheiros mortos.

Macacos *Rhesus* praticam o *cafuné* para aliviar o estresse: "Descobrimos, de fato, que o cafuné desacelera os batimentos cardíacos" (*op. cit.*, p. 115). Por isso, a companhia de animais domésticos é hoje "receitada" para pacientes cardíacos – ela desenvolve empatia, alivia estresse e revigora, porque influi sobre a resiliência.

Não apenas o cafuné é importante. O consolo é o desfecho mais típico de conflitos espontâneos entre chimpanzés, porém ocorre quase sempre entre amigos e parentes – de tão humano que parece. Crianças consolam e confortam familiares aflitos desde a idade de 1 ano; animais domésticos (*pets*) também (*op. cit.*, p. 135).

Nos parques florestais, ursos aprendem truques para obter comida uns com os outros, mas para isso é preciso contato. Significa que a aprendizagem coletiva requer empatia – qualquer professor deveria saber disso.

Entre chimpanzés, tanto machos quanto fêmeas são mediadores de conflitos. De Waal sugere que alguns grandes primatas ficam bufando antes de iniciar a agressão, dando tempo às fêmeas para a mediação. Fêmeas primatas provocam reconciliação entre machos zangados, o que revela maior empatia delas. Babuínos dependem das relações de amizade para ajudá-los a enfrentar o estresse – a socialização e a formação de sociedades dependem da empatia.

Em qualquer agrupamento social, a confiança é importante, também para animais. De Waal nota "jogos de confiança" praticados perigosamente entre macacos-prego da Costa Rica: "cheirar a mão" e "dedo no olho": "A confiança pode ser definida como o sentimento de segurança na honestidade e na cooperação por parte do outro, ou pelo menos com a expectativa de que o outro não irá nos ludibriar" (*op. cit.*, p. 236).

Mais que isso, o pertencimento ao grupo é o berço da cooperação, afirma o autor. Os grandes primatas e as crianças humanas ajudam espontaneamente as pessoas necessitadas. Abundam exemplos de solidariedade entre animais. Um exemplo citado pelo autor: uma elefanta cega andava sempre junto e dependente de uma elefanta com visão normal, e esta parecia compreender a dependência.

Se a mãe de um filhote primata morre, as outras fêmeas sempre cuidam dele. Chimpanzés andam em filas, com machos adultos no início e final da fila, com as fêmeas e filhotes entre eles. O mesmo ocorre com elefantes. A tendência de baleias ajudarem as colegas feridas é tão previsível que os caçadores se aproveitam disso, lamenta De Waal.

Nas relações de confiança, de cooperação ou onde há espaço para a solidariedade, qualquer indivíduo desenvolve sua sensibilidade, reduz suas defesas, inclusive demonstrando vulnerabilidade, e faz da empatia a ética da relação.

Contudo, De Waal sustenta que não existe ligação entre empatia e benevolência. Nem à solidariedade, nem ao altruísmo, acrescento, nem à ausência de conflitos. A empatia precede a ética, mas não a absorve.

RESILIÊNCIA, COMPAIXÃO E PERDÃO

Particularmente, não gosto do termo *compaixão*, por muitos usado como sinônimo de *empatia*. Enquanto *empatia* deriva do grego, *compaixão* deriva do latim, e está vinculado ao termo *compadecer*, que significa *padecer em conjunto*. Parece-me que para compadecer é preciso primeiro fazer uso da empatia. Nesse sentido, é a empatia que se associa à resiliência, como uma capacidade para as relações sociais. Não a compaixão, associada à piedade e a questões religiosas que podem não ter efeito positivo sobre a resiliência.

Empatia em grau reduzido pode fazer com que o indivíduo adote estratégias "insensíveis" e ineficazes em situações de estresse; pode perder o apoio solidário de outros; pode dificultar suas relações causando isolamento. Sem empatia, é pouco provável que o indivíduo substitua emoções negativas sobre outros por emoções positivas (simpatia, afeto, compaixão), sustentando níveis elevados de estresse.

Muitas vezes falta empatia porque sobra antipatia. A primeira habilidade cognitiva é a capacidade de classificar. Diante dela, temos a tendência de classificar pessoas antes mesmo de conhecê-las ou pela primeira impressão que nos causam. Essa classificação, intuitiva na maior parte das vezes, gera *estereótipos*, que em grego significa *carimbo*. Rotular o outro antes mesmo de estabelecer relações torna-se uma poderosa barreira contra a empatia. A empatia requer abertura para a riqueza da diversidade e das relações humanas.

Perdoar é uma estratégia empática de enfrentamento (*coping*) de estresse. Significa que o perdão pode estar associado à resiliência moderada e elevada, sugerem Worthington e Scherer (2004). Os autores partem do pressuposto de que transgressões no relacionamento interpessoal despertam a falta de perdão. Perdoar (no plano emocional, não no decisional) envolve justapor emoções positivas de empatia, simpatia, compaixão e amor nas relações abaladas como antídoto à falta de perdão, que desperta frustração, desconfiança, medo e raiva, e no longo prazo deixa amargura, rancores, ressentimentos e o pior, o desejo de vingança. Os autores relatam três estudos que indicam que o perdão reduz o nível de estresse, embora julguem necessário novos estudos. E sugerem que o perdão melhora a saúde e bem-estar. Nesse sentido, o hábito de perdoar poderia estar associado direta ou indiretamente à maior resiliência. Veja o exemplo de Gandhi.

De que maneiras a empatia poderia promover a resiliência? A Figura 6.1 sintetiza os diferentes estágios de resiliência e sua causalidade.

No primeiro grau de empatia, representada pela compreensão dos sentimentos do outro, causa alívio, o que interessa à resiliência, ao perceber que sua aflição não é única, também atinge o outro. Como o humano é gregário, não há maior crueldade no sistema prisional, além da pena de morte, que colocar o indivíduo na "solitária". Compreender o outro fortalece, sempre.

Permitir o contágio emocional também contribui para a resiliência. Quando se está com ânimo negativo, o contágio de outros positivos e animados interrompe e altera o ânimo. Ou, quando se está muito focado na atividade, e a tristeza de outro contagia, recupera-se a sensibilidade e "humanidade", o que fortalece por si. Até prisioneiros proibidos de falar com colegas se beneficiam de apenas manter contato visual, e contágio emocional com colegas, mostrou o caso Mandela.

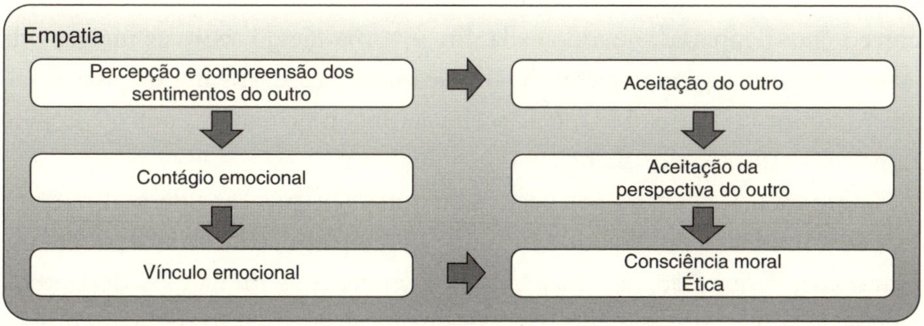

FIGURA 6.1. Empatia – diferentes estágios.

Não creio ser possível o verdadeiro trabalho em equipe sem existir vínculos sociais entre os membros do grupo. Assim como não há família verdadeira sem vínculos entre os familiares, já que não é só questão de coabitar. O vínculo emocional requer confiança e respeito, portanto gera responsabilidades e compromissos, autorreforçando as ligações existentes. Com o vínculo, o indivíduo é forçado a atuar frente aos sentimentos do outro. Por isso, apenas quando há vínculo há espaço para um consolar e confortar o outro, mutuamente. Seja consolando, seja confortando, há um alívio das próprias emoções do indivíduo – ele faz uso do otimismo aprendido, jamais faria uma explanação negativa nessas situações. Portanto recupera a temperança, otimismo e esperança. E se contagia com emoções positivas: ternura, afeto, amizade, amor. A resiliência é inflada!

Este caminho à esquerda na Figura 6.1 retrata a empatia moderada mais frequente. Pelo outro caminho da figura, lidar com sentimentos do outro leva à aceitação dele, o que não quer dizer concordância ou cumplicidade, apenas o reconhecimento de que todos somos falíveis, imperfeitos e sujeitos a contingências. Note que, se a aceitação é mútua, ela gera reciprocidade. Sendo mais aceito por outros, mais resiliente alguém tende a ser.

Mailhiot (1981), discípulo de Kurt Lewin, explica o processo. A autenticidade nas relações requer a "objetivação de si": se não me conheço e não me aceito, na relação eu poderia abdicar de minha identidade em favor de um eu ideal e não do eu atual. O segundo passo é "objetivar-se a respeito do outro", conhecendo-o sem estereótipos e preconceitos, passando do plural ao singular, do impessoal ao pessoal. O terceiro passo para a autenticidade é a transparência, abertura espontânea ao outro, sem desconfiança nem disfarces. O quarto passo é a empatia, que opera de um para o outro e vice-versa: se apenas um tivesse empatia pelo outro, como ficaria a relação? Percebendo o outro, um compreende como o outro o percebe. Aprofunda-se a comunicação, porque ocorre a "autoempatia", quando cada um se torna lúcido sobre as imagens de si mesmo. Com autoempatia, ambos abdicam do egocentrismo. O passo final, para Mailhiot (1981, p. 113), é a "aceitação incondicional do outro". Espere um pouco, leitor, duvide da palavra incondicional.

Na Figura 6.1, aceitar a perspectiva do outro obriga a considerar diferentes posições, opiniões e modos de ser, o que geralmente estimula a flexibilidade mental e, por que não, a solução de problemas (nos indivíduos de elevada resiliência, suponho). Isso amplia a compreensão na direção de uma ética de convivência e de respeito escrupuloso entre todos.

Por fim, se concordamos que a empatia em maior grau determina a consciência moral, ela afeta a nossa visão de mundo. Modifica nossas atitudes, em favor de não-violência, por exemplo. O caso de Gandhi revela este grau de empatia. Note que Gandhi trocou estratégias por *princípios* morais. Também remete ao caso de Chaplin: sem essa aceitação, o humor dele se tornaria rude grosseria, se ele não tivesse empatia por mendigos, alcoólatras e toda sorte de canastrões que figuravam em seus filmes.

Nesse grau de empatia, os valores e comportamentos são moldados pela consciência moral – é a ética que permite "dormir com a consciência tranquila". E essa não é apenas modo de se expressar, porque se a empatia favorece a resiliência, nesse estágio ela gera de fato, bem-estar. Quem diria, leitor, que ser ético faz bem para a saúde!

Essa forte empatia remete também à solidariedade, altruísmo e cooperação. Nada disso subsiste sem empatia, é a lição que os regimes autoritários de governo nunca aprendem. Nelson Mandela é exemplo disso, e o caso que escrevi não conta o que ocorreu após sua chegada ao poder. Mas a crer no filme *Invictus*, na prisão ele aprendeu a falar africâner para compreender os brancos; como presidente acolheu o rúgbi, esporte até então exclusivo de brancos. Mandela também acolheu a iniciativa do bispo Desmond Tutu – empatia para curar feridas étnicas e pacificar a nação.

Voltemos à questão da aceitação "incondicional". Raros são os indivíduos que chegam a esse estágio, e em geral esses são santificados. Sei que as mães manifestam aceitação incondicional de seus filhos, comprovando sua aptidão para a empatia, mas aqui trato de aceitar incondicionalmente o outro, que não nasceu de seu ventre nem é da família. Prefiro o condicional, a aceitação que é regulada pelo vínculo afetivo e pela ética. Esta reciprocidade certamente aprimora ainda mais a resiliência. Voltaremos à questão no próximo capítulo.

Por exemplo: Cristina conquistou a possibilidade de fazer uma pós-graduação no exterior, mas para isso precisa adquirir fluência no inglês, e tinha apenas cinco meses para isso, do contrário perderia a chance. Desde que se graduou ela acalentava esse projeto, e aguentava firme em seu trabalho, dedicando raras horas vagas para o projeto pessoal. Conseguiu um professor particular muito bem recomendado, mas ele se vestia e agia de modo esquisito, e desde o momento que o viu antipatizou com ele. As aulas se arrastavam, sem nenhum progresso. A maior defasagem dela era com *phrasal verbs*, aqueles cujo significado não é lógico, mas são usados na conversa coloquial. Ela já estava a ponto de desistir das aulas quando um dia deparou-se com o *let down (decepção)*, e não havia meio de intuir seu significado. No esforço para fazê-la entender, o professor baixou as defesas, largou-se na cadeira e contou a história de sua decepção amorosa, que o levou a romper relações com a esposa, afastando-se do filho pequeno, que era o mais importante em sua vida. Desconcertada, Cristina procurou compreender a mágoa dele e tentou oferecer palavras de apoio. Em um instante ocorreu uma sutil abertura. Logo mais, ambos voltaram à aula. Ela estava mais atenta e disposta, e ele mais flexível na condução do *coaching*. Pouco tempo depois, ela estava orgulhosa de seu aprendizado. Haveria melhor modo de aprender que a empatia entre professor e aluna?

APRIMORANDO A EMPATIA NO MOMENTO

As práticas de curto prazo para desenvolver empatia são bastante poderosas. Interrompem a inércia dos estados de ânimo e criam conforto momentâneo suficiente para fortalecer o indivíduo. Também são úteis para aqueles ainda em busca da temperança, porque independem dela. Contudo, são as práticas de longo prazo que possivelmente mais fortalecem a competência social e autoconfiança, portanto aprimoram a resiliência.

E1. Cafuné

Nos momentos em que se sentir estressado, ou com as emoções infladas, procure alguém para oferecer seu carinho. Pode ser um animal doméstico, se o tem, mas é preferível que seja em outro indivíduo, alguém com quem compartilha relações afetivas. Melhor ainda se este indivíduo estiver também ele precisando de cafuné, porque ambos se beneficiarão disso. Faça o cafuné com atenção plena, invista nisso por pelo menos 15 minutos. Depois avalie seus sentimentos: há emoções positivas? Avalie seu corpo: está mais relaxado ou tensionado? Avalie o mesmo com o outro.

E2. Seja atencioso

Escolha um período, por exemplo, de uma hora (pode aumentar se tiver disciplina), em que irá intencionalmente procurar oportunidades de ser atencioso com qualquer indivíduo que o cerca. Ao final deste período, avalie quantas vezes foi atencioso. Rememore a reação das pessoas diante de sua atenção, aprenda com a experiência. E avalie seu corpo, seus sentimentos e pensamentos. Procure repetir o processo por duas semanas, continuamente.

E3. Console um amigo

Ao ver alguém chorando, quase sempre ficamos perturbados. Ao consolar esta pessoa, tranquilizamos a nós mesmos. Quanto maior a efetividade do consolo, maior o ganho em afeições positivas, regulação de emoções e controle do estresse. Encontre alguém, e o console! Depois, rememore as reações do outro e a maneira como conduziu o processo: sua linguagem corporal, tom de voz, conteúdo da fala e expressões de sentimentos seus, em função dos sentimentos expressos pelo outro. A riqueza de detalhes é parte do exercício.

APRIMORANDO A EMPATIA SEMPRE

E4. Leia literatura, discuta filmes

Eu sempre tive o gosto por leitura, mas minha objetividade de engenheiro tornava maçante a leitura dos capítulos iniciais mesmo da melhor literatura. Hoje compreendo, e recomendo, a leitura atenta da boa literatura. Todo livro inicia pela definição do contexto e delineamento dos personagens, sem o qual a trama perderia força. Esta é a prática para desenvolver empatia.

Os bons filmes servem ao mesmo propósito de entreter e provocar reflexão que a literatura. Todavia são tantos os estímulos provocados quando os assistimos que eles chegam a anular nossa capacidade de reflexão. Por isso, a prática sugerida é discutir com amigos os filmes que assistiu. Compare detalhes que observou, interprete as alegorias e metáforas, revele sua identificação com certos personagens – a empatia dominará a discussão, e a sua consciência.

E5. Gente que me incomoda

Escolha o tipo de gente que mais te incomoda ou causa repulsa. Descreva um indivíduo típico que representa essa gente. Agora tente "empatizar" com ele: especule sobre seu passado, sobre seu contexto atual, sobre suas necessidades e desejos. Demonstre compreensão para que possa aceitá-lo, o que não significa concordar com ele ou admirá-lo.

Ao terminar a escrita, compare os termos usados nos dois textos: na descrição e na busca de empatia. Note os sentimentos que emanam do que foi escrito. Tome contato com seus próprios sentimentos: a busca de empatia causou algo em você?

E6. Defenda causas, faça trabalho social

Como a empatia desenvolve a consciência moral, portanto a ética, uma boa prática é defender causas sociais. Pode ser a defesa de um animal em extinção, a proteção de uma floresta distante, causas ambientais e causas sociais de qualquer natureza. Defenda ativamente, e logo encontrará indivíduos com o qual se identifica pelas causas defendidas, desenvolvendo empatia com eles e sobre a vida no planeta.

A prática de voluntariado social tem inúmeros benefícios, não só para a sociedade, seu maior benefício, como para quem pratica, porque desenvolve empatia, liderança, autoconfiança, solução de problemas e tenacidade, sobretudo. Nessas situações, quase sempre há escassez de recursos, o que demanda flexibilidade mental e esforço para superar as dificuldades. Não há melhor terapêutica para a resiliência.

Há tantas possibilidades de desenvolver empatia na vida cotidiana que não julgo necessário adicionar outras práticas. O que importa é tomar consciência e proativamente agir em favor de maior empatia em nossas relações. E aqui quero reforçar a necessidade disso, sobretudo para os do agrupamento B do Capítulo 2: homens com formação em exatas.

7

Articule apoios – você não está só

Acima de tudo, na vida, temos necessidade de alguém que nos obrigue a realizar aquilo de que somos capazes.

RALPH V. EMERSON

Conheci Pedro Algorta em um curso que participamos em Buenos Aires. Durante quase 35 anos, Pedro se incomodava com qualquer referência ao que ele e seus companheiros sofreram, temeroso da banalização e comercialização do ocorrido. Desde 2008 ele decidiu compartilhar suas experiências: "Na realidade, nunca tive recordações precisas do acidente em si. O tempo e os mecanismos de defesa bloquearam talvez para sempre muitas das situações"*.

Em 12 de outubro de 1972, um avião da Força Aérea uruguaia partiu de Montevidéu com destino a Santiago do Chile, contudo caiu na cordilheira dos Andes. Era uma sexta-feira 13: indivíduos de controle externo logo associariam a má sorte ao desastre. Mas não: aquele modelo de avião apresentou elevada taxa de acidentes no mundo todo, o piloto tinha apenas quatro mil horas de voo, e parece ter havido erro humano, ao virar ao norte o avião antes de ter cruzado totalmente a cordilheira. Era aproximadamente 15h30 no momento do acidente, logo escureceu e começou a nevar. Nenhum dos sobreviventes vestia roupas adequadas ao frio que invadia a carcaça do avião. A maioria deles nunca tivera contato com a neve. Na altitude de 3500m, eles nada sabiam sobre o ar rarefeito.

---

* http://survivorwalk.blogspot.com/

O avião, fretado por um time de rúgbi, carregava 45 pessoas: 15 jogadores com idades entre 18 e 26 anos, familiares e amigos deles, além de duas famílias, dos pilotos e tripulação. A maioria provinha de ricas famílias uruguaias; somente Pedro Algorta e outro passageiro destoavam dos jogadores, por suas ideias e estilo socialista. Três deles eram estudantes de medicina e heroicamente lideraram o primeiro atendimento aos feridos, todos ainda em estado de choque. Fernando Parrado perdeu de imediato sua mãe e irmã, e foi levado à extremidade da carcaça, com concussão cerebral, para ser juntado aos demais mortos. O frio provocou nele hipotermia e o salvou, recuperando-se dias depois.

As buscas duraram oito dias, sem resultados. O avião ficou parcialmente encoberto pela neve, que nessa primavera tinha recebido nevascas excepcionalmente intensas. Havia pouca chance de resgate e, como é usual em desastres aéreos, menor chance ainda de encontrar sobreviventes.

Pedro relata em seu blog: "Do acidente em si, recordo da sensação de incerteza e incredulidade, a sensação de angústia, de impotência, de ver a cordilheira muito perto de um avião que se agitava [...] tenho a impressão do choque, uma explosão, de repente nada nos separava da montanha, estávamos à mercê do destino, do próximo golpe, não havia muito para pensar, para recordar."

Dias depois, havia 28 sobreviventes da queda, apenas 2 mulheres, e nenhum dos pilotos ou tripulação. Ninguém sabia onde estava, o que fazer – e a comunicação por rádio não era possível. Seriam capazes de enfrentar a situação? Pedro não percebia em si mesmo qualquer sinal de resiliência: "Na verdade éramos todos meninos muito irresponsáveis e para nada preparados para o que nos tocou viver."

Logo soluções para problemas imediatos surgiram: decidiram racionar os parcos alimentos que encontraram; usaram o tecido das poltronas como cobertor e, do fundo das poltronas, recuperaram chapas de alumínio que serviram para a produção de água (READ, 1981).

Participar de um time esportivo criou condições excepcionais para a sobrevivência deles: estavam habituados a partilhar responsabilidades, a respeitar o comando e a agir disciplinada e coletivamente. No terceiro dia, Marcelo inventariou a comida e organizou os sobreviventes em três grupos: o dos "médicos", o dos responsáveis pelo compartimento e o dos produtores de água. Ouviram roncos de aviões sobre eles, mas nada puderam fazer; ninguém os viu. Canessa, um dos "médicos", conhecido por ser tenso e instável, abriu uma garrafa de vinho que haviam comprado na parada forçada em Mendoza, na véspera do acidente, e a bebeu com alguns outros. Depois sentiu remorso do comportamento desmedido.

No décimo dia após o acidente, a deterioração física se fazia notar. Os altos e vigorosos jogadores de rúgbi definhavam diante da falta de alimentos. As caminhadas pelas imediações não lhes davam maior esperança, nem mesmo quando puderam sintonizar um rádio: nada ouviram que tratasse do acidente.

Depois de alguns dias e famintos, passaram a discutir a única forma de sobreviverem: teriam que se alimentar dos corpos dos que haviam morrido e que estavam preservados no gelo ao redor dos escombros do avião. Não há risco mais tenebroso que o cultural e alimentar-se de carne humana era repugnante, um tabu. Mas Canessa insistiu para o "dever moral" de permanecer vivos a qualquer custo. Depois de convencer o grupo, tomou a iniciativa, cortou vinte pedaços de carne congelados e os deixou secar ao sol, para depois oferecer a todos. Muitos demoraram a se servir. Pedro, que desprezava os valores burgueses, havia sofrido total amnésia no dia do acidente. Mas nesse dia engoliu a carne e disse: "É como a sagrada comunhão. Quando Cristo morreu, deu-nos o corpo a fim de termos uma vida espiritual. Meu amigo nos deu o corpo a fim de que possamos ter uma vida física" (READ, 1981, p. 76).

No dia seguinte dois deles ouviram pelo rádio que cessavam as buscas. Questionaram se deviam contar ao grupo. Nicolich tomou a iniciativa e revelou a "boa notícia": a busca foi cancelada. Ao ser questionado sobre porque a considerava uma boa notícia, respondeu: "porque significa que vamos sair daqui por nossa própria iniciativa" (READ, 1981, p. 74). Sua autoeficácia evitou o desespero geral, porém os pessimistas não estavam chocados: era o que eles esperavam. A liderança de Marcelo, antes tão confiante no resgate, se perdeu.

Submetidos a condições extremas, a racionalidade não tem vez. Pedro recorda: "Esse trabalho em equipe que nós realizamos não saiu de uma convicção racional do que o que teríamos que fazer era trabalhar juntos para nos salvar, mas de uma intuição pessoal, própria de cada um, que dizia que para poder sair tínhamos que sair todos juntos" (CASTAÑO, 2011). Sobre a flexibilidade mental, afirmou na mesma entrevista: "Outra coisa que aprendemos era a necessidade de estar permanentemente experimentando, de permanentemente estar buscando caminhos distintos [...] para aprender com os erros."

No 17º dia, eles estavam mais dispostos, e iriam escolher os expedicionários. Naquela noite, uma avalanche cobriu repentinamente a todos enquanto dormiam. Pedro ficou soterrado por minutos. Roy foi o primeiro a se safar e passou a escavar para libertar os soterrados. Oito pessoas morreram soterradas, 19 sobreviveram, naquela noite interminável. No dia seguinte, 30 de outubro, Numa fazia aniversário, e foi ele quem levantou os ânimos: "Sobrevivemos ao pior. De agora em diante, as coisas só podem melhorar" (READ, 1981, p. 105). A tempestade continuava, os escombros do avião estavam totalmente encobertos. Levou oito dias para restabelecerem as condições do abrigo.

Depois começaram a escolher os expedicionários, aqueles em melhor condição física. Parrado era o mais entusiasmado. Foram escolhidos quatro deles: Parrado, Canessa, Turcatti e Vizintín. Esses passaram a ter tratamento privilegiado, na comida e na vestimenta: precisavam preparar-se para a expedição. Pedro sugeria que a neve iria acabar em 15 de novembro, e com isso decidiram esperar.

Parrado, antes um playboy tímido, tornou-se o líder mais amado. A destemperança de Canessa era um problema: explodia em mau humor, gritava ofensas à menor provocação, era impaciente e obstinado. Vizintín era simples e inventivo, mas seu comportamento piorou: ficou infantil, chorava todas as noites pela mãe.

Como se percebe, a liderança foi circunstancial. A cada situação, emergiam diferentes lideranças, algumas respeitadas desde antes do acidente, outras pelo papel que tiveram em certos momentos, outras ainda pelas qualidades que demonstravam. Pedro me disse que foi um tipo diferente de liderança: "A força vem de dentro. Todos nós desempenhamos muitos papéis de acordo com as circunstâncias. Eu era uma espécie de intelectual, fazia perguntas, é também uma forma de exercer a liderança sem autoridade. Mas, fundamentalmente, eu estava ocupado em sobreviver 24 horas mais, de dia em dia, minuto a minuto, sem nos perguntarmos coisas difíceis."

Arturo tinha Pedro como o mais próximo, estava isolado dos demais, até por suas posições socialistas. Perdeu a esperança, passou a acreditar que morreria aos 21 anos. Mesmo confortado por Pedro, veio a morrer dias depois. Como lidar com esse tipo de perda? Em seu blog, Pedro afirma: "Estávamos blindados, não nos dávamos ao luxo de sofrer, de pensar em nossas casas, nossas famílias. Um amigo morreu em meus braços, mas chorei por ele uns segundos; depois de morto já não era ele, e me abriguei porque fazia frio."

Essa perda foi um choque para todos, tornando mais urgente a expedição. Em 17 de novembro começou a expedição, mas a primeira noite foi tão fria que decidiram retornar, achando os escombros da cauda do avião, onde apanharam pertences. Mais um dos sobreviventes havia morrido, mas o ânimo foi renovado.

Outro esforço foi feito na quinzena seguinte: a tentativa de fazer funcionar o rádio do avião. A dois quilômetros de onde estavam, na cauda do avião, havia bateria. Levaram o equipamento e tentaram fazê-lo funcionar, sem sucesso. A neve derretia, criando uma situação instável nesse local. Os suprimentos estavam chegando ao fim e os sobreviventes estavam muito fracos.

Novos preparativos para outra expedição: prepararam sacos de dormir, reforçaram a alimentação dos expedicionários, rezaram em 8 de dezembro para a Imaculada Conceição. Alguns dias depois, partiram os três expedicionários: Parrado, Vizintín e Canessa. Por três dias subiram a montanha para oeste, onde julgavam que estaria a fronteira com o Chile. Ao chegar ao cume, o ânimo desabou: só viam montanhas e neve à volta. Decidiram que Vizintín retornaria aos escombros do avião, para que sobrasse mais comida. Parrado e Canessa decidiram descer por um vale onde muito longe percebiam dois picos sem neve.

Com incrível tenacidade, Parrado seguia à frente em direção ao vale, rezando sem parar. No oitavo dia de caminhada passaram por riachos, e pensaram ter visto vacas ao longe, mas não acreditaram. Após dez dias de expedição, tinham coberto a surpreendente distância de 65km. Então viram um homem a cavalo e vacas pastoreando na outra margem de um rio impossível de atravessar. Parrado e Canessa passaram a gritar e a suplicar por socorro, de joelhos. O pobre camponês lhes jogou um pão e partiu em busca de socorro. No dia seguinte foram socorridos. Na cabana do camponês comeram sem parar e fizeram a *siesta*. Era 21 de dezembro, 70 dias depois da queda do avião.

Ao primeiro carabinero chileno que chegou a eles, Parrado informou no mapa onde estava o escombro do avião e seus 14 colegas: "Você sobe mais ou menos uns 75 ou 90 quilômetros, vira à direita, e depois continua até chegar a uma montanha. Achará o avião do outro lado" (READ, 1981, p. 236). O policial decidiu requisitar helicópteros. Parrado relutou, diante do pavor de voar, mas aceitou juntar-se aos pilotos. Os escombros estavam a 2100m de altitude, Parrado sabia, mas o helicóptero subiu até 4500m, seguindo o trajeto dos expedicionários. Demorou, mas encontraram os sobreviventes e começou o resgate.

Um parêntesis: enquanto escrevo esse caso, apanho a gravura que minha filha me presenteou em visita a Punta del Este, onde conheceu Carlos Páez Vilaró. Que sincronicidade. Esse artista e arquiteto foi o mais dedicado dentre os familiares dos que fizeram essa fatídica viagem. O pai era infatigável, mas já perdia a esperança.

Em 23 de dezembro, esse Carlos reencontrou Carlitos, seu filho, em San Fernando, para onde foram levados. Enquanto se restabeleciam, a maior aflição deles devia-se ao fato de terem comido carne humana. Apenas Pedro guardava silêncio, e só o quebrou quando sua antiga namorada foi visitá-lo, mas notou o horror da mãe dela ao saber do que fizeram para sobreviver. Em seu blog, Pedro relata que quando ia a Santiago tinha uma namorada, mas quando lá chegou ela já estava com outro. No final daquele ano, retornaram às suas casas para retomar as próprias vidas.

Pedro retornou à casa dos pais na Argentina. Estudou Economia em Buenos Aires, graduando-se em 1976. Depois fez um MBA em Stanford, concluído em 1982. Casou em 1974 e tem três filhos que hoje vivem na Espanha. Ao terminar sua carreira como executivo de empresas – Quilmes, Peñaflor, Campofrío, Cepas Argentinas e Techint –, comprou fazenda no Uruguai, que visita com frequência.

Muitos dos sobreviventes mudaram seus comportamentos após o acidente. Pedro conta: "Fiquei recluso em uma vida normal. Voltei-me para a família, em poucos meses entrei na universidade, sem falar sobre o tema. Pouco a pouco fui lidando com a dor. O mais importante, Paulo, é que ali na montanha não estávamos sós, sempre havia um grupo de pessoas que te continham e com as quais podia refletir e recordar que éramos humanos." Parrado tornou-se piloto de corrida de automóveis, aproveitava a vida como podia.

Quanto tempo levou para reorganizar sua vida, perguntei. Pedro respondeu: "Me levou toda a vida. Sem me dar conta. Mas, graças a Deus, eu pude levar uma vida normal, com minha 'mochila' às costas. Sempre tive carinho, contenção e amor. Isso é muito importante. Ninguém nos perseguiu, ninguém nos acusou de nada. Se tivesse sido assim, teríamos passado a vida nos defendendo e eu não teria tido a vida normal que pude ter."

Porque ficou tanto tempo sem falar sobre o ocorrido? "A vida me levou a estudar, trabalhar, ter uma família, fazer o que todos fazem e não ficar 'enganchado' na montanha [...] Eu não poderia ter me recuperado com a montanha exposta todos os dias."

Pedro define resiliência como "a capacidade de integrar a montanha com a vida e fazer uma vida normal". Acredita que todos os 16 são resilientes, "mais ou menos temos a vida que iríamos viver se não tivéssemos caído na montanha".

Resiliência é importante para Pedro: "Está sempre presente, é o que nos permite avançar, é o que nos permite relativizar o mal que nos passa. Não há males absolutos. Todos podemos com nossas montanhas e não há dificuldades grandes ou pequenas. Quando enfrentamos uma dificuldade, nos parece que é imensa, mas é relativo: alguns a tem mais difícil que outros, mas todos fazemos o mesmo, começamos a caminhar."

Não só a ERS considera a *competência social* um fator relevante para aprimorar a resiliência. Também as escalas RSA e BRS consideram o mesmo fator, vimos no Quadro 2.2. A ERS considera não só a abertura a receber apoio de outros, mas a busca proativa e flexível de apoios, na linha do que Hoopes e Kelly (2004) denominam *flexibilidade social*. E vimos que um dos tributários dessa competência pode ser a *empatia*. Vimos também que o assunto ganhou relevância quando Daniel Goleman (1996) inclui entre os componentes da *inteligência emocional* a capacidade de *lidar com relacionamentos*.

Em todas as amostras em que a escala BRS foi aplicada, a resiliência foi positivamente relacionada a características pessoais, relações sociais, enfrentamento (*coping*) e saúde – e negativamente relacionada à ansiedade, depressão, afetos negativos e sintomas físicos de doenças, quando controlados o otimismo, apoio social e personalidade tipo D (caracterizada por elevada inibição social e elevado afeto negativo, sugerem SMITH *et al.*, 2008).

É consenso entre estudiosos que o apoio externo reduz sintomas de estresse e reduz a vulnerabilidade de indivíduos nessas condições. Maddi e Koshaba (2005, p.19) consideram o *apoio social* uma "habilidade vital" e afirmam que resilientes não se alienam de outros, interagem para engajá-los. Neenan (2009) considera uma força o *apoio de outros*, que encoraja e amplia a visão, mas alerta que nem sempre esse apoio é vantajoso.

Como responderia às perguntas?

- *Reconheço minha interdependência com outros e peço apoio quando necessário.*
- *Sou considerado flexível e preservo pontes nos relacionamentos porque isso é valioso.*
- *Tenho vínculos sociais fortes e me sinto confortável em variadas situações sociais.*
- *Eu tento realizar planos, mas me sinto aberto a feedback para reavaliar meus projetos.*

Na visão sistêmica, as partes são interdependentes, e o todo pode ser diferente da contribuição das partes, diante da sinergia entre fatores. Vimos que a competência social requer empatia e autoconfiança. Mas não só: requer também temperança, já que o relacionamento interpessoal é melindroso. E requer flexibilidade mental, pela mesma razão: seres humanos não são previsíveis e as emoções não são tão controláveis. E requer proatividade, sem a qual o indivíduo não toma iniciativas. Porque a competência social que amplia a resiliência é a capacidade de obter apoio nos momentos difíceis. Se a competência social é o fator que se funde a esse, como consequência promove o otimismo, tenacidade e solução de problemas.

COMPETÊNCIA SOCIAL E A BUSCA DE APOIO

A quem recorremos quando precisamos de apoio? Em geral, a primeira opção é encontrada no seio da família: esposa/marido, irmão, pais, tios ou avós. Mas também procuramos em nosso círculo social íntimo: amigos, confidentes. Há, ainda, outros interlocutores válidos: mentores, colegas de trabalho especiais. Nem todos os relacionamentos se caracterizam pela proximidade, lealdade e sensatez exigidas desses apoiadores. Há outro fator: apoio se dá em relações onde há expressão de amor fraterno e empatia. Por isso, Hans Selye recomendava: "Conquiste o amor de seu próximo" (FARNÈ, 2003, p. 139).

Para avaliar o grau de apoio social, Farnè (2003, p. 137) indaga:

- *Quem faz você se sentir você mesmo, completamente?*
- *Quem consegue acalmá-lo quando se sente humilhado?*
- *Com quem você realmente pode contar nos momentos de necessidade?*
- *Quem você pensa que o valoriza, honestamente, como pessoa?*
- *Quem está disponível para escutá-lo quando você precisa desabafar?*
- *Quem é capaz de consolá-lo nos momentos de preocupação?*

Há duas maneiras de mobilizar a competência social para ampliar a resiliência: buscando apoios, e mobilizando os grupos a que pertence. Neste tópico vamos analisar a busca de ajuda.

Buscamos apoio em interlocutores válidos, naqueles em quem respeitamos, confiamos e nos sentimos inteiros, sem disfarces, em sua presença. Pode ser um parente próximo, um amigo íntimo, um *coach*, mentor ou aconselhador, profissional ou não. Há um requisito adicional, quase sempre tácito: só procuramos quem sabemos que terá empatia conosco ou com nossa adversidade.

Para explicar essa questão, Edgar Schein (2009, p. 54) sugere que as relações são desequilibradas: quem procura ajuda coloca-se em posição de inferioridade, enquanto que "ser alçado ao papel de ajudador significa um ganho imediato de status e poder". Por isso, essa é uma relação que precisa ser construída, indica o autor. Ao buscar interlocutores válidos, o resiliente diminui essa defasagem. Procurar ajuda deixa de sinalizar fraqueza, impotência e portanto não constrange, não humilha nem reduz momentaneamente a autoestima. Mas não se livra da ansiedade causada pela necessidade de ajuda.

Schein (2009) alerta que, às vezes, a procura de ajuda não visa a ajuda em si, mas atende à necessidade de atenção, afirmação ou validação. Nesse caso, o ajudador pode tornar inócuo o processo se ele passa rapidamente a oferecer conselho, orientação ou solução. Não lhe ocorre que ele poderia conceber soluções para o problema errado, ou que a relação entre quem pede e quem ajuda precisa crescer qualitativa e equitativamente. Ajudando às pressas coloca quem solicita apoio mais para baixo, e pode reforçar a situação de dependência, que sempre ronda a relação de ajuda.

O autor cita três maneiras de fornecer ajuda: como um *especialista* que fornece informação ou serviço; como um *médico* que diagnostica e receita; como um *consultor de processo* que busca um relacionamento equitativo e esclarecedor. Mesmo que o ajudador seja um interlocutor válido, ele poderia incorrer no erro de atuar como *especialista* ou como *médico*. Ainda mais se ele próprio já vivenciou a adversidade que causou a necessidade de ajuda.

Para construir a relação equitativa, Schein (2009) sugere a "indagação humilde", que considera simples de ser descrita, mas difícil de ser adotada. Julga crítico não estereotipar a situação, mantendo-se aberto às nuanças trazidas à conversa. No processo, o ajudador sustenta o status do "cliente", revela interesse e compromisso emocional e obtém informação crucial para que possa ajudar.

Noto que quanto maior a resiliência do indivíduo, menor tende a ser a percepção de inferioridade no processo de ajuda, portanto mais facilmente o ajudador consegue coletar informação e estabelecer vínculo saudável para o processo de ajuda. Nessa condição, o ajudador não precisa ser um profissional de *coaching*, de psicoterapia ou equivalente.

Para realizar a indagação humilde, Schein (2009) admite quatro formas. A primeira é a *indagação pura*, que começa pelo silêncio e estimula o outro a falar mais, a oferecer detalhes e exemplos; evita a contaminação de emoções tóxicas. A segunda é a *indagação diagnóstica*, que focaliza nos sentimentos, motivações e ações de forma deliberada: essa forma eleva a autoconsciência do outro. A terceira é a *indagação confrontadora*, que introduz ideias, hipóteses e opções na conversa; essa forma muitas vezes não é viável ou efetiva. Por fim, na *indagação orientada ao processo* o ajudador reflete sobre a qualidade da relação estabelecida e da ajuda oferecida; essa forma deixa o outro mais confortável e permite ajustes na relação.

Parece-me que a indagação humilde é uma boa tática, mas ela não pode encobrir a estratégia que de fato importa na questão da resiliência: a empatia como base para o relacionamento entre quem pede e quem ajuda.

Quando escolhe a quem pedir ajuda, há uma empatia implícita na decisão. Contudo, a mesma precisa ser de mão dupla, para que seja efetiva. Com empatia, o outro garante disponibilidade, escuta atenta e proativa, respeitando cuidadosamente o processo de ajuda. Nessas condições, a ajuda envolve consolo, em primeiro lugar, estabelecendo um ambiente de solidariedade que conforta, acalma e deixa fluir as emoções represadas. Aliviando a pressão das emoções, a ajuda passa a atuar sobre o cognitivo: coloca a questão em perspectiva, relativiza o problema, especula sobre os impactos e as táticas para enfrentá-lo. Eventualmente, quem ajuda se oferece para alguma tarefa que, mesmo que periférica, serve de estímulo e segurança para que possamos enfrentar a adversidade.

Na mesma linha, Echeverría (2011b, p. 97) afirma: "O segredo da persuasão não está, primariamente, no falar, e sim na escuta." Isso torna possível inclusive o apoio silencioso, pautado pela simples presença, respeito escrupuloso e disponibilidade. Para tanto, esse autor sugere que escutemos com todos os nossos sentidos e não só com a audição: "É muito importante, portanto, aprender a escutar emoções e aprender a escutar corpos" (*op. cit.*, p. 110). E também escutar, e interpretar, os silêncios.

Por isso a escuta não tem nada de passivo, é uma forma de construir a relação. Só escuta quem dá valor ao outro, e escutar verdadeiramente é abrir-se ao outro, aceitando as diferenças, escreve Echeverría. Mas isso não é exatamente o processo da empatia?

Vimos, no capítulo anterior, que a empatia promove a ética nas relações. Outro modo de perceber a mesma afirmação é oferecido por Echeverría

(2011b) ao sugerir quatro tipos de escuta: a *escuta semântica e prática* da fala do orador; a *escuta das inquietudes*; a *escuta da estrutura de coerência* e por fim, o "*saber escutar o bem*". Muitas vezes dizemos coisas com o propósito de fazer o mal, de subjugar. Escutar o bem, para o autor, é ver o outro com outros olhos: "Mirava-o em sua vulnerabilidade, o mirava com ternura, sem piedade, mas com compaixão" (*op. cit.*, p. 116).

Hartling (2008), terapeuta da linha da teoria relacional-cultural, indica que Judith Jordan em 1992 já tratava da resiliência relacional, desafiando a mudar a perspectiva de que resiliência tem o foco circunscrito ao indivíduo, como se pensava, para abarcar a dinâmica relacional frente à adversidade. Daí que Hartling sugere ampliar o foco de *força do indivíduo* para *fortalecer relações*; da *autoestima* para o *senso de valor* pessoal; do *controle interno* para o *empoderamento mútuo*; da *maestria* para a *competência por meio da conexão*; do *apoio social* para a *conexão autêntica*. Hartling (2008, p. 67) propõe que a "resiliência é reforçada por meio de relacionamentos, especificamente por: relações mutuamente empáticas, mutuamente empoderadoras e voltadas ao crescimento". Muito esclarecedor.

COMPETÊNCIA SOCIAL EM GRUPOS E EQUIPES

Outro processo relacionado à competência social é o de mobilizar os grupos a que pertencemos. Indivíduos pertencem a grupos familiares, a grupos de amigos e a grupos no ambiente de trabalho ou derivados da profissão. Como resultado desse pertencimento, a resiliência pode ampliar.

Meadows e colegas (2005) estudaram 100 mulheres negras que tentaram suicídio após recente violência praticada pelo parceiro e igual quantidade para o grupo controle. Os fatores de proteção contra suicídio – esperança, espiritualidade, autoeficácia, enfrentamento, apoio social e familiar, amizades e efetividade em obter recursos –, permitiram prever o status de não-suicida. Quanto maior o escore em esperança e apoio social/família maior o valor preditivo desse status.

Todo grupo tem fronteiras claras que definem quem são seus membros e quais são seus modos de funcionar, portanto, todo grupo tem uma identidade. Pertencer a um grupo significa identificar-se com essa identidade, gerando coesão. É usual retratar o grupo como um *iceberg*. A parte exposta consiste nos fatores tecnológicos, econômicos, sociológicos e políticos; e em fatores organizacionais: estrutura, estratégia e processos. Abaixo da "superfície" está a experiência subjetiva de seus membros; as ideias e modos de pensar; as crenças, valores, ansiedades, esperanças e mecanismos de defesa que o grupo emprega. Stapley (2006) chama de *grupo sensível* aquele no qual emoções e sentimentos são complementares à atividade grupal. É nesse âmbito que se dá a satisfação social e psicológica dos membros; a lealdade e comprometimento e a confiança. Mas os grupos são sistemas abertos à influência externa.

Onde há esse nível de interação, há uma grande mobilização de emoções no grupo. Mais que isso, o grupo passa a acolher e conter as emoções do indivíduo. E isso é importante para a resiliência, seja porque interfere na temperança, na empatia e decerto na competência social.

Stapley (2006) discute como compreender o funcionamento de grupos que serve de analogia para a competência social em grupos. O processo requer autorreflexão: refletindo sobre as próprias experiências é possível acessar a parte "submersa" do processo grupal, recordando sensações e sentimentos do que foi vivenciado. A autorreflexão induz à autoconsciência, que nos permite compreender as emoções em jogo, na medida em que o indivíduo é a "*caixa de ressonância*" das emoções grupais, agindo com espontaneidade. Stapley (2006, p. 225) afirma: "A consciência das emoções é a competência emocional fundamental no qual outras competências, como o autocontrole de emoções, são construídas." Sem autoconsciência, perde-se a temperança quando imersos no processo grupal. A partir dela, o autor remete à consciência do outro, no processo. Indivíduos com essas competências persistem em meio às frustrações, controlam os impulsos adiando gratificações, regulam seus estados de ânimos e controlam o distresse para que não contaminem seu pensamento. Para concluir, o autor sugere que são capazes de usar de empatia e de esperança.

Quero adicionar um ingrediente. Para mim, esse processo requer muita maturidade psíquica. Se a maturidade desenvolve o "trato social", como minha avó denominava, ela favorece a resiliência. Desde os filósofos gregos socráticos se valoriza o "conhece-te a ti mesmo" para poder compreender o outro.

Dentre os grupos sensíveis aos quais a competência social é mobilizada em favor da resiliência, estão os times ou equipes. É raro encontrar verdadeiros times nas organizações, sobretudo nas hierarquias e nas burocracias. Mas pertencer a um time por si garante uma condição promissora para a resiliência.

Times são grupos de indivíduos com habilidades complementares e abordagem de mútua responsabilidade. Se as habilidades são complementares ocorre a interdependência entre eles na realização de atividades: as fraquezas de cada um são compensadas pela força dos outros. Essa conjuntura requer respeito e confiança entre membros: costuma haver uma ética de transparência e lealdade. Em um time, a comunicação é farta e espontânea, há muita escuta ativa e consideração pelos outros, o que remete à possibilidade de haver empatia entre membros. Com empatia, há aceitação mútua, que remete a real cooperação e solidariedade. Há vínculos emocionais duradouros, e o time atende às necessidades dos indivíduos. Nessas circunstâncias, o time é autogerenciado pelos membros, a liderança é apenas mais um papel no time, que a chefia pode prejudicar. Contudo, só é possível a um grupo tornar-se time se a quantidade de indivíduos não for excessiva (até vinte, julgo).

Com essas qualidades, não é de estranhar que o indivíduo procure o time a que pertence quando precisa de ajuda. Nenhum pedido de ajuda é desprezado, em um verdadeiro time. Mesmo sem pedir ajuda, a contenção de emoções é tal que desenvolve alívio de ansiedades, regulação de emoções e muita satisfação, derivada da empatia e da segurança de pertencer ao time.

O time fornece o contexto propício ao desabafo, porque o indivíduo não se sente inferiorizado perante os colegas. É propício para a reflexão coletiva, para o consolo e conforto, e para relativizar as adversidades trazidas ao time, portanto estimula o otimismo e a esperança. De fato, o verdadeiro time revigora cada um de seus membros, quanto mais "sensível" for esse grupo.

Por exemplo: um jovem executivo vinha tendo problemas de relacionamento no ambiente de trabalho. De início, Emílio era apoiado por seu chefe, que o indicava para treinamentos de liderança. Não controlava sua vaidade e seu desejo de fazer carreira, entretanto. Até que foi demitido, juntamente com outros executivos da organização. Sua decepção foi tanta que ele não percebeu que não se tratava de afronta ou traição pessoal, mas sim da situação pré-falimentar que a organização passava. Afastou-se de seu chefe e mentor. Perdendo parcela importante de sua identidade profissional, permaneceu recluso por algumas semanas. Passou a duvidar da própria inteligência e capacidade, pela primeira vez na vida. Sua namorada não soube compreender o que se passava com ele, ela também uma profissional competitiva. Romperam. Emílio passou a acreditar que "desgraça pouca é bobagem". Pode haver um final feliz nesse caso? Ora, vamos, ele merece. Empatize com a situação. Um acaso colocou Emílio em contato com a fundadora de uma organização do terceiro setor, que o contratou para um breve assessoramento administrativo. Praticante de ioga, essa senhora pôde lidar com o jovem quando ele se mostrava irascível ou melancólico. Em uma organização menor, mais orgânica e primitiva em termos organizacionais, ele aprendeu. Com pessoas que advogavam causas ele aprendeu empatia. Com a diversidade e a carência de recursos, desenvolveu alguma competência social, enquanto demonstrava sua aptidão para a solução de problemas. Nessa lide, recuperou a autoconfiança.

APRIMORANDO A COMPETÊNCIA SOCIAL NO MOMENTO

CS1. Interlocutores preferenciais

Faça uma lista de todos os indivíduos que você gostaria de procurar em caso de precisar de ajuda frente a alguma adversidade positiva ou negativa. Completada a lista, verifique o que há em comum entre a maioria deles: gênero, idade, parentesco, afinidades. A seguir, liste o que eles dispõem e que julga necessário para que eles possam lhe fornecer ajuda efetiva. Que tal informar a eles esses critérios, quando os procurar?

No momento de crise ou desafio, vença sua relutância e procure um desses interlocutores. Entregue-se ao processo de ajuda, peça mais, desfrute do momento. Depois avalie seu estado de ânimo, suas emoções e as soluções para levar adiante a questão.

CS2. Escuta empática

Escolha alguém com quem não tem tanta afinidade e crie um ambiente favorável para uma conversa entre vocês. Peça ao outro que lhe conte algo de sua curiosidade. Enquanto escuta, pratique os tipos de escuta (ECHEVERRÍA, 2011b):

- *Escuta semântica e prática*: considere o que o outro fala, refletindo sobre: o que significa? O que aponta? Que interpretação eu posso fazer? No plano da prática, também é preciso refletir: o que ela causa em você? Está informando? Está pedindo algo? Está agradecendo?

- *Escuta das inquietudes*: considere os silêncios (a inquietude pertence ao que não é dito), as vacilações e os conteúdos que "jorram" sem parar; observe o que pode estar por detrás da fala, quase sempre as emoções que a acompanham.
- *Escuta da estrutura de coerência*: se a fala revela a forma de ser do outro, considere a coerência entre a fala e as ações e forma de ser do outro.
- *Escute o bem*: deixe de lado a desconfiança sobre as maldades que interferem na relação, e considere o outro como pessoa de valor, ética e bem intencionada.

Enquanto pratica a escuta empática, procure falar apenas o que serve de estímulo para que o outro continue a falar. É um exercício de introspecção. Questionando, você enriquece o seu pensar. Treinando a escuta ativa, você se desenvolve em habilidades essenciais para o consultor e para o *coaching*. Procure notar se ocorreu empatia, se suas emoções sintonizaram com as do outro. Note o que sente e como ficou após a conversa.

CS3. Indagação

Quando alguém lhe pedir ajuda, crie um ambiente favorável para a conversa, manifeste consideração e dedicação ao outro. Em resposta ao que é falado, pratique a escuta ativa, que nada mais é do que indagar seguidamente, direcionando a conversa. Ao invés de fazer proposições, faça indagações, que são muito mais efetivas para ajudar o outro: "Sem indagação não há verdadeira colaboração, não existe cooperação, apenas obediência" na relação de ajuda (ECHEVERRÍA, 2011, p. 168). O autor sugere quatro tipos de indagações, alternando-se até encontrar a mais efetiva. Experimente:

- *Indagação horizontal*: pergunte para obter mais informação do contexto, da situação e das possibilidades. É horizontal porque reunimos lado a lado a informação.
- *Indagação vertical*: escolha um foco e pergunte de modo a aprofundar a coleta de informação. Suas perguntas devem ser geradas a partir das respostas do outro.

- *Indagação transversal*: aqui a ideia é tirar foco, buscando outras situações semelhantes, para buscar padrões de pensamento e comportamento.
- *Indagação ortogonal*: quando o que é relatado não faz sentido, ou parece incoerente, é preciso perguntar-se qual peça está faltando para dar coerência à situação. Arriscando hipóteses torna-se possível completar o processo.

APRIMORANDO A COMPETÊNCIA SOCIAL SEMPRE

CS4. Trabalho social

Se a vida em família e a vida profissional não oferecem muitas oportunidades para desenvolver competência social, ela pode ser buscada no trabalho voluntário, quase sempre, mas não só em organizações do terceiro setor. Essa atuação tem a vantagem de ser um trabalho focado em metas, mas ao mesmo tempo com grande autonomia de atuação. Outra vantagem é a de envolver diversidade econômica, educacional, política e social, dentre aqueles com quem você poderá atuar.

Escolha um trabalho social e vá além da busca de empatia, explore as possibilidades de ajuda, não apenas oferecendo seu saber e experiência, mas na escuta, na indagação para a compreensão da melhor estratégia. Faça desse trabalho um meio de reforçar vínculos com os demais – este é um ambiente privilegiado, porque há menor competição e interesses travestidos afetando a relação.

Observe como são construídas as relações de confiança, exigidas para a solidariedade e cooperação. Investigue as pequenas e grandes contribuições para o processo. Note a ética de relacionamento que se estabelece tacitamente. E desfrute do trabalho.

CS5. Redes sociais

Estamos tão imersos nas redes sociais que elas podem representar uma boa prática de competência social virtual, ou a distância. Sabemos que a participação nessas redes tem por base uma confiança "ligeira" (JARVENPAA e

LEIDNER, 1999), que vai sendo aprimorada caso a relação prospere. É preciso compreender os mecanismos sutis usados para estabelecer as regras de convivência. Participe intensamente, compartilhe tarefas, explore as relações. Muito se pode aprender em situações de entretenimento.

CS6. Pertença a times

Considero um privilégio participar de times reais. Escolha um dos grupos a que pertence e se esforce por transformá-lo em um time – todos os membros irão ganhar com isso. Comece por tomar consciência das regras de funcionamento tacitamente estabelecidas. Considere os papéis, a existência de liderança, os valores e regras de convivência. Tome consciência de seu papel, de sua contribuição e dos sentimentos que nutre sobre o seu pertencimento. Preste atenção em incidentes críticos, para avaliar se há respeito, confiança e lealdade – insista nesses aspectos éticos, que formam a base para a construção do time.

Pratique a escuta ativa, indague a todos para construir maior proximidade, ou até mesmo, cumplicidade. A troca de feedbacks entre membros é saudável, sempre fortalece os vínculos entre todos. Conviva mais tempo com esse grupo, amplie a sua disponibilidade para ele – é na convivência que a empatia se realiza. Abdique de sua capacidade de controle, deixe que o processo grupal evolua naturalmente; abra mão da liderança, para que ela se torne circunstancial e rotativa. A cristalização de papéis cria entraves para a formação do time, experimente mudar suas atribuições, porque isso fará com que outros papéis sejam rotacionados. Celebre cada momento importante do processo, comemore as realizações conjuntas, porque isso promove o sentimento de mútua responsabilidade.

Avalie, a cada etapa do processo de formação do time, como estão suas emoções e habilidades. Perceba se, no time em formação, suas emoções são reguladas, se cresce a autoconfiança, se o pessimismo é compensado com um esforço otimista, se há proatividade no enfrentamento dos problemas, conflitos e crises. Avalie se seu estado de ânimo se altera quando está com o time. E avalie se o pertencimento ocasiona um sentimento de satisfação e realização.

8

Seja proativo diante das adversidades e desafios

A vida é uma peça de teatro que não permite ensaios.
Por isso, cante, chore, dance, ria e viva intensamente,
antes que a cortina se feche e a peça termine sem aplausos.

CHARLES CHAPLIN

Desde moleque, aos 7 anos de idade, Rafael Rodrigues era proativo. Na rua em que vivia em São Paulo havia uma casa com um grande quintal. Ele foi lá, negociou e passou a varrer o quintal, recebendo uns trocados do jardineiro. Passou a ajudá-lo rotineiramente. Depois visitou as casas da vizinhança pedindo que não jogassem no lixo jornais e vidros, que Rafael passou a coletar para vender. Seus pais o incentivavam porque davam valor ao trabalho e à independência.

Aos 14 anos, ingressou no SENAI, formando-se torneiro mecânico. Passou a estudar de noite, para trabalhar de dia com ferro fundido. Como era um trabalho insalubre, algum tempo depois seu pai o convidou para trabalhar em sua oficina de carpintaria e serralheria. Rafael já conhecia o serviço, porque, sempre que levava almoço ao pai, ficava com ele na oficina, observando.

Vizinhos à oficina faziam a ampliação do imóvel, construindo uma nova laje. Uma parede dessa obra desabou sobre o teto da oficina, soterrando Rafael. Ele não tinha completado 18 anos de idade, e sofreu lesão medular nas vértebras 10, 11 e 12, tornando-se paraplégico.

Antes do acidente Rafael era muito ativo: namorava, trabalhava, fazia skate, surf e outros esportes. Com o acidente, sentiu-se como um bebê de colo: precisava de ajuda para se vestir, se movimentar, tomar banho. Isso o deixou muito mal por três meses: "Não queria receber visitas, nem quis receber a namorada, fiquei arredio. Ficava em meu quarto no escuro, em silêncio." Deprimido, Rafael cultivava emoções negativas: "Por que eu não morri? Por que eu fiquei assim? Olha... Eu fiquei totalmente revoltado!"

A família não sabia como apoiá-lo, e o pai entrou em depressão: sentia-se culpado por ter contratado o filho e pelo acidente. Uma antiga vizinha, fisioterapeuta e professora, soube do acidente e foi visitá-lo. Rafael não sabe bem porque aceitou recebê-la, credita isso a Deus. Ela desfez equívocos de Rafael, contou sobre vários casos de pacientes como ele. Rafael aceitou fazer com ela fisioterapia duas vezes por semana: "Ela não foi apenas fisioterapeuta, ela foi psicóloga também, porque ela me preparou, me mostrou coisas que eu não estava aceitando." Com tal empatia e apoio social, ela logo convenceu Rafael a procurar uma psicóloga.

Rafael achava que só loucos procuram esses profissionais, mas foi à consulta com a psicóloga recomendada. Ao vê-la, com maquiagem excessiva e cabelos despenteados, Rafael lhe disse algumas grosserias: "Sabe como é, revoltado fala tudo o que pensa." Ela sorriu, fazendo com que ele recuperasse a temperança. Como ele não queria falar, ela sugeriu que ele fizesse um desenho, e assim começou a terapia. Por algumas semanas, Rafael fez psicoterapia, apesar da dificuldade logística. A primeira vez que saiu de casa, no Jardim Celeste, defronte ao Simba Safari, ele ficou envergonhado, todos o olhavam, e ele não se sentiu bem: "Estava hiperconstrangido."

Na primeira vez que foi à AACD, quatro meses após o acidente, teve uma revelação: "A primeira pessoa que vi estava em uma maca, parecia um vegetal; havia outros, cada um de um jeito... Mas eles sorriam, conversavam". Rafael se deu conta que estavam em pior situação que ele, então no seu diálogo interior disse: "Deus, me perdoa por eu ter reclamado da condição que você me deu. Eu vou me dedicar ao tratamento para voltar à sociedade." Como era muito tenaz, em três meses ele se reintegrou, passou a se virar sozinho para tudo.

Sua força de vontade era tanta que começou a praticar parabasquete (o que fez por oito anos), conhecendo outras pessoas e passando a ter vida social, novamente. Rafael conta que não era fácil pegar ônibus, por exemplo: quase sempre tinha que brigar, chamar a polícia até, para que os motoristas aceitassem perder tempo até que ele entrasse no ônibus.

Rafael retomou o namoro, mas a relação estava estranha. Antes do acidente ele tinha uma vida sexual ativa, mas depois, naquela época, ele não tinha ereção. Chamou a namorada e sugeriu a ela romper a relação enquanto ainda se respeitavam: "Vou fazer uma coisa que você não tem coragem de fazer." Ela concordou, e ele: "Sofri pra caramba, mas não regredi."

Como não podia pagar uma faculdade, um dia aceitou a sugestão de um amigo cadeirante, e foi "vender chiclete em farol" para complementar a renda. A aposentadoria por invalidez era insuficiente para viver, mas ele a perderia se tivesse um emprego formal. Só valeria a pena se ele obtivesse um emprego de nível universitário. Era muito bom comerciante, obtinha por mês de R$1500 a R$2000 nos faróis.

"Quero fazer faculdade, estou ficando velho (21 anos), vou ficar aqui para o resto da vida?" Diante dessa insistência, outro apoio inesperado: um vizinho professor conseguiu para ele bolsa integral no cursinho Anglo em São Bernardo do Campo. "Foi difícil pra caramba", rememora, levantava às 6 horas, passava o dia na rua, voltava para casa para um banho, seguia para o cursinho de modo a pegar o ônibus das 23h30 para retornar à sua casa. Sua mãe, "guerreira" como ele a nomeia, o ajudava, todo dia empurrava sua cadeira até o ponto de ônibus e de volta para casa. Em contrapartida, Rafael fazia questão de ajudar nas despesas da casa, como faz até hoje.

Em 1999 entrou em três faculdades, mas somente a São Judas ofereceu a ele uma bolsa integral, por empatizar com seu desafio pessoal. Teve que trancar matrícula por dois anos, quando retornou à AACD para tratar suas escaras. Vendendo chiclete, "zoando pra caramba" na faculdade, formou-se em 2004, em processamento de dados – era o primeiro na família a completar o ensino superior. Os tempos de depressão estavam distantes, ao menos para Rafael, mas não para seu pai.

Ele nunca tinha visto um computador até entrar na sala de laboratório da faculdade; seus colegas não acreditavam que ele não sabia nem ligar, nem teclar uma letra maiúscula. Mas o ajudaram. Quando faltava um ano para se formar, Rafael decidiu procurar estágio. Pela primeira vez, o Citibank recrutava portadores de deficiência; ele disputou com mais 25 pessoas, e foi recrutado. Trabalhou dois anos no setor de tecnologia de informação.

Foi um desafio imenso, porque nunca havia trabalhado em um escritório. Surgiu oportunidade de ser transferido para o setor de varejo, como analista de informação para as vendas do banco. Rafael relata que teve uma gestora muito dura e exigente: "A mulher tinha mão de ferro." Ele, que antes gostava tanto de trabalhar, acordava todos os dias desanimado. Um dia, humilhado, foi ao banheiro e chorou. "Mas ela me fez crescer muito, eu agradeço muito. Eu era muito moleque, ela exigia que eu fosse profissional."

Rafael fez muitos cursos no campo da tecnologia, acumulou funções, foi trabalhar com melhoria de processos, estudos de Business Intelligence e desenvolvimento de ferramentas em sistemas – competências da qual muito se orgulha.

"Sempre fui descolado com as mulheres, muito cara de pau." Um dia, no metrô, trocou olhares com sua futura esposa, que sorriu para ele. Ele tomou a iniciativa, conversaram, ela lhe deu seu telefone... e começaram a namorar. Estão casados há cinco anos.

Com seu emprego no banco, Rafael pôde comprar um "fusquinha", que guarda até hoje na garagem (já tem outro veículo mais novo). Em 2006 ele comprou uma casa, financiada em 20 anos. Ele pretendia quitar o financiamento em 10 anos, mas até julho de 2012 conseguirá quitá-la. É onde vive com a esposa, que não trabalha. Rafael aprendeu com o pai que cabe ao homem sustentar a família, e se esforça para isso.

Desde os 21 anos, Rafael voltou a ter vida sexual ativa. Sempre teve um sonho: "Eu quero muito ser pai." Procurou a AACD em 2010 visando a inseminação artificial, processo caro, acima de suas posses. Com 27 anos, sua esposa cuidadosamente segue o processo, depois que Rafael negociou uma redução no valor. Fizeram mais de uma tentativa e, em fevereiro de 2012, ela engravidou. Rafael acaba de saber que são gêmeos.

Desde que retornou aos esportes, Rafael coleciona sucessos. É o atual campeão brasileiro de paraciclismo; bicampeão de parakart. É campeão de parajiu-jitsu. Hoje é triatleta, pertence à seleção permanente de paratriatlon, que reúne natação, pedal e corrida. Demorou a aprender a nadar, e conta que certas madrugadas o zelador exigia que saísse da piscina, devido a reclamações da vizinhança. A tenacidade que adotou na vida, adotou também em cada desafio que decidiu empreender. Em apenas dois meses aprendeu a nadar crawl. Já é competitivo no paratriatlon.

"Sou muito perseguidor dos objetivos, não sou conformado, corro atrás", afirma ele. Como explica a sua resiliência? "É simples, eu não desisti da vida, foi a força de vontade [...] busco meu limite até hoje, não paro até conseguir." Contudo, reconhece a importância do apoio dos outros: "O mais importante foi ter psicólogo, na minha recuperação"; a mãe o apoia bastante, e ele tenta conversar com o pai para que não se culpe.

Rafael foi meu aluno em um curso de Gerenciamento de Projetos na Fundação Getulio Vargas. Eu não sabia de sua condição de cadeirante, inédita em meus cursos, até o meu primeiro dia de aula com esse grupo. Com a classe lotada, dei uma tarefa para produção em grupos e Rafael, no fundo da sala, tomou a iniciativa de relatar o que o seu grupo havia produzido. Eu pedi a ele que ficasse de pé para que todos o vissem. Diante de minha insistência, ele zombou da situação, sorrindo. Os outros alunos estavam pasmos. Quando eu percebi meu vexame todos rimos muito. No intervalo da aula fui conversar com ele e compreendi sua elevada resiliência.

"Hoje sou bem-sucedido: eu me banco, vou a competições", afirma. "Eu me considero um vencedor: saí do nada e fiz tudo sozinho." A despeito das condições econômicas, sociais e educacionais, Rafael transformou o desastre em resiliência. Eu especulo se ele não tivesse sofrido o acidente e a recuperação, seria ele um gestor de banco e um atleta competitivo, com uma relação afetiva sólida? Resiliência não trata apenas de adaptar-se a circunstâncias deletérias, trata de criar condições para o sucesso em qualquer situação.

Os capítulos anteriores não evidenciaram qual atributo do resiliente o capacita a enfrentar riscos e incerteza, a conduzir processos de mudança e, em suma, a empreender. A *proatividade* é o elemento que faltava nesse quebra-cabeça. Apesar de não ter sido considerada em algumas escalas, veremos porque ela tem na ERS a mesma relevância que a temperança e o otimismo.

A *autoeficácia*, por si, não favorece a resiliência sem o concurso da *proatividade*, aqui entendida como *propensão a agir*. Reativos tendem a reagir aos impactos das adversidades e desafios; proativos tendem a tomar iniciativas. Proatividade está associada a conquistas, a conviver com incertezas e ambiguidades, e a soluções novas e criativas – atributos importantes tanto para o empreendedor quanto para o gestor de projetos.

Decerto a *proatividade* determina e complementa a *solução de problemas*, e requer autoeficácia/autoconfiança. É possível que a temperança contribua para a proatividade na medida em que permite melhor controle da ansiedade. Também o otimismo aprendido pode ser um elemento contribuinte, gerando tenacidade.

Maddi e Koshaba (2005) atribuem à aptidão para *controle* (tendência a exercer influência) e para *desafio* (crença de que mudanças são normais na vida) as bases para a resiliência, e esses são componentes indiretamente associados à proatividade. Hoopes e Kelly (2004), seguindo a linha de Daryl Conner (criador da escala CD-RISC) indicam as cinco competências do resiliente: *positividade*, *foco*, *flexibilidade*, *organização* e *proatividade*, esta última relacionada a enfrentar a incerteza e calcular riscos.

Como você responderia questões envolvendo a proatividade?

- *Sou aberto, criativo e confortável com paradoxos e ambiguidades.*
- *Eu sinto que minha participação faz diferença e provoca mudanças.*
- *Sou o tipo de pessoa que vive para tentar realizar coisas novas.*

- *Tenho vínculos sociais fortes e me sinto confortável em variadas situações sociais.*
- *Acredito que tenho boa habilidade de enfrentamento e respondo bem a desafios.*

RESILIÊNCIA E INCERTEZA

O neologismo *proativo* foi cunhado em 1933 na psicologia experimental com significado distinto do atual. Mas muitos sugerem que foi Viktor Frankl (1998) que o usou com o significado atual (eu não o encontrei na versão espanhola do livro): pessoas que assumem responsabilidade pelas próprias vidas, e avaliam suas realizações pelas conquistas obtidas com o próprio esforço. Mas isso é na verdade o que aqui chamamos *autoeficácia*, o que demonstraria o vínculo entre esses fatores.

Nas últimas décadas, ao *proativo* criou-se o antônimo *reativo*. É importante diferenciar quem é *ativo*, de quem é *proativo*. O ativo toma iniciativas, mesmo que seja reagindo a uma situação; o proativo está propenso a agir em situações incertas, portanto, arrisca. Por isso o ativo age mais sobre o universo conhecido, enquanto o proativo tende a lidar com o novo, o desconhecido, o incerto. O ativo *faz*, o proativo *faz acontecer*, porque de certo modo antecipa o futuro desejado. O ativo se adapta, o proativo é protagonista da transformação.

Vimos no Capítulo 3 as ideias de Maquiavel sobre a Fortuna. Essa deusa representa nada mais que a incerteza. Para aquele autor, os príncipes virtuosos demonstram, em síntese, proatividade para enfrentá-la.

Frente a desafios não temos certeza de que o resultado esperado será obtido; quanto mais escassos os recursos ou difíceis as condições para alcançá-lo, mais os desafios requerem proatividade. O mesmo ocorre com severas adversidades: não há certeza de sucesso em enfrentá-las, não são situações normais ou conhecidas, há dúvida sobre a viabilidade de enfrentá-las – a proatividade é igualmente exigida.

A incerteza representa, portanto, o *desconhecido*. Mas também abrange o *indeterminado*, o *imponderável*, o *imprevisto*, o *inextricável*, o *acidental*, o *casual*, o *fortuito*, o *aleatório*, o *repentino*, e o *arriscado*. Também a relaciono à complexidade: todo contexto *conturbado, turbulento, desordenado, dúbio* ou *confuso* gera incerteza. Por essa razão, considero a *crise* como um estágio de incerteza elevada.

Enfrentar a incerteza é uma das questões existenciais mais difíceis. Alguns lidam melhor, outros pior. Logo após a passagem do furacão Katrina por New Orleans, Spence e colegas (2007) conduziram enquete com cerca de 900 pessoas evacuadas da cidade. Furacão é um desastre inesperado, e a evacuação lança incerteza ainda maior sobre o futuro dos afetados. É causa de elevado estresse. *Conversar*, *buscar informação* e *rezar* foram as táticas preferidas e preditivas do enfrentamento do estresse. *Compreender os danos*, *pensar* e *tentar ajudar* não apresentaram efeito sobre o estresse. *Conversar* e *buscar informação* foram táticas adotadas por brancos e não-brancos, homens e mulheres, de todas as idades e níveis de renda. Somente *rezar* apresentou maior proporção de mulheres, não-brancas e de menor renda. *Conversar* foi a tática mais efetiva de redução de estresse, sobretudo entre mulheres jovens, o que confirma a importância da competência social para a resiliência. A proatividade ao adotar essas táticas não apresentou diferenças de idade, note.

Vimos no Capítulo 2 que o enfrentamento de estresse pode ativar táticas de enfrentamento com foco nas emoções ou na solução de problemas (FOLKMAN e LAZARUS, 1980). O senso comum indicaria que, diante do sentimento de certeza, prevaleceria o enfrentamento pela solução de problemas e diante da incerteza o focado nas emoções. Um estudo com estudantes universitários de Taiwan revelou que o enfrentamento pela solução de problemas prevaleceu em condições de incerteza mais do que de certeza; os estudantes em condição de certeza optaram por enfrentamento de emoções mais do que os em condição de incerteza (CHENG e colegas, 2010). Significa que há diferentes abordagens frente à incerteza.

Sorrentino e Roney (2000) sugerem que há um contínuo entre indivíduos orientados pela incerteza e orientados pela certeza. Em um extremo, os *orientados pela incerteza* são direcionados pelo que podem aprender da situação: enfrentam a incerteza com sua habilidade, opiniões e compreensão; são motivados a esforçar-se no pensar e a agir vigorosamente frente a incertezas. É uma orientação positiva e proativa para enfrentar a incerteza, pois ela cria oportunidades de aprendizado. Do ponto de vista emocional, o sucesso em situações incertas será motivador; o fracasso em situações incertas será um motivador negativo, gerando medo e ansiedade. No outro extremo, os *orientados pela certeza* consideram a certeza e a clareza, evitam a confusão e a ambiguidade. Quando a situação enfrentada é familiar e há certeza, eles são motivados a pensar e agir vigorosamente. Como são orientados para a manutenção do conhecido, podem tornar-se intolerantes a diferentes crenças e ideias. Quando orientados para o sucesso, será o sucesso em situações de certeza o motivador deles. Se é a ameaça de fracasso que as mobiliza, será o fracasso em situações de certeza o motivador negativo.

Os autores sugerem que os *orientados pela incerteza* enfatizam o valor positivo da nova informação, enquanto os *orientados pela certeza* enfatizam o valor negativo dela. Julgam que quanto mais relevante uma situação é para alguém, mais tentará processar sistematicamente a informação. Desse modo, orientados para incerteza tendem a processar sistematicamente a informação em situações de incerteza, de forma controlada, cuidadosa e evitando viés. Em situações de certeza, tendem a preferir modos não-sistemáticos: hábitos, respostas condicionadas e regras heurísticas. Em oposição, os orientados pela certeza tendem a preferir a heurística em situações de incerteza e o processamento sistemático em situações de certeza.

Esses autores consideram a preponderância de um tipo: em geral há mais indivíduos orientados pela certeza, portanto nas situações de incerteza essa orientação determina o uso de heurística, e as situações familiares tornam-se mais propícias ao cálculo de riscos e impactos. Significa que faltaria à maioria a orientação para adversidades e desafios.

Acredito que a proatividade pode ser desenvolvida, portanto ampliando a proporção de indivíduos orientados para a incerteza, que são os potencialmente mais efetivos quando enfrentam graves adversidades, desafios e crises.

Muitas organizações valorizam a competência do empreendedor. Outras, temem que os indivíduos com perfil empreendedor não possam ser retidos na organização, porque sempre acalentarão o projeto pessoal de empreender. Como explicar e conciliar tal diferença? Em primeiro lugar, as que valorizam o empreendedor, na verdade, esperam de seus funcionários mais proatividade, aptidão para lidar com a inovação e tenacidade na gestão de projetos. Ou seja, essas organizações procuram na essência a resiliência, não o empreendedorismo.

Para as que temem a perda de funcionários que decidem empreender, Pinchot (1989) defende a necessidade de organizações disporem de pessoal com essa competência, mas direcionado a empreendimentos internos. Jocosamente, o autor sugere os "dez mandamentos" do intraempreendedor:

1. Vá ao trabalho cada dia preparado para ser demitido.
2. Contorne qualquer ordem que objetive interromper seu sonho.

3. Desempenhe qualquer função requerida para o seu projeto.
4. Encontre pessoal capacitado a ajudá-lo.
5. Siga sua intuição sobre o pessoal que escolheu e trabalhe somente com os melhores.
6. Trabalhe secretamente tanto quanto puder. A publicidade dispara o mecanismo de imunização da corporação.
7. Nunca aposte numa corrida a menos que esteja participando dela.
8. Lembre-se de que é mais fácil pedir desculpas do que permissão.
9. Assegure-se das metas, mas seja realista quanto aos meios que dispõe.
10. Seja leal com os superiores, pares e subordinados.

Repare que o fator implícito nesses mandamentos é a proatividade, na maioria absoluta deles. Note a importância de preservar os "sonhos", melhor dizendo, as ambições, e o convite ao esforço tenaz em projetos e desafios. Mas não como um "lobo solitário", que passa por cima de tudo e de todos, como muitos definem o empreendedor, e sim como quem busca apoio em outros e é leal com eles. Há outro aspecto da proatividade relevante: o gosto pelo novo, novidade, inovação. Sem ele não há resolução criativa de problemas, nem a flexibilidade mental que os indivíduos muito focados na certeza não apresentam.

Por exemplo: um dos sinais de que a empresa não estava bem foi a troca de sócios. Nem bem ocorreu a troca de diretores, e uma equipe de consultores passou a avaliar processos. Convidaram Mário a liderar um projeto de renovação tecnológica, mas ele recusou: afinal, estava sobrecarregado e o projeto significaria horas adicionais de trabalho. Quanto mais anunciavam o desejo de mudança, mais Mário se apegava à sua rotina de contatar clientes, emitir pedidos e controlar entregas. Há muito tempo sua esposa desejava reformar a casa onde viviam, mesmo que fosse para renovar apenas a decoração, mas Mário desistiu alegando que era hora de "apertar os cintos". No fundo, ele julgava a reforma uma despesa supérflua: há 15 anos eles viviam tão bem naquela casa! Seu melhor amigo, um empreendedor de sucesso, o convidou para cuidar da parte administrativa de seu negócio. Mário ficou feliz com o convite, mas pensava em declinar porque não se sentia confortável em ser contratado como pessoa jurídica.

RESILIÊNCIA E SENSO DE COERÊNCIA

Proatividade é uma questão relevante para idosos, porque pode sustentar a qualidade de vida apesar da progressiva perda de mobilidade (deficiência). Kahana e colegas (2005) entrevistaram anualmente mil idosos com idade igual ou superior a 72 anos por pelo menos 5 anos, visando avaliar o efeito da proatividade sobre sintomas de depressão. Os autores distinguem dois tipos de proatividade, a *preventiva* (medidas para evitar estressores e gerar recursos sociais) e a *corretiva* (articulando apoios conforme surgem suas necessidades). Os resultados obtidos aderem ao aqui abordado: todos aqueles com deficiências maiores apresentaram mais depressão, exceto os que apresentavam maior satisfação com a vida. A menor depressão era relacionada com os proativos: aqueles que buscavam apoio quando necessário planejavam mais para o futuro (seja fazendo planos de vida, seja preparando-se para agravamento da deficiência) e praticavam mais horas de exercício por semana. A importância da vida social ficou patente: nessa pesquisa longitudinal, as perdas sociais (doença grave ou morte de parentes e amigos; divórcio de filhos ou netos) prediziam mais a depressão que a deficiência. Só a busca proativa de apoio mostrou-se eficaz para reduzir sintomas de depressão. A proatividade preventiva aparece de outro modo: aqueles que mais se exercitavam também eram os que mais provavelmente mantinham metas e significado na vida.

Também para profissionais de organizações a proatividade é relevante. Autor de *best-seller* em negócios, Stephen Covey (2010, p. 93) cita a proatividade como o primeiro hábito das "pessoas altamente eficazes". O autor parte da definição de Viktor Frankl para depois relacionar a proatividade com valores esposados e que norteiam a vida: "A capacidade de subordinar um impulso a um valor é a essência de uma pessoa proativa. Os reativos são levados por sentimentos, circunstâncias, condições e ambiente." Da responsabilidade pelas próprias escolhas, Covey incentiva a iniciativa, buscando ampliar a influência sobre a própria vida.

Na mesma linha que Frankl, Aaron Antonovsky estudou sobreviventes do holocausto judeu. Como médico e sociólogo, ele confrontou a visão dominante, patogênica, de que a saúde corresponde à ausência de doenças. Para ele, a saúde envolve um equilíbrio dinâmico entre a doença e a não-doença. Com isso, estabeleceu o conceito de *salutogênese* (origem da saúde) como um complemento necessário à *patogênese*: ao invés de perguntar "por que ficam doentes?", ele indagava "por que permanecem sadios?" Notou que os indivíduos mobilizam seus recursos de resistência e tenacidade para lidar com o estresse e seus efeitos patogênicos. Esses recursos incluem o ego resiliente (senso de identidade), senso de controle (autoeficácia), vínculos sociais (competência social), conhecimento, valores esposados e também o "senso de coerência".

Antonovsky criou em 1987 uma escala para aferir o senso de coerência, envolvendo três constructos: *compreensibilidade* (extensão em que o indivíduo compreende a adversidade), *gerenciabilidade* (extensão em que o indivíduo percebe recursos à sua disposição para enfrentar o desafio) e *significância* (extensão em que o indivíduo sente que vale a pena engajar-se no enfrentamento do desafio) (ALMEDON, 2005). Flannery e colegas (1994) validaram essa escala, comprovando que elevado escore de senso de coerência estava negativamente correlacionado com medidas de estresse e com o distresse psicológico (ansiedade e depressão).

Como se nota, o senso de coerência e sua escala foram criados na mesma época que o conceito de autoeficácia por Bandura e controle interno por Rotter, e com o conceito de tenacidade (*hardiness*) por Kobasa. Todos esses constructos tratam das mesmas questões, e são coerentes com o conceito de resiliência aqui explorado.

Por exemplo: Paula aprendeu com seu pai e mentor certos princípios que ele aplicava ao negócio, uma lavanderia e tinturaria de bairro. Eram sabedorias populares cultivadas por seus ancestrais, muitos deles negociantes. Diziam respeito a como tratar clientes, a como cuidar dos funcionários, e a como fazer poupança sempre, para ter uma reserva para momentos difíceis. Paula aprendeu a não precisar de crédito, sua poupança lhe permitia nunca "dar um passo maior que a perna". Os tempos mudaram, as necessidades dos filhos também. O negócio de lavanderia, que permitiu a Paula e seus irmãos estudar na universidade, já não era capaz de suprir as necessidades de todos. Sem largar o negócio da família, Paula fez cursos para desenvolver a competência interpessoal. E descobriu um novo campo onde poderia atuar: na televisão. Levaria para esse novo desafio tudo o que aprendeu como empreendedora?

APRIMORANDO A PROATIVIDADE NO MOMENTO

Estudando os diários de Leonardo da Vinci, aprendi com ele práticas para lidar com a incerteza e ambiguidade. O Leonardo artista criou a técnica *sfumato*, deixando partes de suas telas esfumaçadas para criar ambiguidade e romper com o óbvio. Na vida social, além de cantar e tocar diversos instrumentos (sobretudo uma lira por ele criada), Leonardo gostava de entreter os convidados das festas aristocráticas contando casos, e usando de humor e da ironia.

P1. Faça humor

O que nos faz sorrir quando alguém faz uso de humor? É pelo absurdo da situação ou pela surpresa causada? O humor cria alegorias, metáforas e linguagem figurativa: papagaios que pensam e falam, personagens como a sogra, situações absurdas ou dúbias. Os personagens costumam ser perspicazes, usando um racional não convencional. Por tudo isso, inventar peças de humor desenvolve aptidão para a ambiguidade. Frankl (1998) relata que havia certo sentido de humor nos campos de concentração, mesmo que momentâneo, mas que criava o distanciamento necessário para enfrentar o sofrimento. Sei por experiência pessoal que não é fácil fazer humor, mas toda tentativa é válida. Faça humor, e sorria ou dê gargalhadas.

P2. Faça ironia

A ironia se junta ao paradoxo, como forma de expressar algo que não é lógico, ou de expressar o oposto do que se pensa, para levar o ouvinte a refletir sobre o absurdo, sobre a impossibilidade tornada possível, ou sobre o resultado improvável, oposto ao desejado. Nas artes dramáticas, a ironia serve para a sátira, agregando significados gestuais ao que é dito. Considero a ironia a expressão de uma inteligência bastante refinada. Ao contrário do sarcasmo, que é destrutivo e mordaz por natureza, a ironia faz pensar e aceitar o que é dúbio. Faça uma lista das "ironias do destino" e das ironias que envolvem você, seu trabalho e sua vida. Depois reflita sobre o que pode aprender com elas.

P3. Incorpore os opostos

O dogmatismo, a rigidez mental e o hábito de cultivar convicções estabelecem uma mentalidade que se expressa no uso de palavras taxativas ou categóricas, que impedem o indivíduo de relativizar suas ideias. Uma maneira de evitar essa mentalidade é a de incorporar os opostos, à maneira do Yin-yang do taoismo: o yin carrega a semente do yang e vice-versa, para expressar a dualidade em equilíbrio dinâmico. Outros opostos: vida/morte; alegria/tristeza; liberdade/dever; força/fraqueza; estabilidade/mudança; orgulho/humildade. Encontre aspectos de sua vida onde a dualidade de opostos se manifesta. Depois reflita sobre as implicações dessa dualidade.

APRIMORANDO A PROATIVIDADE SEMPRE

P4. Sentido da vida

Não sabemos o que o futuro nos reserva. Apenas reagir ao que "der e vier" é o oposto da proatividade. Esperar pelo que a vida nos oferecerá é o oposto da autoeficácia. Frankl (1998, p. 113) propõe uma inversão de mentalidade: "Em realidade não importa que não esperemos nada da vida, mas se a vida espera algo de nós." Reflita: *por tudo o que é, fez ou representa, o que a vida espera de você?* Registre a sua resposta. Continue a refletir: *o que dá sentido para a sua vida?* Pode ser algo grandioso ou prosaico, o que importa é a consciência disso permite enfrentar melhor a ambiguidade da vida, portanto desenvolve a proatividade. Não é para registrar a expectativa que outros formam sobre você e que estabelece obrigações – é para definir as coisas pelas quais vale a pena viver, e se esforçar.

P5. Seja empreendedor

Você tem projetos? Quantos? Não conte aqueles que são meros sonhos ou devaneios, mas sim aqueles com os quais está comprometido a realizar. Podem ser projetos pessoais, projetos para benefício da organização onde atua, ou até mesmo projetos sociais, frutos de sua responsabilidade social e da vontade de empreender.

Como enfrenta a incerteza nesses projetos? Está "preparado para o que der e vier", pronto para reagir às contingências ou desenvolveu prontidão para dirigir o projeto no rumo desejado? A proatividade está ligada a esta última condição. Para isso, escolha um de seus projetos e reflita: *como posso conduzir esse projeto na direção desejada? O que é preciso fazer?*

A solução é o planejamento. No longo prazo, não vejo melhor opção para desenvolver proatividade que o esforço sistemático de planejamento e controle de seus projetos. Estude a viabilidade de seus projetos, em termos econômicos e em relação aos conhecimentos e competências requeridas. Estude os prós e contras, ponderando riscos e planejando respostas para mitigar problemas e maximizar chance e impactos positivos; crie Planos B para seus projetos, planos para adotar depois que algum risco tornou-se realidade. Coloque o escopo do projeto (lista de atividades e seus produtos) em um cronograma detalhado. Crie indicadores de controle de seus projetos.

Como há muita incerteza, você será forçado a rever seus planos de tempos em tempos. É preciso prontidão para agir nas situações onde as emoções fogem ao controle, e os riscos tornam-se crises. Com essa prontidão, você evita procrastinar, "empurrar com a barriga", ou esperar pela sorte. Com proatividade, sorte é você quem faz.

9

Seja flexível para pensar e agir

A mente que se abre a uma nova ideia
jamais voltará ao seu tamanho original.
ALBERT EINSTEIN

Enquanto menino, Walter adorava observar os animais no pequeno sítio do pai. Ainda criança cumpria rapidamente suas obrigações para depois acompanhar o médico rural em suas visitas – era um rapaz quieto e tímido, mas muito questionador. Um dia, ele soube que os seus dois irmãos mais velhos tinham deixado o sítio, cansados da rotina e do trabalho pesado, não remunerado. Seu pai era carpinteiro antes de decidir viver no campo, era teimoso e severo com a família – um imigrante sírio chamado Elias.

Com o fracasso da produção de maçãs, a família mudou-se para a cidade. Com 9 anos de idade, Walter e seu irmão Roy continuavam a ajudar o pai, saindo de casa antes do dia clarear para entregar jornais nas redondezas. Como não eram pagos, os dois faziam trabalho avulso, ocasional, para obter algum dinheiro. Aos 14 anos, Walter venceu um concurso de imitação de Charles Chaplin na escola: lá ele era conhecido por fazer alunos e professores gargalharem de suas brincadeiras.

Pouco depois foi a vez de seu irmão Roy sair de casa para tentar a vida. Logo, o pai decidiu vender a agência de jornais e mudar-se para outra cidade, onde trabalharia em uma fábrica de geleias. Morando com o irmão até que o ano letivo acabasse, Walter aceitou o conselho dele e foi vender revistas em trens. Ele nunca tivera receio de trabalho duro, mas no início acumulou grandes prejuízos. Sua curiosidade o levava a conhecer uma grande região de seu país, por isso gostava de trabalhar nos trens.

Aos 16 anos, Walter procurou emprego nos correios. Para ser aceito, ele maquiou o rosto para parecer mais velho e conseguiu o emprego. Durante algumas semanas ele se dedicou, mas ele era ativo e tenaz demais para um trabalho leve. Só se entusiasmou quando lhe pediram que dirigisse o pequeno caminhão de entregas. Depois de um ano, Walter inscreveu-se na Cruz Vermelha, uma vez mais fingindo ter idade maior que a real, e foi enviado à França, no esforço de atendimento após a Guerra de 1914-1917.

Ao retornar, Walter decidiu viver em Kansas City, onde buscaria emprego como caricaturista político. Com muito custo, seu pai tentou convencê-lo a não ir, sem sucesso. Depois de procurar emprego muitas vezes, acabou empregado em uma agência de publicidade que fazia propaganda para revistas agrícolas. Mas o emprego não durou muito, apenas alguns meses.

Dois dos demitidos, Walter e Ub, formaram sociedade para vender serviços de arte a companhias que não dispusessem desse tipo de profissional. Walter dedicava-se muito para trazer serviço para a empresa e Ub fazia os desenhos. Uma companhia de filmes para publicidade procurava um desenhista e Walter se candidatou, pretendendo acumular esse emprego com a busca de serviço para sua empresa. Ainda não tinha completado 19 anos.

Foi nesse emprego que Walt, como foi apelidado, viu a produção dos primeiros e rudimentares filmes de animação. Walt foi à biblioteca municipal, como sempre fazia quando queria estudar algum assunto, e lá encontrou o que procurava: um método mais demorado, porém melhor, para a animação. Retornando a seu emprego, pediu ao funcionário da sala de filmagem que lhe ensinasse o funcionamento da câmera. Na semana seguinte, levou os equipamentos para casa e os desmontou, para aprender mais. Passou a comprar tudo o que fosse preciso para montar seu próprio sistema de filmagem. Trabalhava em casa todas as madrugadas. Contudo, sua empresa sofreu perda de serviço e logo Walt arranjou outro emprego para Ub e a fechou.

A ideia de Walt era criar desenhos animados sobre os acontecimentos locais, afinal o que desejava era ser um caricaturista político. Pensava em vender esses desenhos a gerentes dos cinemas locais, para serem usados no início de cada sessão. Conseguiu realizar uma venda, mas esqueceu de adicionar os lucros no preço ofertado. Teve sucesso, e logo produzia animações para três cinemas. Criou a Laugh-O-Gram Company e voltou a empregar Ub e outros artistas (THOMAS, 1969). Fez um empréstimo de US$15 mil, uma dinheirama para a época e para ele.

Walt decidiu fazer uma nova série de desenhos mais ambiciosa: queria filmar uma atriz em fundo branco e depois adicionaria os desenhos. A amostra dessa animação foi enviada a Nova York para aprovação. Walt já sonhava com os lucros que teria. Mas o distribuidor de lá sumiu com os ganhos e deixou Walt endividado. Aos 22 anos de idade, ele declarava falida a sua segunda companhia.

Lição aprendida: para ter sucesso no cinema, Walt precisava ir para Nova York ou Hollywood. Mas ele ainda morava no "escritório" da companhia falida em Kansas, dormindo em uma cadeira. Nessa época de penúria ele chegou a passar fome. Decidiu ir para a Califórnia onde seu irmão Roy vivia, convalescendo em um hospital de veteranos de guerra.

Um distribuidor de Nova York o procurou, disposto a pagar por uma série de animações, baseado na amostra que havia visto antes. Com ajuda financeira de um tio, tendo Roy como sócio, nascia a Disney e Disney. Ambos trabalhavam febrilmente, mas os custos eram muito elevados. Com o sucesso dos primeiros filmes, chamaram Ub. Entre outros funcionários, Walt contratou Lillian Bounds. Depois de "filar boia" muitas vezes na casa da irmã de Lillian, Walt a pediu em casamento – ele nunca teve muitas oportunidades para namorar, tamanho era o foco no trabalho e proatividade.

Aos 25 anos de idade, em 1926, Walt compreendeu que o mercado para aquelas animações havia se esgotado. Ele precisava de um novo personagem: nasceu "Osvaldo, o coelho". Com esse desenho animado a Disney tornou-se líder entre produtores de desenhos animados. Sua equipe produzia dois ou três animações por mês. Parecia que, afinal, o tempo ruim havia passado.

No final do primeiro ano de contrato, Walt decidiu renegociar as bases do contrato com o distribuidor de Nova York, porque tinha ideias ainda mais ambiciosas. Ao ameaçar levar o coelho para outro distribuidor, Walt descobriu que o personagem não lhe pertencia, segundo cláusulas contratuais que não havia se dado conta ao assinar. Antes de chegar de volta em Los Angeles, Walt perderia toda a sua equipe de artistas para esse distribuidor, que continuaria a produzir as animações com o coelho para seu único benefício.

Foi um grande revés para Walt. E ele ainda teria que contar o fracasso para Roy... Lillian, que estava com ele nessa viagem, perguntou a Walt o que ele iria fazer, já que provavelmente teria que recomeçar do zero o seu negócio. Walt respondeu: "Ainda não sei, mas vou pensar nalguma coisa" (*op. cit.*, p. 79). Durante toda a viagem de trem Walt, absorto, rabiscava folhas de papel impetuosamente. Ele gostava de animais desde a infância em Kansas e, num alumbramento, lembrou-se de um camundongo tão ousado que subia à mesa de Walt em seu escritório/dormitório em busca de comida. Finalmente Walt se recostou na poltrona com um sorriso no rosto e um croqui: nascia o Mickey Mouse.

Novamente sem recursos, os Disney passaram a trabalhar sem parar para criar a primeira animação com Mickey. O lançamento foi em um cinema de Los Angeles, mas não agradou ao público. Os grandes executivos de cinema o receberam friamente, até que um deles lhe deu a dica, enquanto pegava balas: "É isso o que eu quero, um produto que todo mundo aceita" *(op. cit.,* p. 82). Walt precisava de uma nova solução para que o personagem fosse aceito.

Naquele ano de 1927 ocorreu a primeira apresentação de um filme falado, em Nova York. Walt retornou à Califórnia às pressas para contar a Roy, porque sabia que logo mais todo o cinema seria falado, e mesmo as animações precisariam ser sonoras.

Usaram um metrônomo para marcar o tempo e sincronizar os desenhos, com sucesso. Faltava gravar a trilha sonora. Walt retornou a Nova York, e buscou até conseguir uma pequena empresa, iniciante, que aceitou a encomenda. Depois de tentativas malogradas, Walt proativamente assumiu a direção dos trabalhos, porque ele sabia exatamente o que queria. Como ninguém entendia como devia ser a voz do camundongo, Walt a interpretou com a voz em falsete. Em poucos dias estava pronto o primeiro desenho animado sonoro da história do cinema.

Para distribuir esse filme, Walt bateu à porta dos distribuidores, que gostavam do produto, mas exigiam contratá-lo como funcionário. Reticente depois do caso do coelho, Walt resistia bravamente: queria continuar sendo o empreendedor de seu pequeno negócio. Quase a ponto de desistir, o criador de Mickey lembrou-se da necessidade de fazer as pessoas gostarem do personagem. Conseguiu um cinema que aceitou apresentá-lo – e foi um sucesso...

De volta a Hollywood, Walt passou a produzir animações com Mickey, cada vez mais procuradas. A popularidade dele não se restringia aos Estados Unidos. Surgiam produtos com a estampa dessa minicelebridade. Como o negócio ia bem, Walt já buscava novidades: ele sabia que cada personagem tinha um ciclo de vida e o mesmo ocorreria com este.

Um dia, em 1931, Walt chegou ao trabalho empolgado: tivera acesso à primeira apresentação de um filme em cores, pela Technicolor. Fez um contrato de exclusividade com ela por dois anos e lançou-se à tarefa de solucionar o problema de cores que aderissem ao celuloide.

Naquele ano, Walt recebe o primeiro Oscar da Academia de Cinema pelo filme *Flores e Árvores*, e outro pela criação do Mickey. A Disney já contava com cem colaboradores. Seus melhores artistas foram levados de volta à escola: Walt sonhava alto, a animação precisava se tornar uma arte.

Em 1932 o filme *Três Porquinhos* é lançado, e logo todo o mundo cantava "quem tem medo do Lobo Mau?". Uma noite, sem novas ideias, Walt ouve no rádio uma voz esganiçada e concluiu: é a voz de um pato! Novo personagem, claro. Em 1934 o

Pato Donald estrelava seu próprio filme, depois de "roubar a cena" em um dos filmes que contra-atuava com Mickey.

Aos 32 anos de idade, Walt estava com boa saúde, depois de recuperar-se de um colapso causado por estresse. Estava pronto para enfrentar um de seus maiores desafios: o primeiro longa-metragem de animação. Mas o orçamento de meio milhão de dólares estourou e os bancos cortaram o crédito da Disney. Em 1937, quando terminou, o filme *Branca de Neve e os sete anões* tinha custado o triplo. Walt venceu: logo após a estreia todos cantavam "eu vou, eu vou, pra casa agora eu vou..."; também a música tema *Some Day my Prince Will Come* tornou-se um sucesso.

Depois vieram *Pinóquio e Bambi.* Como não lhe bastava essa coleção de sucessos, Walt atacou seu projeto mais ambicioso, *Fantasia*: com apoio do maestro Stokowski, ele queria popularizar a música erudita. Disney não comunicava apenas para jovens. Mas a guerra na Europa fez diminuir muito a receita da Disney – então decidiram interromper a produção de longa-metragem em 1939.

Enquanto os Estados Unidos se preparava para ingressar na guerra europeia, Walt recebe um telefonema do Departamento de Estado: "Senhor Disney, o governo está preocupado com a América Latina. Nossos inimigos estiveram muito ativos em toda a América do Sul e sua propaganda têm sido muito eficaz" (*op. cit.*, p. 122). Lá foi ele, com sua família e mais 18 de seus melhores produtores. Por alguns meses, eles viveram e tiveram um estúdio temporário no Rio de Janeiro, para conhecer nosso país e nossos costumes. Também fez viagens a países vizinhos. Resultado: o filme *Saludos Amigos,* tendo por personagens o malandro Zé Carioca, bem brasileiro, e o Pato Donald. Foi mais um sucesso mundial. Certamente contribuiu para que o Brasil, depois, se juntasse às forças aliadas naquela guerra.

Com os seus estúdios ocupados por militares no esforço de guerra, Disney produziu muitos filmes de propaganda e de instrução militar. Em 1944 toda a produção estava a serviço do esforço bélico. Após a guerra, a Disney foi reconstituída – vieram *Cinderela, Alice no país das maravilhas, Peter Pan, A dama e o vagabundo.* Como solucionador de problemas, Walt passou a investir em filmes com atores reais. Depois veio a série de filmes sobre o reino animal – era um tema nostálgico de Walt.

O sucesso empresarial de Walt Disney produziu uma excentricidade. Ao construir sua nova casa antes da guerra, ele decidiu adicionar em seu perímetro uma estrada de ferro verdadeira, com locomotiva e vagões em proporções menores que as reais. Seria nostalgia de seu primeiro emprego remunerado? Mais do que um simples passatempo, ela apontava para um novo e fantástico projeto: um parque de diversões.

Por mais de um ano visitou parques nos EUA e na Dinamarca, desenhando cada parte de seu parque destinado a crianças, jovens e adultos. Enquanto cuidava da criação da Disneylândia, Walt se defrontava com o pessimismo de todos à sua volta: o investimento era demasiado alto, e também os riscos. Uma noite, Walt teve o alumbramento para resolver o problema: a televisão. Ele convenceu o conselho da Disney que daria enorme trabalho produzir seriados para a televisão, mas eles atrairiam público para o parque. Também afirmou que o negócio da Disney era entretenimento, e não parques, e que seu parque seria novo, e único, por isso teriam sucesso. Convenceu.

A Disney fez acordo com a rede ABC, e passou a produzir um seriado semanal. Em 1955, antes da inauguração do parque em Anaheim, Walt declarou: "Quero que a Disneylândia seja um lugar para onde os adultos possam trazer seus filhos ou virem sozinhos, e assim mesmo divertirem-se bastante" (*op. cit.*, p. 153).

Depois de uma semana de funcionamento, o parque já tinha recebido um milhão de pessoas; durante o primeiro ano vieram visitantes de 60 países e de cada estado norte-americano, dentre eles reis e chefes de governo. Na inauguração ele havia dito: "Enquanto houver imaginação no mundo, a Disneylândia continuará crescendo, continuará acrescentando novidades" (*op. cit.*, p. 164). As receitas da Disney quadruplicaram em 10 anos, alcançando a centena de milhões de dólares em 1965.

O maior império de entretenimento não mudou a rotina da família Disney. Ele continuou a viver na mesma casa que havia construído, agora com sete netos. Não participava da vida social das celebridades de Hollywood. No estúdio, trabalhava com a mesma tenacidade dos primeiros tempos. E afirmou: "Aquele verão durante o qual trabalhei como vendedor de jornais e refrescos na estrada de ferro representou uma grande aventura e experiência para mim, como rapaz. Lamento que outros rapazes não possam mais fazer a mesma coisa, hoje em dia" (*op. cit.*, p. 172).

Sua resiliência tem uma base, a autoeficácia: "Quando eu era ainda bem novo, sempre sabia o que eu queria fazer na vida: desenhos caricaturais. E interessei-me por tudo que me ajudasse a alcançar esse objetivo." Sua flexibilidade mental aparece na fala seguinte: "Mais tarde parti para objetivos maiores, e procurei conseguir meu intento com a mesma persistência com que me havia dedicado aos desenhos animados. É isso que, a meu ver, os jovens precisam: um senso agudo para o objetivo" (*op. cit.*, p. 173).

Sobrevoando o interior da Flórida, viu terras pantanosas que não poderiam servir para muita coisa. Depois de negociar com o governo, nasceu a Disneyworld, em Orlando. Repentinamente, aos 65 anos, Walt Disney não resistiu a uma cirurgia e faleceu. Seu império de entretenimento hoje tem como maior acionista individual o espólio de Steve Jobs.

Assim como a proatividade, a flexibilidade mental é um fator inédito nas escalas de resiliência. Apenas Hoopes e Kelly (2004), na linha da resiliência para gerenciar mudanças organizacionais, incentiva a flexibilidade mental. Os autores separam a flexibilidade mental da social, ambas necessárias à resiliência. Como indicadores do pensamento flexível, eles citam: gosto por ideias complexas; tolerância à ambiguidade; abertura a diferentes perspectivas; e geração de soluções criativas. Como a proatividade foi abordada no capítulo anterior e a solução de problemas o será no próximo, vamos nos focar especificamente na questão da abertura.

É curioso como o pessimismo faz com que indivíduos de baixa resiliência insistam teimosamente em cursos de ação que não se mostram efetivos. O de maior resiliência, em oposição, é flexível: pensa em opções, age, e se a ação não é efetiva, escolhe outra opção e persiste. Hoopes e Kelly (2004) sugerem que essa flexibilidade se baseia em maior tolerância à ambiguidade e maior criatividade. A definição da APA para resiliência reforça a importância da flexibilidade mental, emocional e comportamental, como vimos.

Outra vez a circularidade: sem flexibilidade mental como poderia ocorrer empatia e competência social? Poderia haver otimismo aprendido? Ou solução de problemas? Note que sem flexibilidade mental ocorre a teimosia. Temerosos de perder o controle ainda mais, esses se apegam ao que fazem, rígidos e inflexíveis. A flexibilidade mental está relacionada à flexibilidade corporal. Daí que a metáfora do bambu para a resiliência reforça a importância dessa flexibilidade. E como se nota nas questões abaixo, a flexibilidade mental também é tributária da autoeficácia.

Como avalia sua flexibilidade mental nas questões a seguir?

- *Quando surge um problema, penso em muitas soluções possíveis antes de tentar resolvê-lo.*
- *Se minha primeira solução não funciona, tento outras soluções até encontrar a que funciona.*
- *Quando enfrento uma situação difícil, eu confio que tudo dará certo.*

Uma observação importante: na pesquisa que originou a ERS, a flexibilidade mental foi o fator de resiliência com a mais baixa média no conjunto dos respondentes. É um dos fatores com menor peso no cálculo do escore, mas ainda assim é sistemicamente importante.

RESILIÊNCIA E FLEXIBILIDADE MENTAL

Há exemplos famosos de flexibilidade mental frente a situações difíceis. Conta-se que o rei da Frigia morreu sem deixar herdeiro. O oráculo previu que o sucessor chegaria em um carro de boi. Um camponês de nome Górdio chegava à cidade e foi então coroado. O novo rei amarrou o carro de boi, seu troféu, a uma pilastra do palácio, com um nó impossível de desatar. Depois que seu filho e sucessor morreu, não havia outro herdeiro. Novamente apelaram ao oráculo, que pontificou que aquele que desatasse o nó de Górdio dominaria a Ásia Menor. Quinhentos anos depois, ao passar por lá, Alexandre, o Grande, decidiu solucionar o problema, já que ninguém antes o havia feito. Desembainhou sua espada e cortou o nó. Predição ou não, o fato é que Alexandre conquistou toda a região.

Outro caso, este postado no Wikipédia. Em um banquete em sua homenagem, Cristovão Colombo foi desafiado: perguntaram a ele se outra pessoa poderia ter feito o mesmo, a descoberta da América. Para responder à questão, Colombo desafiou os convidados a colocar um ovo de galinha em pé por uma de suas extremidades. Todos o tentaram, sem sucesso. Colombo bateu de leve o ovo sobre a mesa, achatando a sua base, e o colocou em pé. Um cortesão disse que desse modo qualquer um o faria, e Colombo respondeu: "Convenhamos, entretanto, que apesar de sua simplicidade e facilidade, você não descobriu a solução, e que apenas eu é que removi a dificuldade. O mesmo ocorreu com a descoberta do Novo Mundo. Tudo que é natural parece fácil, após conhecido ou encontrado. A dificuldade está sem ser o inventor, o primeiro a conhecer ou a demonstrar."

Hoje a flexibilidade mental é associada a "pensar fora da caixa", a ultrapassar os *paradigmas* a que nos apegamos para remover as dificuldades. Thomas Kühn (1996) cunhou o termo *paradigma* ao estudar a evolução da ciência. Ele notou que a ciência não se desenvolve linearmente, e sim aos saltos. Porque, quando uma nova conquista da ciência é assimilada, ela gera paradigmas (conjunto de regras tácitas admitidas como válidas). Os cientistas deixam de perceber as anomalias que colocariam em cheque as verdades estabelecidas por aquela teoria. Somente quem não estivesse apegado aos paradigmas vigentes poderia apresentar flexibilidade mental suficiente para gerar novas teorias.

Criamos modelos mentais para facilitar o entendimento das coisas, mas ao tornarem-se paradigmas, o efeito é oposto, nos fechamos a outros conhecimentos. Leonardo da Vinci afirmou: "A ideia ou faculdade da imaginação opera sobre os sentidos como timão e freio ao mesmo tempo, posto que a coisa imaginada influencia o sentido." Por que funcionaria como freio? Porque se torna paradigma. O gênio também registrou: "Uma ideia nova e especulativa que bem pode parecer trivial e quase risível é de grande valor na hora de acelerar o espírito de invenção" (SABBAG, 2007).

Kühn (1996, p. 114) afirma: "O fracasso das regras existentes é o prelúdio da busca de novas." Esse período de insegurança e confusão sobre o paradigma vigente causa um afrouxamento nas regras existentes, uma abertura. Quase sempre, sugere o autor, quem realiza a substituição de paradigmas é muito jovem ou muito novato no campo onde atua: não está comprometido com as regras vigentes. Anular paradigmas seria anular a ciência mesma, daí que paradigmas são sempre substituídos por outros mais efetivos, nunca eliminados. É essa flexibilidade mental para afrontar paradigmas que é requerida para enfrentar desafios e difíceis adversidades.

Em situações corriqueiras, os indivíduos criativos são aqueles que mais apresentam flexibilidade mental: fazem uso de intuição para encontrar padrões e conexões entre coisas díspares. Tais indivíduos preservariam sua criatividade em situações extremas, de adversidade ou desafio, portanto, na presença de risco e incerteza?

Minha tese de doutorado (SABBAG, 2002) aponta cinco diferentes padrões qualitativos de enfrentamento do risco e incerteza em projetos: *ilusão de controle*, *repetição*, *modificação*, *adaptação* e *quase-transformação*. Esses padrões se mostraram diretamente associados, respectivamente, a padrões crescentes de riscos e incerteza relatados pelos sujeitos típicos entrevistados.

Em projetos pequenos, repetitivos e especializados o padrão envolvia largo uso da experiência e conhecimento técnico para comandar e controlar a execução do projeto, portanto estabelecendo uma *ilusão* sobre a possibilidade de controlar riscos e incerteza. Já em projetos em ambiente competitivo, com situações fora do padrão e inovação, o padrão envolvia a *repetição* do modelo gerencial hegemônico para projetos – que julgava enfrentar adequadamente o risco e incerteza. No padrão *modificação* os respondentes informavam alterações nos instrumentos de gestão. Nos megaprojetos, complexos, em ambiente desorganizado e sujeito a crises, o padrão passava a ser de *adaptação* (ou variação). Um dos sujeitos admite que lidar com projetos é "estressante", outro aconselha que gerenciadores "devem estar preparados para sofrer". Diante de tais consequências, um sugere colocar-se na "posição não de ficar aterrado pelas incertezas, mas consciente da quantidade das incertezas que tem"; outro sugere "assumir exatamente que todo projeto é feito de problemas", depois recomenda "não fugir dos riscos" e aconselha a "não ficar escondendo os problemas". Um sugere "adaptar com rapidez". Outro assimila a mudança: "A gente tem condição de mudar as coisas com uma rapidez impressionante" e recomenda ser ágil como um "camaleão". Cético, um admite que "não dá para ficar repetindo a receitinha do jeito que ela foi aplicada a vida inteira" (SABBAG, 2002, p. 202).

Em ambiente de crise, rápida transformação e projetos muito desafiadores, o padrão era de *quase-transformação*: um admite que "nem todas as respostas existem"; outro opina: "Tem pessoas que acham que gerenciar é fazer planejamento, ou seja, é uma loucura. Você vê engenheiro bom antigo e ele abstrai de toda uma capacidade dele de pensar em cima do problema, inclusive para inovar." O contexto contemporâneo é tão mutável que um questiona: "Será que a gente também não vai ser levado de roldão nisto? Será que ao estruturar, nós não estruturamos o passado?" Outro recomenda uma "suficiente liberdade de espírito [...] '*independent thinking*'" para depois valorizar o improviso, não aquele representado pelo "desrespeito pelos procedimentos e pelas normas", porém "o improviso é saber usar os lados menos dedutivos, mais intuitivos, para buscar soluções para problemas que os comportamentos pré-estabelecidos já não conseguem encontrar". Uma nova abordagem emerge: "Quando você se entrega de corpo e alma ao inconsciente, você vai criar algo novo [...] se não houver criatividade, é virtuosismo, nem interpretação é." E conclui: "Todo mundo reconhece que este grão de insanidade, de sabedoria, de criatividade aqui, ele é indispensável para tirar do medíocre qualquer coisa." Novamente se reforça a noção de que as situações extremas requerem flexibilidade mental.

FLEXIBILIDADE MENTAL E FLUXO

Estudioso da criatividade, Csikszentmihalyi (1999) chama de "experiência de fluxo" a ação sem esforço experimentada por atletas como o *auge*, por místicos como *êxtase* e por artistas como *enlevo* e *epifania*. Para o autor, "raras vezes sentimos a serenidade que surge quando o coração, a vontade e a mente participam do mesmo evento" (*op. cit.*, p. 35). Por conta das emoções ou falta de motivação, é difícil concentrar a atenção. Também a autoestima afeta o processo: o autor segue as ideias de William James, que postulou que a autoestima depende da proporção entre expectativas e sucessos. Por isso se acautela: nem sempre é positivo elevar a autoestima das crianças por meio da redução das expectativas. A experiência de fluxo contém os seguintes elementos (CSIKSZENTMIHALYI, 1997, p. 111-3):

- Há *metas claras* para cada etapa do processo.
- Há *feedback imediato* às ações empreendidas: a efetividade relativa de cada ação realimenta o processo.
- Há um *equilíbrio entre desafio e habilidades*: que está em fluxo sente-se capaz de realizar as ações desafiadoras.
- *Ação* e *consciência* se fundem: a atenção plena aos detalhes deriva da cuidadosa atenção.
- *Distrações são excluídas* da consciência: a concentração é tão intensa, que nada a distrai, a ação é a única coisa que importa.
- Não há *medo de errar*: há um sentimento de controle total da ação, de modo que os temores são atenuados.
- *Autoconsciência* desaparece: após o fluxo, o autoconceito se fortalece, mas durante a experiência, o eu, as questões de ego desaparecem, como na meditação por meio da atenção plena.
- *Senso de tempo* é distorcido: facilmente as horas consumidas na experiência de fluxo parecem minutos.
- A atividade se torna *autotélica*: a ação é importante por si mesma, por isso denota zelo e esmero.

Para o autor, a experiência de fluxo fornece os "lampejos de vida intensa" (*ibid.*, 1999). Ela pode ser encontrada entre os estados de ânimo de exaltação e de controle (onde o indivíduo se sente feliz, forte e satisfeito). Portanto se torna um imã para o aprendizado. Enquanto estamos em fluxo, não nos sentimos felizes – isso pode ser uma distração; só depois, a satisfação e o bem-estar são produzidos. A flexibilidade mental do fluxo está associada à temperança, note.

Ao perguntar "você se envolve em algo tão profundamente que nada mais parece importar, a ponto de perder a noção do tempo?" a norte-americanos típicos, 20% respondem que sim, com frequência, enquanto que 15% dizem que não, nunca. Enquete com alemães revela que o fluxo ocorre muitas vezes para 23%, às vezes para 40%, raramente para 25% e nunca ou não sabe para 12% (*op. cit.*, 1999, p. 40).

Eu especulo se os que apresentam experiências de fluxo com frequência não seriam aqueles de elevada resiliência, tal o domínio que o fluxo lhes dá para enfrentar desafios e adversidades. De que outro modo explicar a abertura mental para novas soluções quando as soluções adotadas falham? Indivíduos capazes de vivenciar fluxo frequentemente parecem possuir uma energia psíquica inesgotável. Por isso persistem, com tenacidade.

Leonardo da Vinci (SABBAG, 2007) afirmou: "Eu mantenho o problema constantemente em vista e aguardo até que as primeiras luzes pouco a pouco o iluminem por completo." Sua infinita curiosidade e capacidade de concentração denotam outro aspecto da experiência de fluxo: a capacidade de ativar a intuição, tornando o indivíduo mais atento aos alumbramentos (*insights*) que iluminam o desafio a ser enfrentado.

A intuição, que é a base da criatividade e que permite ao indivíduo estabelecer e reconhecer padrões ilógicos, pode requerer ou a serenidade relaxada ou a experiência de fluxo, para que brote à consciência de modo a ser levada em consideração. Sereno ou em fluxo, o indivíduo pode expressar pensamento incomuns, ideias novas, frescas e de grande vivacidade.

Se a criatividade está diretamente associada à flexibilidade mental, em oposição à rigidez, as crenças arraigadas e as convicções são o veneno para a adoção de respostas sucessivas frente a desafios e adversidades. Igualmente, indivíduos com forte necessidade de controle reagem teimosamente nessas situações.

Por exemplo: Marilda não teve a oportunidade de estudar muito. Depois de casar, passou anos cuidando dos filhos. Agora que eles são adultos, ela pensa em voltar a trabalhar, mas sofre porque não tem uma profissão. Certo dia, seu marido chega em casa amuado: perdeu o emprego. Ele é orgulhoso, entende que seu papel é prover o sustento da família. Ninguém o convenceria de que a demissão foi causada por fatores externos, pela crise mundial. Para ele, ela representa um fracasso. Por semanas, Marilda espera respeitosamente que o marido se restabeleça, depois de "digerir" a perda. Mas isso não acontece: o clima torna-se triste, ele se torna irascível, implica com qualquer coisa. Marilda conversa com as amigas, que lhe dizem que não há nada a fazer. Ela conforta e consola o marido, mas nada surte efeito. Ela é persistente e batalhadora, por isso decide usar a situação como estímulo para fazer o que mais gosta: cozinhar. Por alguns dias ela cozinha furiosamente: experimenta receitas, cria novas opções de doces e salgadinhos. Muitas receitas falharam, mas ela não julgava importante: o importante era cozinhar, apenas isso. Marilda nem percebeu o tempo e o dinheiro gastos, ela vivenciou uma experiência criativa muito gratificante, e combateu sua angústia. Será que a vontade empreendedora de Marilda não poderia transformar essas criações em um negócio, vendendo seus quitutes para um bar ou restaurante?

APRIMORANDO A FLEXIBILIDADE MENTAL NO MOMENTO

F1. Dança

Se é fato que não se pode desbloquear a mente com o corpo travado, e vice-versa, a prática de dança permitiria desbloquear a mente. Escolha um tipo de música que gosta de dançar, arranje um par e vá dançar. Atento à música e aos passos da coreografia, experimente a sinergia do movimento com seu par. Experimente as nuanças da dança. Vibre com ela, pelo tempo que conseguir. A dança relaxa, melhora a respiração e o condicionamento físico, e possivelmente causa distresse, por envolver atividade prazerosa. Se for a uma escola de dança, melhor: a concentração requerida para fazer as coreografias no ritmo da música adiciona um elemento, ajuda a regular o estresse.

F2. Fluxo

Diante de situações estressantes, a resposta imediata usual é buscar fontes de relaxamento, muitas vezes sem sucesso, tamanha é a ansiedade causada. Uma opção seria buscar experiências de fluxo e praticá-las com dedicação. O efeito poderia ser melhor, duradouro e benéfico para a resiliência. Relaxamento envolve baixo desafio e baixo uso de habilidades, como o são as fontes de entretenimento. A ansiedade é causada por elevado desafio e baixa habilidade, pondera Csikszentmihalyi (1999).

O fluxo envolve elevado desafio e elevado uso de habilidades. Escolha algo que goste e se sinta motivado a realizar, ao alcance de suas habilidades, porém desafiador. Pode ser uma atividade doméstica, um *hobby*, uma prática esportiva. Crie um espaço em sua agenda; crie um ambiente em que possa dedicar-se a esta atividade. Pratique com intensidade, deixe o foco e a atenção despertarem. Esqueça os horários e as fontes de preocupação. Entregue-se à atividade. Depois de concluída, avalie seu ânimo, suas emoções e pensamentos.

APRIMORANDO A FLEXIBILIDADE MENTAL SEMPRE

F3. Criatividade

A principal virtude de treinamentos em criatividade não são as técnicas oferecidas, e sim o efeito deles em termos de desbloqueio mental e corporal. Operando sobre a percepção, ampliam as possibilidades de entendimento das situações e problemas; ampliando a consciência sobre o poder da intuição, permitem gerar ideias em profusão; por meio da prática, criam contexto favorável à descompressão, ao relaxamento e desfrute das capacidades imaginativas. A criatividade recupera o papel do lúdico como veículo para a aprendizagem, também. Depois do curso, pratique a criatividade sem nenhum propósito, apenas pelo desfrute que fortalece a resiliência.

F4. Artes

Poucos dedicam sua atividade profissional e/ou seu tempo livre à arte. A vida contemporânea privilegia a especialização, a técnica desprovida de arte, e a ciência. Também o ambiente de trabalho é empobrecedor, seja no cenário, seja nas possibilidades de inserir arte nas atividades, embora valorize a criatividade, um despropósito.

Ponha arte em seu trabalho, e dê trabalho à arte! Ponha arte em tudo o que faz, preocupando-se com a forma, com a beleza e com a expressão simbólica: nos relatórios, nas apresentações, nos produtos que gerencia etc. E dê trabalho à arte, no sentido de que a aprendizagem é mais lenta e sofisticada, requer muito treino, e técnica. Seja na prática musical, esportiva, teatral, na pintura ou outro campo onde a arte prevalece.

10

Tome iniciativas para solucionar problemas

Se você não pode virar o vento, vire a vela.

PROVÉRBIO AFRICANO

Seu pai era imigrante libanês e sua mãe sueca. Dizem que os fenícios foram os mais competentes navegadores do Mar Mediterrâneo e os vikings os do Mar do Norte: com essa descendência, Amyr Klink só poderia ser um grande navegador. Mas seus projetos marítimos nasceram quase por acaso.

Por causa de um acidente doméstico, Amyr passou por uma cirurgia na mão e seu médico recomendou esporte como terapia: enquanto estudava na Faculdade de Economia da USP praticou remo de competição. Um dia, seu colega de tripulação chamou a atenção dele para o quanto eles remavam em um ano. Amyr fez as contas mentalmente e disse: "Puxa, dava para atravessar o Atlântico três vezes." Começava o projeto que realizou seis anos depois, em 1984, aos 29 de idade.

Antes de Amyr, ninguém nunca havia realizado a travessia em solitário de um oceano em barco a remos. Note que não havia GPS, computador de bordo nem celular via satélite e o desafio de armazenar mantimentos para meses era grande. Sem exceção, todos o desestimularam. Amyr projetou a "lâmpada flutuante" como chamou o barco de cinco metros, projeto inovador que funcionava como um "joão-teimoso" caso emborcasse. Queria partir da África para chegar a Salvador, trazido pela traiçoeira corrente de Benguela. Mas de onde partir? Seu primo Carlos lhe deu um abajur decorado com motivos náuticos, e que mostrava exatamente o porto de Lüderitz na Namíbia, onde ele desejava partir. Navegou no inverno, por 100 dias e sete mil quilômetros, e chegou ileso a Porto Seguro. "Confiava por completo no meu projeto e não estava disposto a me lançar em cegas aventuras (...) Não pretendia desafiar o Atlântico – a natureza é infinitamente mais forte do que o homem – mas sim conhecer seus segredos" (KLINK, 1986, p. 12).

Em meio a mais uma tempestade, Amyr se recorda da fábula de La Fontaine do carvalho e do junco: o carvalho caçoava do junco que se vergava ao vento, até que um vento forte faz tombar o carvalho; o junco, mais resiliente, ergueu-se e voltou a crescer. Também demonstra otimismo aprendido após sete dias preso à cabine na tempestade: "Nada é mais certo que a chegada de bom tempo após uma tempestade que parece interminável" (*ibid.*, p. 62).

Ao ouvir no rádio sobre o acidente com a plataforma da Petrobras, Amyr escreve: "Mais importante do que o equipamento adequado, é imprescindível dominar o pânico. E isso só pode ser feito quando se adquire confiança, com treinamento, adestramento e muita paciência, antes que as coisas aconteçam. Se me tivesse descontrolado um só momento nos difíceis dias do início da viagem, seguramente não estaria remando do outro lado da carta do Atlântico" – é a temperança quando se soma à autoconfiança e à tenacidade, para compor a resiliência.

Ao se preparar para a próxima façanha, Amyr retrata a proatividade: "Porque um dia é preciso parar de sonhar, tirar os planos das gavetas e, de algum modo, começar" (KLINK, 1992, p. 26). O projeto agora era a invernagem no continente antártico, novamente uma façanha única. Levou tempo para projetar e gerir a construção do veleiro *Paratii*, lançado ao mar em 1989: 15 metros de extensão, 21 de mastro, 25 toneladas. Por duas vezes, a partida foi adiada em um ano. "À medida que o último dia vai chegando, vai-se partindo" (*ibid.*, p. 39), e no último dia de 1989 ele partiu. "No mar não há grandes ou pequenos, todos os problemas são iguais e, se uns são mais perigosos, são sempre os mais banais" (*ibid.*, p. 48), daí nasce sua orientação para a solução de problemas.

Após 6 anos de um minucioso e inventivo planejamento e de 26 dias navegando, Amyr chegou à baía de Dorian, no continente antártico, onde ficaria por um ano sozinho. Em março de 1990 as temperaturas ficaram negativas. Em abril a baía Dorian congelara. Depois de alguns meses, Amyr cogitou mudar de planos: havia alimentos e suprimentos médicos e odontológicos suficientes para prolongar a expedição por mais um ano. Por que não ir ao outro polo?

Em janeiro de 1991 o veleiro *Rapa Nui* se encontra com o *Paratii* próximo à baía de Dorian, levando mapas e encomendas a Amyr. Alguns dias depois, Amyr se despede deles e segue para a Cidade do Cabo, onde permaneceu um pouco, seguindo depois até o círculo polar Ártico. Permaneceu algum tempo nas ilhas Faroe, arquipélago hoje pertencente à Dinamarca, mas colonizado por noruegueses, como é o caso da Islândia. O povo, a cultura e a educação desse povo causou profunda impressão em Amyr. Ele retornou ao Brasil em 1992, tendo navegado 27 mil milhas, sempre navegando só.

Em 31 de outubro de 1998, Dia das Bruxas, Amyr iniciava nova expedição. Desta vez o projeto era circunavegar o planeta na única latitude possível: o paralelo 60. Muito além dos *roaring forties* e dos *furious fifties*, denominações folclóricas dessas latitudes – e muito mais arriscada. "Tinha escolhido uma rota difícil, a mais difícil, e sabia que era grande a probabilidade de não completar a viagem" (KLINK, 2000, p. 15): cinco meses e mais de 18 mil milhas sem tocar país algum. Para essa façanha, o *Paratii* foi reformado para instalar o novo e revolucionário mastro autoportante rotativo, com 360 graus de giro.

Esse projeto testou os limites da resiliência: ventos fortes e traiçoeiros, neblina, ondas piramidais com até 20 metros de altura, icebergs de todas as formas e tamanhos cruzando o seu caminho. Em todo o período, Amyr precisou descansar 30 minutos a cada 60 minutos de vigília, 24 horas por dia, todos os dias. Um dia, dormiu mais do que devia, umas três horas, e ao acordar viu que havia ultrapassado um gigantesco iceberg enquanto dormia, erro que poderia ter lhe custado a vida. Amyr revela sua autoeficácia: "Preferiria mil vezes ter acordado com o paredão pela frente e ter lutado desesperadamente para desviar a tempo. Mas aceitar que apenas a sorte me livrara era difícil" (KLINK, 2000, p. 51). Indivíduos de controle interno (autoeficazes) não aceitam que a sorte determine seu destino!

A tenacidade se evidencia quando Amyr escreve: "Durante 88 dias vivi uma pressão muito grande, em que o cansaço físico e os pequenos sofrimentos, como frio e desconforto não foram o maior problema. Duro mesmo foi o esgotamento mental. Não saber o que ia acontecer no minuto seguinte, não poder relaxar um segundo, não ter certeza de nada além do frio, da distância, meses seguidos" (KLINK, 2000, p. 200).

Em seus livros, Amyr revela admiração pela sofisticação tecnológica da jangada brasileira. Denota sua afinidade com a solução de problemas. Na entrevista que me concedeu naquela época, ele assim se definia: "Sou um especialista em identificar problemas, gosto de descobrir onde estão os problemas nessas viagens." Também afirmou, referindo-se ao novo *Paratii* que estava sendo construído em seu estaleiro em Itapevi: "Se eu tiver certeza que esse novo projeto que estamos fazendo aqui ao lado fosse dar absolutamente certo, exatamente do jeito que estamos prevendo agora, não tinha graça nenhuma. Isto é, temos esse privilégio de poder desenhar o projeto e depois colocá-lo em execução, comparando onde acertou." Levou sete anos para construir o veleiro.

O *Paratii 2* é um veleiro de 97 pés, em alumínio, pesando 62 toneladas, com casco chato, à moda das jangadas e dois mastros Aerorig, antes testados no *Paratii*. Amyr pretendia circunavegar o Ártico, mapeando as passagens existentes. Infelizmente, quando o veleiro ficou pronto, o degelo no Ártico era tão significativo que não havia mais desafio para essa viagem. Em 2004 Amyr decidiu refazer o "mar sem fim" no paralelo 60, dessa vez com o *Paratii 2* e não mais sozinho. Já havia completado 15 viagens ao continente antártico.

Desde sua primeira façanha, Amyr dedica-se a palestras, a escrever livros e a cuidar do estaleiro que criou, onde construiu seus barcos e que agora não mais dirige. Estaleiro que é atividade de elevado risco empresarial. Contribuiu para montar um museu de canoas brasileiras em Santa Catarina, criou uma marina em Parati. Não cansa de empreender, com muita resiliência.

Em entrevista que me concedeu recentemente, questionado sobre resiliência, Amyr indica que "tem muitas pretensões que não realizei ainda, e eu sei que muitas vezes preciso reconsiderar o novo, fazer concessões". Para ele a resiliência guarda relação com essa capacidade de realizar, com o empreendedorismo. Eu concordo. E Amyr exemplifica com as ilhas Faroe, lugar onde permaneceu por algumas semanas e pretende retornar: "Eles tinham problemas econômicos, disputas, por volta do ano 1000 tiveram problemas meteorológicos. Foram mais bem sucedidos que os islandeses. Eles se estabeleceram em 1820 e criaram um gênio empreendedor incomum. Um das explicações do êxito está na escola, que não ensina teoria, mas ensina pela prática da construção. A falência lá é uma coisa comum: o mesmo banco que empresta para criar o negócio, fecha se ele se mostrar inviável e ajuda a criar um novo negócio."

Amyr pondera sobre a motivação: "No barco você tem problemas reais. As pessoas perguntam: 'onde você obteve a motivação para enfrentar os problemas?' É diferente, se você não os enfrentar pode morrer, não é questão de motivação." E reforça sua ênfase na solução de problemas: "Quando a gente encontra uma situação que pode ser ruim para sempre, eu penso assim: 'eu tenho que encontrar uma solução grande para isso." E traça um paralelo com as empresas reforçando o valor da tenacidade: "As empresas são feitas por pessoas que tem essa persistência em procurar outro caminho, às vezes levam um tombo, paciência, mas seguem em frente." E completa: "É exatamente esse conhecimento sobre a solução das coisas que contribui para a resiliência das pessoas."

Para definir resiliência, Amyr se espelha em sua própria capacidade: "Para ser resiliente tem que ter algum conhecimento autêntico, profundo no que a pessoa faz; tem que ter um certo inconformismo. Tem até uma resiliência que eu não gosto, a de ser teimoso, a de ficar insistindo no status quo, mas isso são estratégias." De fato, insistir na manutenção do que funcionou no passado nada tem a ver com resiliência, que requer flexibilidade mental.

"Não sei se resiliência é uma qualidade que você cultiva em si mesmo. Tem que ter resiliência, é uma qualidade que instintivamente a gente tem, e que em alguns momentos sobressai, mais em algumas pessoas que em outras. Você é resiliente quando tem um apego emocional com aquilo que você faz. A emoção é talvez um dos ingredientes da resiliência." Concordo com ele: todos têm a capacidade da resiliência, uns mais que outros, mas diferentemente dele, acredito na possibilidade de cultivá-la.

Para generalizar o conceito, Amyr pondera: "Eu diria que o brasileiro tem uma cultura extremamente resiliente, uma atitude resiliente: esse humor no meio da miséria, essa visão positiva... Não é um mérito, é uma sequência de distratos (sic) que a gente foi levando e agora leva na brincadeira. O brasileiro tem uma habilidade de comunicação que é muito incomum." Não sei se são traços da cultura brasileira, mas reforçam o componente do otimismo aprendido e da competência social, tão relevantes para a resiliência.

A escala BRS contém o fator *enfrentamento* (*coping*); Maddi e Koshaba (2005) o tratam como *comprometimento* (atitude de quem considera seu trabalho importante o suficiente para garantir atenção plena, imaginação e esforço); Reivich e Shatté (2008) abordam a *análise causal* (habilidade de identificar causas de problemas); e Hoopes e Kelly (2004) tratam do *organizado* (resilientes usam táticas estruturadas para transformar a ambiguidade e lidar com a incerteza da mudança). Bonanno (2004) valoriza a *flexibilidade adaptativa*.

O fator *solução de problemas* trata de agentes de mudança, indivíduos equipados para diagnosticar problemas, planejar soluções e agir, sem perder o controle das emoções mobilizadas no processo. Reunindo *solução de problemas* com os fatores *proatividade*, *tenacidade* e *flexibilidade social,* percebo que a resiliência está associada à propensão a agir e não apenas idealizar positivamente o futuro.

Uma cautela: embora seja um fator importante no escore de resiliência, a interpretação de questões negativas invertidas sempre carrega vieses. Porém, a relação deste com os demais fatores o torna plausível. Como avalia sua capacidade de solucionar problemas? Note que nessas questões a avaliação é invertida, porque elas indicam a falta dessa competência:

- *Dizem que eu não interpreto bem eventos e situações.*
- *Pessoas raramente me procuram para ajudá-las a resolver problemas.*
- *Eu tendo a ficar arredio com colegas no trabalho, para proteger-me dos impactos de mudanças.*
- *Meus amigos me dizem que eu desmonto e perco o rumo quando o problema é grave.*
- *Sou quase incapaz de controlar emoções para ajudar a manter foco na atividade.*

RESILIÊNCIA E WORKAROUND

No ambiente tão técnico do gerenciamento de projetos, a norma técnica hegemônica, de autoria do PMI – Project Management Institute advoga a necessidade de praticar "*workaround*" na gestão de riscos do projeto. Não basta fazer identificação, análise e planejamento de respostas aos riscos mais severos do projeto. Durante a execução do mesmo, pequenos riscos ocorrem, e para eles nenhuma resposta foi planejada. Daí a importância do "*workaround*", neologismo de difícil tradução, às vezes traduzido como "soluções de contorno", o que não esclarece o conceito.

Para o PMI (2008, p. 453) a técnica de "*workaround*" é uma "resposta a um risco negativo que ocorreu. Distingue-se do Plano de Contingência porque o workaround não foi planejado com antecedência". Prefiro definir *workaround* como *prontas respostas para problemas emergentes que "pipocam" durante a execução.*

A identificação, análise e planejamento de respostas a riscos envolve competências duras (*hard skills*): competências técnicas aplicadas de forma sistemática. O *workaround* envolve competências brandas (*soft skills*): cada indivíduo desenvolve um estilo autêntico difícil de padronizar. É curioso que em um ambiente tão técnico se valorizem competências brandas, o que dá a medida da importância que atribuem a essa técnica.

A rigor, a resiliência em si é uma competência branda, ou um conjunto delas. Tem um componente atitudinal, mas requer conscientização e diversas habilidades. Por isso pode ser desenvolvida.

Como desenvolver *workaround*? Indivíduos práticos, aptos à solução de problemas, o praticam naturalmente. Gestores de projetos que precisam aprender a técnica são premidos pelas consequências desses pequenos riscos que se manifestam como problemas – eles podem afetar as metas do projeto, portanto comprometem o sucesso. Para Amyr, nem é preciso motivação: as consequências nefastas demandam *workaround*. Acredito que ao tomar consciência da relevância da solução de problemas para a resiliência, isto é, para o bem-estar, este é o primeiro passo para desenvolver o espírito prático de solução de problemas.

Por exemplo: É incrível como algumas pessoas são práticas. Desde pequeno, Jorge desmontava e remontava todos os seus brinquedos. Também desmontava tudo o que tivesse parafusos. Escolheu estudar engenharia, e na profissão, adorava solucionar problemas. Cada caso lhe oferecia oportunidade de propor soluções, nem sempre inovadoras, mas criativas. Sua satisfação era ver as ideias realizadas. Jorge não tinha muito "jogo de cintura", sobretudo na relação com clientes, mas sua autoconfiança exagerada, proatividade e capacidade de solucionar problemas eram seu maior patrimônio profissional.

APRIMORANDO A SOLUÇÃO DE PROBLEMAS NO MOMENTO

S1. Workaround

Não só os grandes desafios e adversidades causam estresse. O acúmulo de pequenos problemas, aborrecimentos e infortúnios também gera distresse crônico. Faça uma lista desses eventos corriqueiros. Depois, sem muito pensar ou ponderar, desenvolva soluções para que eles não o incomodem tanto.

Note que, à medida que pequenos problemas são resolvidos, o bem-estar aumenta, vem a satisfação. Você se sentirá tonificado, e preparado para enfrentar maiores adversidades.

S2. Desafios mentais

Quando nos aborrecemos, nosso pensamento fica deturpado: ou é filtrado (processa alguns elementos), ou é polarizado (pensamento extremado), estereotipado (baseado em pré-julgamentos), taxativo (rígido e inflexível), ou é iludido (tanto pela impotência quanto pela onipotência). Uma boa maneira de livrar-se desses pensamentos para dedicar-se à resolução dos problemas é praticar meditação ou atenção plena. Mas uma opção pode funcionar: praticar jogos de estratégia. Desde xadrez até *sudoku*, passando por exercícios de lógica. Se nos dedicarmos atentamente por algum tempo a qualquer um deles, nossa mente será clareada, permitindo em seguida enfrentar com praticidade os problemas ou adversidades que nos aborrecem.

APRIMORANDO A SOLUÇÃO DE PROBLEMAS SEMPRE

S3. Metodologia de projetos

Tudo o que é extraordinário ou incomum em nossas vidas é realizado na forma de projetos pessoais. O sucesso desses projetos transforma nossas vidas – a vida ganha dinamismo –, e nos transforma, também. Cada sucesso colhido desperta o apetite para novos e mais ambiciosos projetos. Mas há uma diferença: sonhos não são projetos. Sonhos são devaneios ou fantasias que nos confortam, mas que jamais serão realizados, a menos de alguma sorte. Projetos são ideias viáveis, portanto, ao nosso alcance. Projetos dependem de vontade, desejo ou ambição. Mas se o desejo não for significativo ou ambicioso, ele não mobiliza o *eustresse* em sua execução.

Projetos precisam ser delineados: para isso registre em um documento: *Por quê? Quem? Quando? Onde? O que alcançar? Como fazer? Quanto investirá?* Essas sete perguntas têm como premissa uma frase de grande sabedoria do Alcorão dos muçulmanos: “Para quem não sabe aonde quer chegar, qualquer caminho serve" – o documento acima delineia o caminho escolhido. Não estabeleça prazos e orçamentos muito apertados: as melhores coisas da vida merecem bom ritmo e desfrute na realização.

Como todo projeto apresenta riscos e incerteza, preserve a flexibilidade de mudar seus planos. Revise o documento sempre que julgar oportuno. Faça um ritual de lançamento de seu projeto: serve para o seu engajamento e o de apoiadores potenciais. Atraia apoiadores, que podem ou não desempenhar algum papel em seu projeto. Faça constantes avaliações da execução de seu projeto, mas para isso é preciso abrir espaço em sua agenda sempre sobrecarregada. Logo as conquistas precoces lhe darão tal estímulo que não faltará tempo e prioridade para seu projeto.

Uma cautela: não some muitos projetos simultâneos. O distresse causado pode colocar a perder todo o esforço para a solução de problemas.

S4. Resolução criativa de problemas

Esta prática não funciona em contexto de destemperança e crise, porque requer método, processo e abordagem racional. Adapto de Sardá e colegas (2004) o processo em cinco etapas. Selecione uma situação problema (episódica ou não), recupere a frieza para enfrentá-la com isenção:

1. *Foco no problema*: identifique o problema, isolando-o da situação; considere que a situação é única, específica e delimitada, portanto não deveria contaminar outros aspectos de sua vida; iniba a tendência de repetir avaliações e comportamentos habituais de modo automático, para que a criatividade seja mobilizada;
2. *Formulação do problema*: avalie a natureza da situação; pondere os prós e contras, os ganhos e as perdas; colete informação para subsidiar essa avaliação; para evitar a contaminação emocional, descreva os fatos com isenção e neutralidade; compreenda o contexto para estabelecer metas realistas;
3. *Criação de alternativas*: nessa etapa, a qualidade deriva da quantidade e variedade de ideias sugeridas; enquanto propõe ideias, adie seu julgamento e crítica – primeiro as ideias depois a seleção delas;
4. *Seleção de alternativas*: por comparação entre as alternativas, selecione a(s) mais promissora(s); antecipe implicações positivas e negativas da

escolha de cada uma dessas alternativas promissoras; se preciso, pondere as opções para obter a melhor decisão;

5. *Execução e controle*: antes de executar a decisão tomada, crie um plano B, que contém as medidas contingenciais para o caso da solução não funcionar como previsto – situações que afetam a resiliência costumam ser complexas, nada garante uma solução fácil; ajuste-se à realidade da execução, com a maior flexibilidade – isso é controle.

Depois de executar a solução decidida, avalie todo o processo cuidadosamente. Procure notar os automatismos, os pontos de maior dificuldade e as sensações e sentimentos associados.

11

Seja tenaz: aguente firme

Só temo uma coisa: não ser
digno de meus sofrimentos

DOSTOIÉVSKI

Famílias coesas e firmes na educação apresentam um padrão uniforme de resiliência ao longo de muitas gerações. Afinal, se a resiliência é aprendida, a educação familiar transmite esse padrão de competências. Merece estudo científico, mas por ora compartilho o caso de dois irmãos muito diferentes na personalidade e campo de atuação, mas iguais na resiliência.

Viviane e Ayrton eram filhos de Milton e Neide. Seus pais eram ricos. Milton possuía uma bem-sucedida empresa de autopeças com 750 funcionários; tinha fazendas com mais de 10 mil cabeças de gado. Eles viviam no bairro de Santana, em São Paulo. Uma família tradicional focada em valores, conta Viviane: "Palavra dada, correção, trabalho, disciplina, persistência, dedicação, perfeição." Quando Ayrton tinha quatro anos, seu pai fabricou para ele um kart com motor de 1 HP de potência. Aos 7 anos, Ayrton pegou um trator na fazenda da família. Como nunca havia dirigido veículos, ele trocava as marchas sem usar o pedal de embreagem, e isso assombrou seu pai. Aos 10 anos de idade, Ayrton ganhou um kart mais potente. Treinava no Anhembi porque não era permitido correr antes dos 13 anos.

Quando começou a competir, Ayrton Senna vencia as provas, tamanha era sua intimidade com o kart. Seu pai o patrocinava: ele tinha um furgão-oficina e motorista, o melhor equipamento e habilidade de sobra. Seu principal adversário na época, o piloto Mauricio Sala contou: "Eu achava que ele era realmente bom, agressivo, e na pista era como hoje: tudo ou nada. Ele começou a vencer nas corridas, mas nunca fez muitos amigos. Sua determinação era a coisa principal. A gente bateu muitas vezes porque eu era competitivo, ele era competitivo, eu não queria deixar espaço, e ele não queria deixar espaço" (HILTON, 1992, p.14).

"A força vem de minha educação que, você poderia dizer, foi privilegiada", afirmou Senna. "Fui privilegiado ao crescer num ambiente saudável. Minha família me deu essa oportunidade e sempre esteve por trás de mim. Quando tenho algum problema, alguma pergunta, tenho pessoas em quem confio, para quem posso me voltar. Sei que já se falou muito sobre o papel de minha irmã sobre minha carreira (ela é psicóloga). Mas de fato, é toda minha família que tem um enorme papel. Sou muito chegado a meus pais, minha irmã e meu irmão. Minha irmã tem três filhos, e isso é a coisa mais linda que pode acontecer a você na vida" (*ibid.*, p. 15).

Viviane era ligada ao estudo, à leitura e ao conhecimento; Ayrton detestava ler, era ligado à emoção. Afirma ela: "Ayrton foi uma criança agitada, cheia de energia, irrequieto. Ativo, ligado à ação e ao movimento." Apesar de muito tímido nas relações sociais. Certa ocasião, Viviane precisava de apenas meio ponto em um exame, mas estudou a noite toda e obteve ótima nota – exemplo de persistência. Ela conta que, quando o jovem Ayrton percebeu que não pilotava bem na chuva, passou a treinar incansavelmente em dias de chuva até superar essa dificuldade no kart. Depois, e na Fórmula 1, ele seria considerado imbatível sob tais condições. Introduziu na Fórmula 1 a cultura de chegar antes e sair por último, treinando o máximo que era permitido, repassando a telemetria – trabalho duro e esforço permanente.

Ayrton foi campeão brasileiro por quatro anos e campeão sul-americano de kart antes de atingir a maioridade. No autódromo de Interlagos, eu vi treinar esse jovem, o Beco, reservado e tímido, mas assombrosamente veloz no kart 42.

Viviane nota que Ayrton escolheu o caminho mais duro: mesmo tendo pai empresário, ele foi sozinho para a Inglaterra, aprendeu a cozinhar e a viver em condições duras. Afirma ela: "Persistência é sinônimo de resiliência." Viviane estudou psicologia e clinicou por quase 20 anos: trabalhava 40h semanais em três consultórios, fazia e dava supervisão, fez especialização – os mesmos valores familiares se manifestam. Na linha junguiana, ela e Ayrton buscavam "estar à altura de si mesma", com persistência, esforço e lealdade para consigo mesmos.

Em 1978, aos 18 anos, Ayrton foi à Europa para disputar o mundial de kart em Le Mans, na França. O campeonato foi um caos, ele não venceu, apesar de correr muito rápido. No ano seguinte terminou em segundo lugar com esforço tenaz: surgia a característica que o marcaria – não desistir. Em 1980, Senna teve o mesmo desempenho dos anos anteriores no kart europeu.

Era momento de subir para a Fórmula Ford 1600, que levaria à Fórmula Ford 2000, conduzindo à Fórmula 3, para chegar finalmente à Fórmula 1. Não sabemos se esse percurso estava claro para Ayrton, mas no final de 1980 ele acerta correr pela Van Diemen. Ralph Firmin lembra sua primeira impressão sobre Ayrton: "Ele é confiante"; "ele sabia precisamente o que queria fazer – vencer corridas" – e não apenas competir (*ibid.*, p. 26).

Ayrton estava casado com Liliane e atraiu a atenção da imprensa em 1981. Nesse início de carreira como piloto de monopostos, Ayrton perdeu a cabeça uma única vez e quase se atracou com o piloto argentino Mansilla após uma corrida em que foi empurrado para fora da pista. A estratégia para vencer que o consagrou surgia nesse ano: ele obtinha a *"pole position"* e *"bang!"*, explodia na largada para abrir vantagem sobre os concorrentes, enquanto os pneus ainda estavam frios. Como obtinha tanta regularidade ao adotar essa estratégia? Muita concentração, seja nos treinos seja no dia da corrida, quando Senna não falava com ninguém até o momento da largada.

Obteve excelentes resultados em 1981: venceu 2 campeonatos, 12 corridas e fez 14 *"pole positions"* em 18 corridas. Contudo Senna decidiu parar de correr e voltar ao Brasil para trabalhar com o pai. Disse: "Eu estava infeliz por uma série de razões. Eu estava muito desapontado" (...) "Mas não pude ter boas matérias na imprensa e sem isso não podia encontrar um patrocinador" (*ibid.*, p. 38). Ayrton era mais calmo e controlado, e um pouco arrogante, quando comparado a outros pilotos brasileiros da época.

Depois de passar o verão no Brasil e de se separar de Liliane, Ayrton decide voltar a correr e procura Dennis Rushen. Sem treino prévio no novo monoposto, Ayrton vence a primeira corrida facilmente. Morava com Mauricio Gugelmin e esposa, que lhe ofereciam muito apoio. Após uma sequência de ótimos resultados, ele começa a ser procurado por dirigentes da Toleman, McLaren, Williams e Brabham para correr na Fórmula 1. Mas ainda era cedo: "Eu jamais poderia ser apenas mais um piloto de Fórmula 1" (*ibid.*, p. 48).

Em 1982, Senna venceu o campeonato inglês e o europeu de Fórmula 2000: das 28 corridas, só não venceu 6, tendo abandonado em 4 delas. Após a derradeira vitória, Senna juntou-se aos companheiros para comemorar e, pela primeira vez no mundo das corridas, embriagou-se. Talvez essa seriedade, a timidez que o isolava e a ausência de comemorações indiquem temperança.

Em 1983 Senna abraça a Fórmula 3 num Ralt-Toyota da West Surrey Racing. Havia um rival igualmente talentoso, Martin Brundle, que corria num Ralt-Toyota de Eddie

Jordan Racing. A polêmica sobre quem seria vencedor já ocupava a imprensa no início da temporada. Tardiamente, a equipe de Senna percebeu que os monopostos não eram idênticos: por algumas corridas Brundle teve motores mais potentes e Senna se acidentava porque ultrapassava seus limites. No final desse memorável campeonato Senna venceu: ele e Brundle obtiveram seu "passaporte" para a Fórmula 1.

Em 1984, aos 24 anos, Senna correria pela Toleman, equipe acanhada, porque as demais já estavam comprometidas com pilotos experientes. Mas aficionados e imprensa sabiam que chegava ao "circo da Fórmula 1" um grande piloto. Na negociação do contrato, Senna insiste em cláusula de rescisão caso não tivesse um monoposto competitivo. Após alguns maus resultados, chegou a vez do circuito de rua de Mônaco. Com pneus ruins e forte chuva, Senna largou na nona posição e em 19 voltas já disputava a liderança com Alain Prost. Na volta 32 a corrida foi interrompida, dando a Senna a segunda posição.

Na metade do campeonato, é divulgada a notícia de que Senna era contratado pela Lotus para o campeonato de 1985, com chances de vencer. Antes de iniciar, Senna contrai uma infecção virótica no ouvido e comenta: "Isso ajuda você a perceber como é fraco. Como pode ser inadequado. Você passa a se controlar mais, a ser mais cuidadoso, dá mais atenção a si mesmo, à sua condição mental e física" (*ibid.*, p. 108) – sinal de temperança contrabalançando o excesso de tenacidade. Na segunda corrida, em Portugal sob chuva, Senna venceu. Em 1985 fez sete "*pole positions*"; em 1986 fez oito.

Na Espanha em 1986, ao vencer Nigel Mansell por centésimos de segundo em uma corrida extenuante, Senna afirmou: "Fisicamente eu estava nas últimas, mas como tinha vencido, me recuperei rapidamente. Vencer é o melhor remédio para restaurar as forças. À tarde eu estava completamente recuperado e repeti a corrida em minha mente. Queria, daquele modo, desfrutar minha vitória outra vez" (*ibid.*, p. 114). A tenacidade dá forças para a vitória, que realimenta a temperança e o otimismo aprendido para reforçar a resiliência. Em 1987, terceiro ano correndo pela Lotus, seria a oportunidade de vencer o campeonato ou ele mudaria de equipe. Aos 27 anos, com maturidade, fez corridas para acumular pontos, ainda cheio de ambições. Mas terminou o campeonato em terceiro lugar.

Em 1988 Senna passa a correr pela McLaren, como companheiro de Alain Prost. Essa equipe havia dado dois troféus a Prost e um a Lauda, e nesse ano teria motores Honda. Com um bom equipamento, Senna faz "*pole positions*", ultrapassagens, mas quebra diversas vezes. Depois de liderar 67 voltas em Mônaco, perdeu a concentração, bateu e abandonou a prova: "Monte Carlo foi a virada do campeonato. Não teve nada a ver com o carro ou equipamento. O erro que cometi me mudou psicológica e fisicamente. Mudei por dentro. Aquilo me deu forças para enfrentar os momentos críticos" (*ibid.*, p. 128). Creio que a autoeficácia se somava à tenacidade e proatividade, compensando a destemperança eventual. O predomínio da McLaren fez com que todas as atenções se voltassem para Senna e Prost, se alternando na liderança após cada corrida. No final, no Japão, Senna conquistava seu primeiro título na Fórmula 1, aos 28 anos de idade.

A temporada de 1989 foi amarga. Em meio a trocas de acusações e tribunais, Mansell e Prost hostilizando Senna, que venceu a corrida no Japão, ele foi desclassificado e perdeu o campeonato.

Em 1990 Senna consolidou suas conquistas, mas ainda estava abalado pelos problemas do ano anterior. De Viviane, Hilton comenta (1992, p. 170): "Sua irmã é apaziguadoramente parecida com ele, a tranquilidade do rosto, a maneira de girar os olhos, e mesmo a posição dos dentes quando ri, o que ela faz bastante." E Ayrton reforçava sua temperança: "O tempo nos mostra, à medida que progredimos, diferentes perspectivas de vida (...) Alguns anos atrás eu não tinha tempo para nada nem para ninguém fora das corridas (...) Hoje eu me organizo para alcançar o equilíbrio exato entre minha vida privada e profissional porque apenas assim, equilibrando os dois lados de mim mesmo, posso dar o melhor de mim" (*ibid.*, p. 177). Novamente no Japão o campeonato de 1990 seria decidido, mais uma vez com uma decisão judicial, após colisão entre Prost e Senna na largada. Dessa vez, Senna obteve seu segundo campeonato.

Em 1991, o mito Senna começou. Mesmo com equipamento inferior ao de outras equipes, Senna brilhava nos treinos, na largada e em ultrapassagens memoráveis. Novamente, a definição do campeonato ocorreu no Japão. Senna "segurou" Mansell enquanto seu companheiro de equipe Helmut Berger se afastava na liderança da corrida. Depois que Mansell rodou e perdeu a chance de vencer o campeonato, Senna acelerou, passou Berger e assumiu a liderança. Na última chicana, Senna deixou Berger passar, para vencer sua primeira corrida pela McLaren – um gesto magnífico. Ao desacelerar após a bandeirada, um torcedor pôs nas mãos de Senna uma bandeira brasileira. Era tricampeão, e nascia o mito.

"Sou obsessivo de um modo positivo. Eu tenho um impulso natural muito forte, mas isso não é uma coisa doentia, não é uma doença", afirmava Senna (*ibid.*, p. 210). O impulso natural deriva da autoeficácia, a "obsessão" deriva da tenacidade e da proatividade: "Minha determinação, minha dedicação e o desejo que tenho de ser o número um, isso é minha força" (*ibid.*, p. 212).

A superioridade das Williams deu o campeonato de 1992 a Mansell e o de 1993 a Prost. Em 1994 Senna deixou a McLaren e passou a correr pela Williams. Chegava ao "circo" Michael Schumacher na excepcional Benetton Ford. As regras haviam mudado, e Senna afirmou: "Vai ser uma temporada com muitos acidentes. Até me arrisco a dizer que teremos sorte se não acontecer alguma coisa realmente séria" (HILTON, 1994, p. 4). Em Imola, Rubens Barrichello sofreu acidente nos treinos; Damon Hill rodou na pista, assim como Martin Brundle. Senna obteve a *"pole"* provisória.

No dia seguinte, o novato Roland Ratzemberger perdeu a vida em acidente nesses treinos. Foi a primeira morte em 12 anos na Fórmula 1. Senna ficou tão abalado que telefonou à namorada e disse: "Não estou muito bem de cabeça. Esses dois acidentes me deixaram muito deprimido. Se houvesse algum meio de não participar da corrida, eu evitaria correr, mas preciso ir em frente" (HILTON, 1994, p. 6). No dia seguinte, após a largada um acidente lançou muitos fragmentos na pista, Senna e Schumacher lideravam. Todos esperavam que a corrida fosse interrompida, mas optou-se pelo *"safetycar"*, que formou uma fila por seis voltas. Quando a corrida recomeçou, na volta seguinte, Senna se acidentou na curva Tamburello. Ainda hoje há controvérsias sobre o acidente.

Aos 34 anos, o maior piloto do mundo morreu. Em quase 10 anos de Fórmula 1, Senna participou de 161 corridas, fez 65 *"pole positions"*, venceu 41 vezes (6 delas em Mônaco, ainda hoje um recorde) e obteve 3 títulos de campeão.

Essa corrida fatídica ocorreu em primeiro de maio de 1994. As repercussões foram tantas que o mundo se esqueceu de que, naquele dia e pela primeira vez, os negros iriam votar na África do Sul para eleger Mandela. No Brasil, foi decretado luto oficial por três dias, e ocorreu um tumulto quando o corpo dele chegou, cruzou a cidade de São Paulo e foi sepultado.

Naquele ano, Senna lançava no Brasil uma linha de barcos e motos com o sugestivo nome *"Driven to Perfection"* (HILTON, 1994, p. 23). Pouco antes daquele acidente, Ayrton manifestou a Viviane o desejo de fazer algo no campo social, porque até então sua ajuda era pontual e ele empatizava com a questão da equidade no país. Ainda em 1994 foi criado o Instituto Ayrton Senna, primeiro na Inglaterra e depois no Brasil, sob o comando de Viviane. Por dois anos ela compartilhou essa atividade com a psicologia, depois decidiu dedicar-se exclusivamente a organizações da sociedade civil.

O Instituto é financiado pelos royalties das marcas Ayrton Senna e Senninha e por parcerias com empresas. Primeiro decidiu pela causa da educação de crianças e jovens. Afirma Viviane: "Esse capital humano é o investimento de maior retorno e por mais tempo. É o momento de desenvolver habilidades. Educação e desenvolvimento humano é a causa que maior impacto tem sobre renda e saúde." Em um ano de atuação ela deu de cara com o problema da escala, quando atendia 40 mil crianças, apoiando projetos de terceiros.

"Fazer ajuda na escala e na qualidade que o Instituto faz é muito difícil (...) Exige coragem por atuar fora do campo conhecido, exige esforço; precisa de muita resiliência" – também Viviane escolheu o caminho mais difícil: conhecer tudo o que existia no campo e montar uma organização capaz de prover ajuda à educação pública, treinando professores e gestores educacionais.

A cultura de uma organização é fortemente moldada por seu fundador; o Instituto acolheu os valores do Ayrton (e da família): Superação, Perfeição, Determinação, Vitória, Motivação, Garra e Fé.

Viviane se considera mais otimista que pessimista; julga-se mais realista. Dois anos após perder o irmão, ela perdeu o marido em acidente de trânsito em São Paulo; logo depois perdeu uma pessoa que a ajudava muito no Instituto. Diante dessas perdas, ela afirma: "Você pode ficar amargurado (com depressão ou revolta) ou então pode reagir. A perda é um interruptor: você pode escolher como seguir, e essa é uma escolha ética" – que soma autoeficácia à competência social.

Para ela, a resiliência tem um componente de fundo, aprendido. Por exemplo, a capacidade de lidar com frustração requer desenvolvimento psíquico: "Quanto mais imatura a pessoa, menor a chance de lidar adequadamente com a frustração." Resiliência, para ela, é resultado da família e dos valores – esse é o componente aprendido –, porque "resilientes são capazes de lidar com frustrações sucessivas". Em sua visão, a tenacidade se expressa nisso e na orientação que ela segue: "Não desistir, lutar; não aceitar uma perda como ponto final; e virar-se de um lado e de outro."

Hoje, o Instituto Ayrton Senna capacita 60 mil educadores e gestores educacionais, atingindo 1300 municípios brasileiros e dois milhões de estudantes. Com o sucesso do Instituto, Viviane tornou-se líder em organizações da sociedade civil no Brasil. Participa de diversos conselhos de administração no segundo e terceiro setores; é membro do CDES – Conselho de Desenvolvimento Econômico e Social, do governo federal; é a gestora principal do Instituto. Faz seminários, palestras e é destaque em eventos nacionais e internacionais. Foi nomeada como um dos *"Líderes para o Novo Milênio"* pela *CNN/Revista Time*. Em 2012 foi laureada pelo *BNP Paribas* como líder do ano no terceiro setor.

Como avalia sua tenacidade, a partir das questões abaixo:

- *Diante de problemas eu atuo, mesmo quando não tenho certeza do resultado.*
- *Eu aguento muita pancada no dia a dia do trabalho e da minha vida pessoal.*
- *Costumo enfrentar mudanças estressantes, tentando entendê-las e aprender com elas.*

RESILIÊNCIA E TENACIDADE

Em estudos sobre estresse e doenças, Kobasa *et al.* (1982) atribuíram à tenacidade (*hardiness*, no original) o conjunto de traços de personalidade de indivíduos sob estresse que os protegiam de doenças relacionadas. A correlação positiva entre controle externo, impotência, busca de segurança, alienação de si e do trabalho revelaram maior propensão a doenças.

Tempos depois, Maddi *et al.* (2005, p. 576) conceituam a tenacidade como "*a coragem existencial e motivação para enfrentar efetivamente situações estressantes*". Os autores relatam que a maior tenacidade sob estresse: preserva e aprimora a saúde; reduz sintomas mentais e físicos de doenças; mantém e aprimora o desempenho. Também relatam que treinamentos para ampliar a tenacidade seriam efetivos.

Há tanta afinidade entre tenacidade e resiliência, que isso justificou a revisão da escala CD-RISC já mencionada (CAMPBELL-SILLS e STEIN, 2007). Esta possibilidade também foi aventada por Maddi *et al.* (2005), sugerindo a superposição entre os constructos. Tenacidade é positivamente relacionada com o enfrentamento ativo transformacional e negativamente relacionada com o enfrentamento regressivo, sua negação ou aversão (MADDI *et al.*, 2005). Esses autores também relatam estudo onde a tenacidade mostrou relação positiva com o comportamento inovativo.

Contudo, Earvolino-Ramirez (2007) alerta para uma distinção: tenacidade é traço de personalidade, enquanto na resiliência a personalidade pode não ser determinante; tenacidade é a resistência duradoura a estresse extremo, sem necessariamente conduzir a resultados positivos, enquanto a resiliência está relacionada ao sucesso na adaptação ou recuperação.

Klag e Bradley (2004) criticam a escala usada por Kobasa, optando por usar a DRS para controlar o neuroticismo (afetos negativos). Os autores revelam que o efeito da tenacidade para reduzir sintomas de doenças sob estresse é apoiado para homens, mas não para mulheres (vimos no Capítulo 2 que elas são mais susceptíveis aos efeitos do estresse). Estratégias de enfrentamento (*coping*) que mesclam *abordar* e *evitar* são mais efetivas em mulheres que em homens, segundo os autores. Curiosamente, o agrupamento C, mais feminino, exibe na ERS maiores médias para a tenacidade (Capítulo 2).

Wagnild (2009) também considera a *tenacidade* em sua escala, mas a denomina *perseverança: habilidade de seguir em frente mesmo quando há atrasos e empecilhos* – que pode ser um aspecto particular da tenacidade conforme conceituada por Kobasa, Maddi e colegas. Outros autores tratam de resistência (*endurance*) o mesmo conceito, e é nessa linha que a ERS mensura a tenacidade.

Moscovici (1998) relata resultado de pesquisa com 297 gerentes de organizações brasileiras, baseado em autoavaliação relativa a dimensões interpessoais. Dentre os pontos fracos dos respondentes encontrou: reação a feedback, espontaneidade, lidar com conflito e resistência a estresse. Todos esses fatores poderiam ser melhor enfrentados por indivíduos de maior resiliência: com competência social e empatia se enfrenta melhor os três primeiros; maior proatividade contribui para lidar com conflitos; tenacidade permite enfrentar melhor tantos conflitos quanto as pressões intra e extraorganizacionais, de que trata a autora quando explica a dimensão da resistência a estresse. A autora repetiu ano passado a mesma enquete, agora com público feminino, e os resultados se repetiram, conforme me informou.

Há poucos estudos sobre a tenacidade. Três deles me chamaram a atenção. Bartone e colegas (2008) aplicam a escala resumida DRS a mais de mil candidatos ao ingresso nas forças especiais do exército norte-americano. A seleção dura quatro semanas muito estressantes. Os autores conceituam tenacidade como um estilo psicológico associado à resiliência, boa saúde e desempenho, submetida a extensas condições estressantes. Na média, somente 45% a 55% dos candidatos têm sucesso e chegam ao final do treinamento. A amostra é masculina, com idade média de 25 anos. Aplicando a mesma escala aos graduados, notaram um aumento pequeno, porém significativo da tenacidade. O artigo não discute a razão da maior tenacidade. Especulo se a dureza do treinamento expulsa os candidatos de baixa tenacidade, o que não julgo ético nem justificável, nem nessa nem nas demais profissões estressantes. Mas há outra hipótese: o efeito do grupo e da liderança, durante o treinamento, poderia promover ganhos em tenacidade.

Em artigo anterior, Bartone (2006) indica que muitos estudos militares revelam que a tenacidade opera como um moderador ou "pulmão" frente ao estresse. Também adota a noção de que líderes tenazes poderiam influenciar seus subordinados a pensar e agir de modo mais resiliente. Estudo com cadetes de West Point revelou que a personalidade tenaz foi o mais poderoso e consistente fator de predição de elevadas pontuações no curso. Estudo norueguês foi citado, indicando que a tenacidade do líder de pequenos grupos influenciou a coesão positivamente. Embora esses estudos não tenham comprovado a influência direta dos líderes tenazes sobre o nível de tenacidade dos subordinados, a possibilidade existe. Voltaremos à questão no próximo capítulo.

A relação negativa entre estresse e tenacidade foi confirmada por Westman (1990), que estudou 326 cadetes do exército de Israel nos anos 1980. Usando a escala de Kobasa e medindo o desempenho com medidas objetivas e subjetivas, a autora confirmou que a maior tenacidade predispõe ao menor estresse e predispõe ao melhor desempenho durante o curso preparatório.

A tenacidade é particularmente posta à prova nos esportes competitivos. Sheard e Golby (2010) estudaram mais de 1500 atletas norte-americanos de 16 diferentes modalidades, aplicando a escala PVS III-R de Maddi e Koshaba (2005) com 18 questões relativas ao comprometimento (envolvimento completo na vida), controle (crença no controle pessoal interno) e desafio (afinidade com desafios e oportunidades). Análises multivariadas de covariância indicaram que atletas de nível internacional apresentaram maior tenacidade que atletas de nível nacional, por sua vez mais tenazes que atletas municipais ou de clubes.

Mais um argumento relativo à tenacidade nos esportes. O leitor já reparou que é raro encontrar entre os vencedores em corridas de maratona jovens atletas? Dizem os peritos que a maratona requer atletas maduros, que não é o vigor físico que determina o desempenho, e sim as condições psíquicas, isto é, a tenacidade para suportar condições tão extenuantes.

Por exemplo: por meses Pedro sofreu depois de ter sido demitido. A empresa onde trabalhava alegou que a crise internacional exigia redução de custos, e a demissão não teria sido causada por mau desempenho. Mas Pedro ficou tão abalado que decidiu que nunca mais seria um empregado. Tudo o que recebeu na rescisão contratual foi gasto para montar um pequeno negócio de entrega de pizzas em um bairro carente desse tipo de serviço. Pedro gostava, e era competente na produção de pizza, até tinha um forno a lenha no quintal de sua casa. Era o negócio certo, acreditava. Porém, a crise de 2008 de fato abalou o mercado, e mesmo oferecendo pizzas de qualidade, o negócio não saía do vermelho. O dinheiro acabou. Pedro tinha que seguir em frente, tinha que fazer dar certo o negócio, mesmo que demorasse. Seu irmão o ajudou em momentos difíceis, quando Pedro não conseguia nem abastecer de alimentos sua própria casa. As contas começaram a atrasar. Pedro foi forçado a negociar com a escola dos filhos, prometendo que em breve ele iria se recompor, e pagar as dívidas. Todos os esforços comerciais resultaram em fracasso. Pedro decidiu aproveitar as instalações para produzir, durante o dia, pães especiais: seu *ciabata* era muito saboroso. Por algumas semanas parecia que o novo produto teria mais sucesso que as pizzas. Mas logo o fracasso se impôs: o volume de vendas não era suficiente para remunerar os custos fixos. Pedro tinha que seguir em frente, tinha que fazer dar certo o negócio, mesmo que demorasse.

APRIMORANDO A TENACIDADE NO MOMENTO

TN1. Massagem

A massagem terapêutica tem diversos benefícios: soluciona as contrações musculares e a dor a elas associada, sobretudo sobre os ombros e pescoço; melhora o tônus muscular; estimula a circulação; e atua no nível celular para promover maior imunidade (há evidência científica disso). A massagem por si reduz momentaneamente a ansiedade, promovendo a serenidade. Combinada com a prática esportiva, respiração e meditação torna-se poderosa para ampliar a tenacidade e resiliência.

TN2. Competição

Filosoficamente buscamos cooperação, e não competição. Mas a competição sempre serviu de estímulo para indivíduos, organizações e sociedades. A competição reforça a tenacidade, sempre que é ética e limitada à nossa capacidade de competir.

Escolha jogos em que se sente capaz de competir, e cuja competição não cause dano a ninguém. Nas situações em que sentir que lhe falta resiliência, dedique-se por algum tempo a esses jogos. Concentre-se neles, avalie suas reações. Note os sinais da tenacidade: vigor, persistência, foco e concentração.

APRIMORANDO A TENACIDADE SEMPRE

TN3. Devagar e sempre

O imperador Augusto recomendava a seus impetuosos soldados: "*festina lente*", isto é, apressem-se lentamente (FARNÈ, 2003, p. 135). Senão a pressa gera distresse. Nem a paixão nem a ambição requerem pressa. A tenacidade está associada a andar, comer e falar devagar, com atenção plena, e uso adequado do *eustresse*. Criando esse hábito, aproveitaremos melhor cada ação ou situação, sem afobação, correria ou exagero.

TN4. Prática esportiva

Há inúmeras vantagens da prática esportiva para a manutenção da saúde. Mas pouco se fala dos benefícios em termos de resiliência. Praticando condicionamento físico habitualmente, você conhecerá seus limites, e poderá se empenhar por ultrapassá-los. Com a prática de alongamento, antes e depois do esforço físico esportivo, você ganha força e flexibilidade – quem sabe beneficiando a flexibilidade mental, ao abandonar a rigidez. Desenvolvendo sensibilidade para a dor, para os excessos e para os momentos de desempenho ruim, você ganhará resistência, autoconfiança e tenacidade. Pratique esportes três vezes por semana, no mínimo, e ganhe resiliência.

Acabam aqui as sugestões de técnicas para ampliar a resiliência. O leitor deve ter percebido que não há quase nenhuma novidade. Na verdade, todos sabemos o que é preciso para manter o bem-estar em nossas vidas. Falta apenas disciplina e dedicação.

Não se apegue às sugestões: compreendendo cada fator, você pode formar um repertório de técnicas agradáveis e promissoras.

Dedique apenas 20 minutos por dia.

Mãos à obra.

12

Organizações e Lideranças resilientes

Aquele que não é capaz de governar a si mesmo não será capaz de governar os outros.

MOHANDAS GANDHI

Um jovem piloto paulista, de origem humilde, foi contratado para atender fazendeiros goianos que precisavam visitar suas propriedades. Empolgado, aos 24 anos de idade ele largou o emprego e financiou um avião Cessna 170 para oferecer o serviço. Mas os fazendeiros não contratavam seu serviço. Em desespero, o jovem comprou radiocomunicadores e os distribuiu a alguns deles, oferecendo pronto atendimento. Como os outros fazendeiros ouviam as chamadas, logo todos o estavam contratando (DOMINGOS, 2009). Ele passou a comprar aviões de fazendeiros, em troca de serviços prestados por sua companhia aérea ATA – Araguaia Transportes Aéreos, que chegou a possuir 10 aviões. Em 1972, o comandante Rolim Amaro adquiriu metade das ações da Taxi Aéreo Marília, depois chamada TAM. Completou a aquisição da TAM em 1976. Em 1996 a TAM já operava com 30 aviões Fokker 100, para 107 passageiros. O que explica esse crescimento?

Nos anos 1980, Jan Carlzon, um jovem presidente da SAS – Scandinavian Airlines (empresa pública de propriedade dos governos da Suécia, Finlândia, Noruega e Dinamarca) promovia uma revolução: ao invés de focar nos aspectos técnicos do equipamento usado na aviação, ele focou a qualidade do serviço. Em poucos anos, a SAS tornou-se a melhor companhia aérea europeia. Espelhando-se nela, o comandante

Rolim fez o mesmo na TAM: criou o serviço "fale com o Presidente", convidava os passageiros para uma troca de cartões de visita, e todas as manhãs recolhia cartões de embarque nos voos que partiam de Congonhas. Era o seu modo de ouvir comentários, sugestões e reclamações.

No início, a TAM atuava no interior de São Paulo. Conta Domingos (2009, p. 252) que os pés sujos de barro dos passageiros "emporcalhavam" os aviões. Rolim teve a ideia de colocar tapetes vermelhos na entrada de todos os seus aviões. Era uma jogada de marketing e fidelização, o "jeito TAM de voar". Vestindo luvas brancas, o piloto cumprimentava cada passageiro que chegava. Muitos pilotos se rebelaram, mas o comandante fez valer sua autoridade. E a clientela manifestou satisfação: logo a TAM era a primeira escolha de viajantes de negócios, que pagavam até 40% a mais nas passagens para voar pela TAM. Apesar de operar com aviões Fokker, percebidos pela clientela como inferiores aos Boeing ou Airbus, pelo menos em questão de espaço.

Nos anos 1990, a TAM conquistava *"slots"* nos principais aeroportos, ampliava linhas nacionais e internacionais, enquanto a Transbrasil e Vasp deixavam de operar e a maior empresa, a Varig, perdia mercado e reputação em meio a crises operacionais e de gestão. A TAM não apenas se tornava uma referência em serviços no Brasil, como seu fundador e líder desfrutava de excelente reputação. Rolim passou a colecionar aviões antigos, que restaurava, criando em São Carlos o primeiro museu dedicado à aviação do Brasil, denominado "Asas de um sonho".

Em 31 de outubro de 1996 o Fokker 100 do voo 402 fazia a Ponte Aérea São Paulo – Rio de Janeiro. Decolou às 8h25 e logo depois se acidentou, a dois quilômetros da pista de Congonhas. Noventa passageiros perderam a vida, sete tripulantes e duas pessoas em terra, moradores da Vila Catarina, Jabaquara, onde a explosão destruiu duas dezenas de casas. Luiz Eduardo de Falco, vice-presidente de Marketing da TAM na época, relatou o desastre no livro de Rosa (2008). Foi o pior acidente aéreo da nossa história, até então. Era o avião símbolo da TAM, pintado de azul e com o título *"number 1"* em referência ao prêmio de melhor companhia regional de aviação, obtido no ano anterior.

Não há crise pior para uma companhia aérea. Estatísticas indicam que o avião é muito mais seguro que o automóvel, por sua vez muito mais seguro que as motocicletas. No entanto, não é raro encontrar pessoas com fobia de voar. Acidentes como esse, ainda mais na região urbana da maior cidade do hemisfério sul, têm destaque internacional. A TAM teria a resiliência necessária para recuperar-se da crise?

O comandante Rolim estava fora do país, no Caribe, e lá parou porque passara mal enquanto pilotava seu jato de uso pessoal. Falco tomou várias decisões sozinho, com sangue frio: era preciso fazer a empresa operar e dar o máximo de assistência às vítimas. O aeroporto não havia fechado, então os voos seguintes da TAM partiram, embora com redução de 15% a 20% do quadro de aeromoças. Falco afirma: "Minha preocupação era que ocorresse um efeito cascata: ao ver uma colega chorando, as outras também começariam a chorar. Naquele momento de crise absoluta, precisávamos de gente capaz de controlar a emoção e não deixar a máquina parar" (ROSA, 2008, p. 39).

A TAM imediatamente montou um Centro de Atendimento às famílias das vítimas. E alugou um hotel inteiro, em frente ao aeroporto, para acomodar os parentes das vítimas que começavam a chegar ao local. A lista de passageiros não foi divulgada, mas os parentes que telefonavam tinham a confirmação dos que haviam efetivamente embarcado. Todo o pessoal do balcão foi deslocado para o hotel alugado, "para poder dar um pouco de calor humano ou simplesmente escutar os parentes" (*op. cit.*, p. 40). Funcionários que estavam de folga apresentaram-se voluntariamente para trabalhar, demonstrando compromisso e responsabilidade.

Às 12 horas daquele dia ocorreu a primeira entrevista coletiva. Falco foi o porta-voz, atendendo 800 jornalistas. Todos buscavam culpados. Às 15 horas ocorreu outra coletiva. A TAM manifestava maior preocupação com as vítimas que com a busca de culpados, reforçando o ar de seriedade da empresa. No dia seguinte, os jornais, a TV e as revistas semanais ampliavam a divulgação da tragédia. A revista *Veja* fez edição especial e obteve uma das maiores vendas em banca de sua história até então: 264 mil exemplares.

Rolim chegou a São Paulo na manhã de sexta-feira e concedeu a primeira entrevista coletiva às 13 horas. A TAM não tinha um plano de gerenciamento de crises. Toda a ação era baseada no "bom senso". Pediram à American Airlines que cedesse seu manual – e Falco, aliviado, notou que haviam tomado as medidas certas. Além do que pregava o manual cedido, a TAM chamou religiosos para oferecer apoio espiritual. Chamou também o Laboratório de Luto da PUC-SP: o clima estava muito pesado e pesaroso. Essas psicólogas atuaram pelos dois anos seguintes com afetados pelo desastre.

Rolim passou a visitar o local do acidente e as famílias das vítimas, chegando a oferecer os pêsames a 80% delas. Começara o problema das indenizações. A TAM ofereceu US$150 mil por vítima, 10 vezes mais do que a legislação definia. Surgia a associação de familiares, conhecida como as "viúvas da TAM". Cinco anos depois, quase todos haviam recebido as indenizações.

Nos meses seguintes houve desligamento de quadros da TAM: em torno de 10%, quase mil aeromoças. No dia do acidente, as ações da TAM caíram 22%, mas no dia seguinte aumentaram 6%, iniciando sua recuperação. Falco estimava o custo da tragédia em US$1 bilhão.

Durante as duas semanas seguintes houve perda de 70% dos passageiros. Mesmo assim, os aviões cumpriam as ordens, chegando a decolar sem nenhum passageiro a bordo: "Voar vazio é melhor do que perder em imagem – um custo infinitamente maior, porque pode ser irrecuperável", afirma Falco (*op. cit.*, p. 54). No final daquele ano, as ações da TAM tinham obtido uma valorização de 100%. A causa do acidente foi a abertura no reverso de uma turbina freando o avião, que perdeu sustentação, apontou o relatório preliminar do DAC em novembro.

Rolim rapidamente conduziu negociação com a Airbus para a troca das aeronaves. Mas isso demoraria oito anos a se completar. A comprovação de que a TAM possuía resiliência veio quase um ano depois. No feriado paulistano de 9 de julho de 1997 o Fokker PT-BHK pousou, despressurizado, com um buraco de $10m^2$ na fuselagem. O avião foi imediatamente levado para um hangar e a Aeronáutica assumiu o caso e o cercou de sigilo: parecia caso de atentado. Embora 55 passageiros tenham saído ilesos, um dos passageiros foi arrancado para fora com a explosão, despencando de uma altura de 2400 metros. Seria obra de um professor de química alucinado ou de um terrorista da Al-Qaeda? Hoje poucos se recordam do caso, surpreendentemente.

Dez dias antes do atentado, a TAM havia sido laureada pela revista *Exame*, no ranking das *"maiores e melhores"* – apesar das críticas após o acidente, a editora manteve sua posição. Diante do ocorrido, a TAM recebeu 50 mil mensagens de apoio de passageiros do mundo todo. Havia solidariedade, um crédito de confiança. Mesmo após uma morte cruel, e um atentado que poderia causar insegurança, o caso rapidamente foi esquecido.

Toda a publicidade da TAM foi suspensa, e isso durou três anos. No ano seguinte, a TAM venceu a concorrência para transportar o presidente Fernando Henrique Cardoso, o que contribuiu para reforçar a confiança, quando ela já aposentava os Fokker.

Exatamente quatro anos depois do atentado, em julho de 2001, morre o comandante Rolim aos 58 anos de idade, pilotando helicóptero de uma de suas empresas no Paraguai. Também perdeu a vida uma das gerentes da TAM, e o episódio suscitou fofocas. Enquanto todas as companhias aéreas sofriam com o atentado de 11 de setembro de 2001 às Torres Gêmeas nos EUA, a TAM crescia 31% nesse ano, devido à sua resiliência.

Desde 2003 a TAM era a maior companhia aérea brasileira. Em 2007 registrou participação de mercado de 50,6% em voos domésticos e 64,3% em voos internacionais. Tinha 20 mil funcionários. Com a morte do pai, assumiu o comando da empresa sua filha Maria Cláudia Amaro.

Dizem que um raio não cai duas vezes no mesmo lugar. Mas crises se repetem. Em 17 de julho de 2007, novamente a resiliência da TAM é posta à prova. O voo

3054 procedente de Porto Alegre saiu da pista de Congonhas ao pousar e se chocou com prédio de depósito da própria companhia. Foi o pior acidente aéreo no Brasil até então: 199 mortos, dos quais 11 funcionários do prédio e um taxista, parado no posto de combustíveis vizinho. O avião era um Airbus A320, que há dias apresentava falha no reversor direito. Era noite e chovia. Foi aventada hipótese de falha humana, pois o manete estava em posição errada no momento do acidente. Nos dias que se seguiram ao acidente vários voos atrasaram ou foram transferidos, no que foi chamado de "caos aéreo", iniciado meses antes, após acidente aéreo envolvendo Boeing da Gol e Legacy de empresa norte-americana.

A TAM cedeu o terreno onde ocorreu o acidente à prefeitura, que inaugura em 2012 o Memorial 17 de Julho, a um custo de R$8 milhões. Todo ano os tapumes eram marcados por homenagens às vítimas, no dia que marcava o acidente. Tornou-se um solo "sagrado", afirmavam parentes, associados a AFAVITAM, associação de familiares de vítimas da TAM. Um mês após a tragédia, o movimento do aeroporto de Congonhas caiu 35% por determinação da ANAC. O governo, por meio do ministro da Defesa Nelson Jobim, prometeu obras no aeroporto, visando ampliar sua pista. Nada foi realizado até hoje.

A AFAVITAM ainda está indignada. A TAM parece não ter aprendido as lições do acidente ocorrido 11 anos antes. Comunicou-se mal, faltou transparência: no dia seguinte, o presidente da TAM Marcos Bologna afirmou em coletiva que o Airbus e a pista estavam em "perfeitas condições". Não era verdade. O responsável pela gestão de crises da TAM estava entre as vítimas, e não havia *"Plano B"* para isso. Paulo Castelo Branco, vice-presidente da TAM, afirmou depois que "nossos funcionários ficaram abalados e não conseguiram dar o atendimento devido aos parentes". Parentes de um deputado gaúcho vitimado só receberam telefonema da TAM depois que ocorreu o sepultamento dele em Porto Alegre. A empresa tão admirada perdeu o brilho.

Em agosto de 2010 as famílias Amaro e Cueto assinaram acordo para a fusão de suas companhias, TAM e LAN Chile, criando a LATAM, maior empresa aérea da América do Sul e 15ª do mundo. Os Cueto ficaram com 24% das ações e os Amaro com 13,5%, foi à época anunciado. Após dois anos, com a fusão aprovada por ambos os governos, começou a integração entre as duas companhias. A presidência da LATAM é de Enrique Cueto. Reportagem na revista *Exame* de junho de 2012 indica que analistas do Deutsche Bank não esperavam um futuro próximo muito brilhante para os papéis da LATAM. Teria ela perdido resiliência?

Se o leitor, até aqui, formou opinião positiva sobre a importância da resiliência para indivíduos, naturalmente se pergunta se o mesmo vale para organizações e sociedades. Até porque uma dimensão da vida onde a resiliência é mais promissora, é a dimensão do trabalho.

Como capítulo final, este serve a dois propósitos: o de síntese e o de apontar para a ampliação do uso do conceito de resiliência. Para a síntese, ele discute a resiliência em dirigentes de organizações. Para ampliar o uso do conceito, explora a resiliência organizacional. Há dois caminhos para ampliar a resiliência de organizações: mudando cultura, estrutura e processos – o que é um processo lento demais frente à urgência que muitas organizações têm em tempos de crise –, ou ampliando a resiliência de seus dirigentes – um esforço pragmático, mas com resultados firmes em curto prazo. Esta é a relação entre os dois temas.

DESAFIOS DA SOCIEDADE DO CONHECIMENTO

Desde os anos 1960 nas principais economias ocorre uma mudança na organização do trabalho: a maioria da população economicamente ativa passa a trabalhar no setor terciário (comércio e serviços), e não mais no setor primário (agricultura, pesca, mineração) nem no setor secundário (indústria). No Brasil contemporâneo, as respectivas proporções são de 65%, 20% e 15%. Note que a população empregada no comércio declinou, sobretudo após o advento do comércio eletrônico. Onde há tantos empregos no setor terciário? Há profissões que não eram significativas então, mas hoje são: consultoria, desenvolvimento de sistemas, comunicação, educação e todos os segmentos da indústria cultural. Vivemos uma nova forma de organização social: a sociedade do conhecimento (SABBAG, 2007).

Além do mais, a população mundial cresceu tanto nos dois últimos séculos, que amplia numericamente os dedicados ao setor terciário. Essa nova sociedade e sua economia requerem pessoal de maior escolaridade, inseridos na economia digital, sobretudo no setor terciário. Com elevada expectativa de vida, e dedicando a maior parte dela à produção e disseminação de conhecimentos. Imagine o que isso não provocou em termos de aceleração do conhecimento nas últimas décadas.

Os benefícios do progresso científico podem não chegar a tempo: as inovações em nanotecnologia, genômica e energias renováveis – economizadoras de energia e de recursos naturais –, ainda requerem décadas para se incorporar ao cotidiano e mudar a economia. E a população mundial, hoje em sete bilhões, aproxima-se do limite da capacidade do planeta, que alguns estudiosos fixam em nove bilhões.

A aceleração do conhecimento provoca a inovação, que transforma nosso estilo de vida. Imagine que há apenas 25 anos não havia internet, telefones celulares, GPS, *notebooks* e *tablets*. Não importa se a revolução tecnológica é causa ou consequência da sociedade do conhecimento, importa notar seus efeitos: mudança na organização do trabalho e das profissões, mudanças no estilo de vida, enormes e constantes ganhos de produtividade, maior conectividade em escala global e, pior de tudo, um significativo desemprego estrutural que força ao rearranjo das economias e da geopolítica.

A disseminação de informação e a dificuldade de proteger o conhecimento, atributos dessa nova sociedade, tiveram outros efeitos marcantes: a dificuldade de proteger vantagens comparativas entre organizações e nações; e a redução da hegemonia das nações do primeiro mundo. Até porque a sociedade industrial requeria capital e tecnologia em tal escala que criou enormes diferenças entre as economias do primeiro e do então batizado "terceiro mundo". Na sociedade onde o trabalho braçal tornou-se anacrônico, pautada pela desverticalização (movimento oposto ao da sociedade industrial) e onde a maior fonte de valor deriva da criatividade e da sabedoria, contexto que equipara nações.

Não por acaso as economias emergentes passam a desempenhar um papel relevante na economia mundial, e o Brasil, dentre os BRICS, se destaca no processo. O século XXI aponta para um mundo multipolar, o que causará transformações ainda maiores na geopolítica.

Para completar, a sociedade do conhecimento introduz novos valores. Os pioneiros dessa nova sociedade advogam causas: do desenvolvimento sustentável, da integração do social e ambiental ao econômico, da diversidade e tolerância a minorias e do consumo consciente.

A transformação é acelerada, nos governos, nas empresas e nas sociedades civis, para não dizer nos indivíduos. Mas uma economia como a brasileira, que passou por uma industrialização tardia, multiplica os problemas nessa transição para a sociedade do conhecimento. Pulverizados em nossa geografia, há bolsões que nitidamente pertencem à sociedade do conhecimento, há regiões industrializadas e há regiões atrasadas. Isso faz com que o arcaico da sociedade agrária conviva com o moderno da sociedade industrial, e com o pós-moderno da sociedade do conhecimento.

Com a população ainda aumentando em ritmo de sociedade industrial, continuam crescendo as metrópoles, com todas as doenças sociais que isso representa. A sociedade do conhecimento provocou a redução das distâncias e das fronteiras, com todos os riscos pertinentes à globalização. Como a era do consumo (e desperdício) não arrefeceu, crescem os problemas ambientais: poluição, lixo tóxico, devastação de florestas, consumo excessivo de recursos naturais. Em um mundo de multidões, os riscos tornam-se globais: epidemias, catástrofes ambientais, narcotráfico e terrorismo.

Não vejo melhor argumento para justificar a importância crescente da resiliência do que observar esse contexto e seus impactos sobre a sociedade. A redução na coesão social, dado que a sociedade do conhecimento é mais individualista que as que a precederam, e a perda de credibilidade de todas as instituições introduzem: desgaste nas relações, riscos e piora na qualidade de vida. O desemprego estrutural condena à perda de resiliência: os drogadictos, a marginalidade. Micromovimentos sociais substituem paulatinamente os movimentos de massa característicos da sociedade industrial – exceção aos jovens da "primavera árabe", em busca de organização e instituição que expresse seus anseios.

A crise econômica mundial iniciada em 2008 não dá mostras de que terminará brevemente. Enquanto muitos observam o declínio da hegemonia norte-americana, o mundo multipolar revela a necessidade de instituições supranacionais diferentes das que herdamos do século XX. O esgotamento de diversos modelos econômicos, não apenas do soviético ou do estado de bem-estar social, mas também do capitalismo selvagem indica a necessidade de novos paradigmas, ainda não delineados. Enquanto isso, é promissor o crescimento e consolidação do empreendedorismo social e do maior peso atribuído às organizações da sociedade civil.

RESILIÊNCIA EM ORGANIZAÇÕES

A sociedade do conhecimento impacta os negócios. Em primeiro lugar, a maior competitividade, em escala global, ameaça oligopólios e grandes corporações aristocráticas. A aceleração do conhecimento provoca a redução do ciclo de vida de produtos e serviços, forçando à redução do seu tempo de desenvolvimento e lançamento. A exigência de inovação permanente amplia riscos empresariais e demanda capital de risco. A desverticalização, também em escala global, estabelece novos desafios (e oportunidades). O paradigma da sociedade industrial – *crescer sempre para obter ganhos de escala* –, é confrontado: organizações pequenas são mais ágeis e flexíveis, adaptando-se velozmente às mudanças do consumidor e do ambiente. A força dos pequenos negócios na economia é traço da sociedade do conhecimento e traz consigo a reemergência do empreendedorismo, agora alavancado por incubadoras, "*seed money*", políticas públicas e órgãos de fomento. Com tanta instabilidade nos negócios, outro efeito pernicioso é a dificuldade de atrair e reter talentos, tão crucial na sociedade que prima pelo saber. A exigência de tal dinamismo empresarial demanda investimento permanente em educação, em pesquisa e desenvolvimento, e na inteligência organizacional. A instabilidade também remete a um forte movimento de fusões e alterações societárias. Em meio a turbulências e crises sucessivas.

As organizações nunca precisaram tanto de eficiência, eficácia e efetividade, para garantir sua sustentação. Nessa busca, passaram a exigir gestores cosmopolitas, para atuar em ambiente multicultural e diverso. As decisões e operações são descentralizadas, fornecendo autonomia maior a gestores. Isso causa um declínio da hierarquia como forma de organização e da burocracia impessoal e baseada no comando-e-controle. Em substituição à hierarquia, surgem as *adhocracias*, organizações por projeto, elásticas e orientadas por resultados e benefícios. A própria medida do sucesso empresarial passa a considerar intangíveis como fontes de valor. E a principal medida de valor passa a ser o Capital Intelectual, composto de capital humano, de relacionamento e estrutural. A criatividade se encontra acolhida nas organizações flexíveis e voltadas para o cliente. Mas isso requer pessoal de maior escolaridade e perícia, e com maiores exigências.

Esse contexto externo e interno das organizações ampliou os riscos; a perenidade da organização foi posta a prova. Riscos podem ser enfrentados com cautela e precaução. Nem todo risco, ao se tornar realidade, gera crises. Em geral, cria apenas problemas e oportunidades a serem exploradas. Mas, curiosamente, certos riscos provocam crises. Nem sempre são grandes problemas, mas tornam-se crises porque causam sensação de perda de controle, de consequências crescentemente catastróficas, e então, emoções infladas. Nas organizações, são as crises que põem à prova a resiliência organizacional.

Crises podem ser causadas por eventos inesperados de grande impacto. Exemplo: o ataque terrorista de 11 de setembro de 2001 às Torres Gêmeas nos EUA. Mas podem ser causadas também por circunstâncias que ameaçam a integridade, a reputação e a sobrevivência de indivíduos ou organizações. Ou causadas por situações ambíguas que demandam respostas sob pressão do tempo.

Nas crises, o *depois* vira *súbito* ou *iminente*; *temor* vira *pânico*; *desconforto* vira *sofrimento*; *surpresa* vira *estupor*, *assombro* ou *pasmo*. Essa conjuntura provoca uma inflação de efeitos potenciais, que pode ser amplificada por desconfiança, rumores, ações desencontradas, atos de heroísmo e ruptura nos sistemas formais, sobretudo, de comunicação institucional.

Não me estranha o fato de que as organizações são mais vulneráveis a crises externas que a crises internas. O ICM – *Institute for Crisis Management* publica* uma classificação dos tipos de crises que afetam organizações. Por minha conta, eu as separo: 54% das crises ocorridas em 2011 são crises externas: 19% de crimes do colarinho branco, 9% acidentes de trabalho, 8% catástrofes, 7% litígios sindicais, 5% ativismo de consumidores, 5% defeitos/*recall* e 1% de acidentes ambientais. Os restantes 46% referem-se a crises internas: 11% são conflitos de gestão, 10% violência no local de trabalho, 8% disputas trabalhistas, 8% perdas financeiras, 3% fofoca, 3% discriminação, 2% assédio sexual e 1% delas causadas por demissão de dirigentes (ICM, 2012). Note que a maioria das crises não é inesperada nem súbita. Mas a reação causada em interessados (*stakeholders*) assim lhes parece.

Muitos riscos tornam-se crises devido ao absoluto despreparo das organizações para enfrentá-las, o que denota baixa resiliência. A maioria das organizações não conhece os custos de ruptura do negócio, não fazem análises do impacto de crises nos negócios, nem tem um Plano de Continuidade do Negócio ou um plano de retrocesso para o caso de ocorrer uma interrupção nas operações. Nem sabem o custo de sair do negócio. É um despautério, uma imprudência em tempos tão inusitados.

Se para indivíduos a resiliência se associa à capacidade de enfrentar adversidades/desafios e recuperar-se pelo menos, ou de prosperar depois delas, o mesmo se dá com organizações. Por analogia, organizações resilientes apresentam:

- Maior tolerância e flexibilidade diante de mudanças externas.
- Maior flexibilidade de resposta e capacidade de aprender com a experiência.

---

* www.crisisexperts.com, acessado em 1 de junho de 2012.

- Retorno rápido à normalidade depois de crises internas ou externas.
- Recuperação do funcionamento, com menor rotatividade de pessoal, atração de talentos e melhoria do clima e da qualidade de vida no trabalho.
- Capacidade de recuperação e manutenção da reputação.
- Capacidade de recuperação do valor de mercado ou do capital intelectual.

Poucos estudos quantitativos explicam a resiliência organizacional. Somers (2009) desenvolveu uma escala para avaliar a resiliência latente nas organizações, considerando que a simples existência de planos para crises ou para restabelecer operações não define o potencial de sucesso das organizações frente a graves adversidades. A amostra envolveu departamentos municipais, portanto, da administração pública. O Quadro 12.1 apresenta os seis fatores da escala de Somers e sua relação com graus de resiliência, em livre tradução.

QUADRO 12.1. Descrição dos fatores da escala de resiliência organizacional (Somers, 2009, p. 16).

FATORES	BAIXA RESILIÊNCIA	PONTO MÉDIO	ELEVADA RESILIÊNCIA
Busca de soluções orientadas a metas	Equipes esperam cumprir procedimentos operacionais.	Habilidade de ajustar procedimentos segundo roteiros estabelecidos.	Equipes são sistematicamente treinadas para improvisar soluções.
Prevenção de riscos	Empregados evitam assumir qualquer risco significativo.	Empregados buscam orientação específica com seus supervisores.	Empregados endereçam problemas com a mínima intervenção de supervisores.
Compreensão da criticidade da situação	Sistemas de informação têm acesso protegido.	Empregados têm acesso; precisam colocar os problemas no contexto.	Empregados coletam informação; consideram consequências das alternativas.
Habilidade de desempenhar múltiplos papéis	Posições-chave são altamente especializadas.	A rotação de pessoas e de treinamentos são sistemáticas.	Posições-chave são generalistas.
Confiança em fontes de informação	Supervisores definem a direção sozinhos.	Empregados exibem instrumentos estruturados para tomar decisões.	Empregados exibem conhecimento; mínima intervenção de supervisores.
Acesso a recursos	Equipes têm acesso a poucos suprimentos centrais.	Equipes têm acesso a múltiplas fontes de materiais.	Equipes têm autoridade para comprar materiais necessários.

O estudo de casos de sucesso e de insucesso na gestão de crises aponta a direção. Para comparar a resiliência em indivíduos à de organizações, proponho o Quadro 12.2.

QUADRO 12.2. Atributos de organizações resilientes, comparados com a resiliência em indivíduos.

INDIVÍDUOS COM ELEVADA RESILIÊNCIA	ORGANIZAÇÕES COM ELEVADA RESILIÊNCIA
Autoeficácia e autoconfiança	Apresentam visão de futuro e preservam sua identidade. Atraem e retêm talentosos.
Otimismo aprendido	Preservam o otimismo mesmo nos piores momentos. Cultivam o sucesso.
Temperança	Trabalho em equipe promove a temperança dos membros. Clima organizacional saudável, preserva a "normalidade": qualidade de vida, rotatividade.
Empatia	Apresentam coesão interna e valores esposados. Valorizam a ética e transparência.
Competência social	Preservam senso de pertencimento dos funcionários, vínculos com clientes e com a rede de interessados (*stakeholders*). Sólida proximidade com a comunidade e sociedade, manifesta por meio da responsabilidade social e boa reputação.
Proatividade	Liderança é referência inspiradora, reconhecida dentro e fora. Redes sociais são fortemente emuladas e promovem relações sólidas. Estratégias são formuladas e fazem sentido frente à identidade. Manifestam capacidade empreendedora, sobretudo durante as crises.
Flexibilidade mental	Apresentam capacidade de auto-organização depois de crises. Manifestam flexibilidade operacional e capacidade de aprender. Toleram mudanças, fazem experimentos.
Solução de problemas	Apresentam capacidade de recuperação da estrutura e sistemas de trabalho depois de crises. Apresentam dinamismo decorrente da quantidade de projetos executados com êxito.
Tenacidade	Demonstram busca persistente por estratégias e objetivos Advogam causas com tenacidade.

O enfrentamento de crises é uma condição dinâmica, portanto a resiliência não deriva apenas de um "estado" preexistente. Nesse processo, os relacionamentos ganham relevância. Powley (2009, p. 1292) sugere que a "competência para lidar com crises nasce na capacidade conectiva social da organização;

organizações usam 'recursos cognitivos, emocionais e relacionais acumulados' para obter o ajuste positivo". Para o autor, a ativação da resiliência na crise ocorre por meio de três mecanismos (tradução livre): suspensão liminar, testemunho compassivo e redundância relacional. O primeiro indica que no ápice da crise as estruturas e procedimentos são suspensos, permitindo novas e profundas relações entre envolvidos internos e externos. O trabalho rotineiro é suspenso, criando espaço para que todos se ajustem e reorientem. As fronteiras sociais se tornam mais permeáveis, ao mesmo tempo em que o senso de pertencimento se reforça. Ao tratar do testemunho compassivo, o autor denota o fortalecimento da empatia entre envolvidos, criando uma igualdade temporária, que eu prefiro tratar como solidariedade autêntica. A força desse processo está subjacente às condições do Quadro 12.2: se as condições da organização bloqueiam esse processo informal, a efetividade do desmonte da crise se perde.

Elwood (2010) adapta o modelo crise/alívio (*crunch/release*, no original) para sociedades enfrentarem desastres em um modelo válido para organizações. Para o autor, a "vulnerabilidade" é convertida em "exposição a riscos". Essa exposição não depende apenas da prática de gestão de riscos, mas de dois conjuntos de fatores: infraestrutura e tecnologia; pessoas e processos. Esses fatores, por sua vez, são afetados por: existência de metas organizacionais, pressões financeiras e pela cultura corporativa.

Por exemplo: para uma farmacêutica a pior crise envolve a morte de consumidores causada por medicamentos por ela produzidos. Este é um caso emblemático, de uma época em que nenhuma empresa tinha sistemas ou manuais para lidar com crises. Trata da morte penosa de sete pessoas depois de consumirem o mais popular remédio para dor de cabeça – Tylenol –, em setembro de 1982 (FINK, 1986). O Tylenol tinha 35% de participação no mercado (participação maior que a soma da dos quatro principais concorrentes). A Johnson & Johnson estava entre os melhores lugares para se trabalhar, era líder entre empresas do ramo de saúde, tinha consumidores fiéis em todo o mundo e excelente reputação. Além do mais, era líder em produtos para bebês. O envenenamento por cianeto poderia destruir tudo isso, se a empresa não tivesse resiliência para enfrentar a situação e recuperar-se.

Ao tomar conhecimento das primeiras mortes, o CEO James Burke designou David Collins para comandar o processo na fábrica da McNeil, onde o remédio era produzido, e o enviou de helicóptero para lá. Lawrence Foster, o relações públicas, afirmara que a fábrica não usava cianeto, mas depois ouviu do pessoal da fábrica que o veneno era usado em testes de qualidade, mas realizados em outro prédio, e não no ambiente de produção. A possibilidade de ter ocorrido uma sabotagem interna era considerada. Foster corrigiu seus argumentos em público, demonstrando ética – *empatia*, no Quadro 12.2. Ao longo do tempo, a empresa tinha conquistado boa relação com consumidores e veículos de comunicação. Essa *competência social* seria fundamental durante a crise. A empresa assegurava que não havia possibilidade do remédio adulterado ter saído de suas fábricas, e tinha credibilidade para isso.

Tanto a polícia, quanto o FBI e o FDA – Food and Drug Administration informaram dias depois que não havia evidência de adulteração nas fábricas: os remédios adulterados provinham de duas fábricas, uma no Texas e outra na Pensilvânia. A chance de ter ocorrido adulteração dentro da empresa era quase nula. Mas isso levava a crise a outra direção: pela primeira vez um ataque de natureza terrorista ocorria nos EUA, e lançava mão da facilidade de violar embalagem de comprimidos para substituir o Tylenol extra-forte por cianeto. Os empregados da J & J e da McNeil, empresa do grupo, permaneceram unidos apoiando as investigações, sentindo-se pessoalmente atacados, o que revela a força da identidade – *autoeficácia*, para nós. O credo da Johnson, criado 40 anos antes, indicava quatro responsabilidades da empresa, pela ordem: com o consumidor, com os empregados, com a comunidade e com os acionistas.

Para o público, a empresa tornou-se também uma vítima. O problema era evitar novas mortes e salvar o medicamento. Uma semana depois do anúncio das mortes, a empresa criou uma linha 0800 gratuita para esclarecer preocupações de consumidores. Todo o Tylenol existente no mercado norte-americano foi recolhido nos primeiros dias de crise, sem que a empresa medisse gastos para isso. Em 12 de outubro a propaganda ofertava a troca de cápsulas de Tylenol em poder de consumidores por tabletes do mesmo produto em nova e inviolável embalagem. Essa oferta foi um sucesso. Esse exemplo de *tenacidade* e *solução de problemas* rápida sem dúvida contribuiu para o desmonte da crise.

Na mesma ocasião, a proatividade era mobilizada por Burke: em uma fala carregada de emoção, o CEO reafirmou valores, estratégias e consideração aos empregados da fábrica da McNeil. Tratava de demonstrar que o produto seria recuperado, e também aquela fábrica. Ele e Foster estavam sempre presentes na mídia, transmitindo confiabilidade e preocupação. Uma propaganda em TV atingiu 85% dos lares, com declarações públicas dos dirigentes da Johnson.

Fink (1986) sugere que o custo da intervenção na crise foi de US$100 milhões. No início de outubro, em apenas dois dias o valor das ações da empresa haviam caído de US$38 para US$6 e assim permaneceu até o final de novembro. Um cupom de desconto de US$2,50 foi oferecido em 11 de outubro, em benefício de quem comprasse o produto. O 0800 recebeu 210 mil chamadas sobre essa questão do cupom. Resultado: até fevereiro do ano seguinte o valor das ações da Johnson havia sido recuperado.

Passada a fase aguda da crise, outro problema surgiu: a Johnson tornou-se vítima de extorsão: uma carta anônima pedia US$1 milhão para cessar a adulteração. A empresa passou a cooperar com o FBI. Em dezembro de 1982 James Lewis foi preso e condenado a 20 anos de prisão como responsável pela extorsão. Ele alegou nada ter a ver com a violação do Tylenol, mas sabia demais sobre a questão. O caso Tylenol explica a resiliência de uma organização frente a uma das piores crises externas. Somente a capacidade de auto-organização não chegou a ser testada no caso, comparando-o aos tópicos do Quadro 12.2.

RESILIÊNCIA E LIDERANÇA

Toda crise revela a fragilidade da organização e, sobretudo, de seus dirigentes. O caso Tylenol indica a importância da comunicação no enfrentamento da crise. Nesse caso, o papel do dirigente e do relações públicas foi crucial. Lembro do caso da doença do presidente eleito, mas não empossado, Tancredo Neves, pouco tempo depois do caso Tylenol, e novamente ressalta o poder da comunicação e do porta-voz. Infelizmente, poucos dirigentes passaram por treinamento de como relacionar-se com a mídia, e poucas empresas, à exceção das melhores, mantém perícia em comunicação institucional.

Considero que o dirigente de uma organização desempenha três papéis: o *simbólico*, o *informacional* e o *decisional*. O papel simbólico do dirigente é o de "figura de proa" para dentro e para fora da organização. Ele a representa, fala por ela, e nesse papel sua fala é institucional, seja em reuniões, eventos, declarações públicas ou textos. No papel simbólico, o dirigente influencia a formação dos valores esposados e advoga causas, gerando os símbolos que constituem a identidade da organização. O dirigente tem um papel educador: torna-se "*role model*" para os executivos e gestores. Quando abraça objetivos de mudança, é o dirigente que gera dinamismo e provoca a mudança cultural. Por fim, nas empresas familiares, a cultura e a identidade são determinadas pelo fundador, que muitas vezes ainda está presente no comando ou no conselho.

O papel informacional do dirigente deriva da sua necessidade de organizar, decidir e comandar. O dirigente concentra informação de alto nível mais que qualquer outro executivo, portanto determina a "inteligência" organizacional. Quando dá valor para isso, é ele quem determina o grau de compartilhamento e difusão dessa informação. Com isso, é a informação, no modelo cibernético, que determina a agilidade, flexibilidade e controlabilidade da organização.

Para completar, o papel decisional não é exclusivo do dirigente, mas ele preserva a prerrogativa de decidir em última instância. Nesse papel, é o dirigente quem faz apostas fundamentadas que orientam o futuro da organização, isto é, centraliza a reflexão estratégica. Nas decisões cotidianas, é o dirigente quem enfatiza a orientação para o valor agregado. E, por meio das decisões, gerencia riscos.

Não quero que o leitor conclua que o dirigente é o senhor absoluto do destino da organização. Esta mantém gestores e profissionais com abordagem técnica, essencial e complementar para que os dirigentes possam desempenhar esses papéis. Se a organização se estrutura como hierarquia, os escalões gerenciais também desempenham papéis como os dos dirigentes, em menor escala de autoridade, poder e influência.

No conjunto, os dirigentes, gestores e profissionais da estrutura de controle determinam a resiliência organizacional. E, ao longo do tempo e conforme as adversidades e desafios enfrentados, podem revigorar ou deixar fenecer a resiliência da organização.

Para a organização ampliar sua resiliência, ou ela atua sobre a estrutura, processos, sistemas e cultura em um demorado processo de transformação, ou investe em ampliar a resiliência de dirigentes e lideranças estratégicas da organização, confiando que, revigorados, eles acelerem a transformação exigida.

O primeiro caminho é árduo, demora a evidenciar resultados, embora esses sejam mais consistentes e duradouros que os obtidos no segundo caminho. A mudança cultural envolve desenvolver proatividade, solução de problemas e flexibilidade mental, para desapegar-se de paradigmas e teorias que funcionaram no passado, mas que impedem a compreensão do presente e do futuro da organização. É preciso ampliar a velocidade de resposta da estrutura, desenvolvendo empoderamento e responsabilização (*accountability*) do pessoal; eventualmente, pode ser reforçada a estrutura para os projetos, sejam estratégicos, sejam os esforços concentrados para solução de crises (*task-forces*). Nos processos e sistemas de trabalho, a relação chefia-subordinado precisa ser bastante sinérgica, do contrário freia o processo; também os sistemas de inteligência organizacional e de informação para controle requererem aprimoramento. Não vislumbro a possibilidade de tal mudança em prazo inferior a quatro anos em organizações de médio e grande porte.

Já o segundo caminho é pragmático. Como os dirigentes tem papel destacado na construção e consolidação da cultura organizacional, se eles tiverem resiliência elevada, todo o processo é favorecido. Vejamos como a resiliência elevada do dirigente é promissora.

A prevenção de crises cabe mais ao escalão técnico e gerencial: eles cuidam dos sistemas de informação, comunicação, controle, da gestão de crises, da gestão de riscos, da gestão do conhecimento, do desenvolvimento de competências humanas e organizacionais. Mas quando a crise se instala, decorrência de graves adversidades e desafios, o dirigente de elevada resiliência assume a liderança do processo.

Sua elevada autoeficácia/autoconfiança transparece no papel simbólico, reduzindo a insegurança do pessoal. Seu otimismo aprendido permite colocar a crise em perspectiva, defendendo a noção de que ela passará e a normalidade será restaurada. Enquanto todos inflam suas emoções e tem a sensação de perda de controle, o dirigente separa as questões para tratá-las em sua particularidade. Nos momentos lancinantes, o otimismo gera o discurso positivo, que conforta. Sua temperança fornece o "sangue frio" para lidar com o inusitado e o despropositado. E a empatia e competência social o fazem compreender as necessidades do seu pessoal, oferecendo a eles ajuda, apoio e conforto até que eles possam assumir mais responsabilidades no desmonte da crise.

Sapriel (2003, p. 352) enfatiza um aspecto importante do processo: "Nas crises, os líderes tornam-se o repositório dos temores das pessoas. Servem como 'espelhos' que refletem aflições, ansiedades, determinação e satisfação em proporções mais avançadas do que para a maioria." São os dirigentes de elevada resiliência que promovem a temperança durante todo o processo, reduzindo a proporção de comportamentos inadequados do pessoal envolvido. Essa competência social o coloca em destaque junto a afetados, envolvidos, mídia e comunidade – eles não se escondem, nem silenciam. Dirigentes de elevada resiliência sabem que deixar para depois é sempre mais custoso e mais difícil de solucionar; sua proatividade promove a intervenção na crise e dá sentido ao processo. A empatia, como vimos, está vinculada à ética: é a ética do dirigente que determina a sua credibilidade, transparência e honestidade – não conheço melhor meio para desinflar emoções, combater a maledicência e as ações sorrateiras e oportunistas. Durante as crises, nunca há informação consistente e oportuna suficiente para a adequada tomada de decisão. Isso faz com que decisões táticas usualmente se revelem ineficazes. O dirigente que apresenta elevada flexibilidade mental e tenacidade faz planos sucessivos, testa novas táticas e nunca insiste teimosamente em um curso de ação se ele não se mostrar eficaz. Outro aspecto da tenacidade é a persistência em preservar os valores, as causas, as estratégias e o modo de operar da organização – quando todos estão descentes da continuidade disso depois. No pós-crise, os dirigentes de elevada resiliência sabem confortar os afetados, e deixa que a capacidade de auto-organização seja ativada para a recuperação.

No papel de figura-de-proa, o dirigente é o elo com acionistas e conselheiros, com governo e órgãos regulatórios, com a comunidade afetada. Não é raro encontrar dirigentes frios e insensíveis, mesmo que competentes tecnicamente – a falta de empatia e capacidade de articular apoios sociais ameaça a própria efetividade das medidas de enfrentamento de crises. Apenas carisma em situações de crise pode ser arriscado; necessária é a capacidade de articular apoios.

Em geral, todo dirigente é autoeficaz e autoconfiante; não consigo imaginar uma organização dirigida por alguém que não apresente essas qualidades. Também acredito que há mais otimistas que pessimistas entre os dirigentes; há mais proativos que reativos. Se forem dirigentes profissionais, para chegar à posição passaram por um funil em suas carreiras, o que indica maior tenacidade que outros funcionários. Isso possivelmente lhes confere um grau de resiliência moderada. Todavia, o relativo isolamento do cargo pode lhes tirar a flexibilidade mental e a solução de problemas. Encastelando-se, os dirigentes podem perder a empatia, a capacidade de articular apoios e a posição simbólica de figura-de-proa. Ainda mais se o excesso de autoconfiança os torna autossuficientes.

Com elevada resiliência, os dirigentes de fato lideram a solução de crises. Com resiliência moderada, eles são carregados pelo fluxo de iniciativas de outros. Com baixa resiliência podem isolar-se, abdicando das possibilidades de lidar com a situação.

Um dirigente de elevada resiliência acelera a solução de crises, aprende com elas e se fortalece nessa lide. Para completar, o seu nível de estresse durante o enfrentamento da crise é menor e menos prejudicial. É capaz de apresentar *eustresse*, o estresse positivo, aquele que fortalece, revigora e garante mais foco e concentração. Dirigentes de baixa resiliência apresentam *distresse*, o estresse nocivo, que incita doenças e acelera o envelhecimento. Se o dirigente apresenta um estilo de vida pouco saudável (fumo, álcool, vida sedentária, sobrecarga de trabalho etc.), mais uma razão para buscar decididamente elevar a resiliência.

Mas há um problema: no Brasil são raros os treinamentos dedicados a dirigentes, há poucos *coaches* preparados para o esforço dedicado à resiliência. E o autodesenvolvimento pode ser lento e ineficaz. Talvez por isso os dirigentes de elevada resiliência formem uma pequena elite entre seus pares.

Não apenas os dirigentes, fundadores ou profissionais, merecem discussão. Também para empreendedores e gestores de projetos a resiliência desempenha um papel especial.

Empreendedores enfrentam incerteza. Lidar com a incerteza requer resiliência. A incerteza fragiliza a tomada de decisão, ampliando os riscos enfrentados pelo empreendedor. Em tese, com boa capacidade de *solução de problemas*, com *proatividade* e *tenacidade*, aumenta a chance de sucesso em empreendimentos. A incerteza deflagra emoções negativas, de modo que o *otimismo aprendido* e a *autoconfiança* poderiam suplantá-las. Com *empatia* e *competência social*, isolamos da discussão o empreendedor sociopata, transformando seu empreendimento em uma rede de apoiadores liderada pelo empreendedor resiliente. Ainda assim, há chance de insucesso, daí a importância da *tenacidade*: empreendimentos futuros poderão trazer maior êxito.

Minello (2010) baseou sua tese de doutorado no estudo de 13 empreendedores brasileiros que descontinuaram seus negócios. Antes do insucesso, o autor informa que eles agiram sem pensar e sem planejar, eram onipotentes e arrogantes. Durante o processo de descontinuidade, apresentaram ideação suicida e identificação projetiva. Depois de liquidados os negócios, mostraram estilos mais adaptativos (auto-observação, humor e afiliação), todavia voltaram a demonstrar onipotência. A tese também revela a importância do suporte de amigos e da família para a superação do insucesso empresarial. Minello (2010) baseou sua tese de doutorado no estudo de 13 empreendedores

Gestores de projetos enfrentam crises, como consequência do desafio arriscado e da incerteza sempre presentes em projetos. Gestores resilientes estão mais aptos a gerenciar projetos. Seu *otimismo* permite perceber impactos tanto negativos quanto positivos de riscos e oportunidades, como recomenda a metodologia hegemônica nesse campo (PMI, 2008). Não temem expor aos interessados (*stakeholders*) os riscos do projeto, porque sua *autoeficácia* lhes dá confiança em que poderão agir com sucesso sobre eles. Sua *proatividade* lhes dá um recurso adicional: além de planejar respostas a riscos, como cautela, os gestores resilientes sabem praticar "*workaround*". Proatividade que determina iniciativa: não ficam "chocando" problemas até que o desfecho deles se imponha. Sua *tenacidade* faz com que não percam as esperanças quando a crise se instala. Na intervenção em crises, são "batalhadores" incansáveis e disciplinados. Com as emoções infladas durante a crise, os gestores resilientes não ficam "destemperados": seu "sangue frio" (com emoções proporcionais às situações e desviadas para o exercício da empatia) garante objetividade e atenção plena. Eles conseguem colocar a situação em perspectiva, avaliando de modo mais isento seus impactos. Crises podem gerar vítimas. Com empatia, os gestores resilientes amparam e acolhem os afetados: na etapa de desmonte da crise e no pós-crise, estão atentos aos sentimentos delas. Finalmente, gestores de projeto com elevada resiliência aprendem com as crises. Em sua história pessoal aceitam as crises como fonte de crescimento pessoal e aceitam as novas condições que a vida lhes impõe.

Dentre os gestores de projetos que necessitam de maior resiliência estão os que lidam com projetos sociais, pertencentes a organizações da sociedade civil (ONG ou terceiro setor). Não só porque realizam projetos com recursos escassos e condições sempre desfavoráveis, mas também porque as próprias organizações que hospedam esses projetos convivem com ameaças à sua sustentabilidade.

Por exemplo: Patrício era um gestor de projetos experiente e calejado, com muita perícia em obras de infraestrutura. Enquanto liderava um megaprojeto contratado pela Petrobras viu-se em meio a uma crise. As obras estavam muito atrasadas, em parte por conta de atrasos na liberação, pelo contratante, dos desenhos detalhados de engenharia. Compromissos não seriam atingidos, causando prejuízos e submetendo a empresa a pesadas multas, além da possibilidade de rescisão contratual. Patrício percebeu que sua reputação também estava em jogo, toda a credibilidade a duras penas conquistada com o contratante sumiria, cedendo a vez à desconfiança. Sua equipe perdeu a confiança, e houve rotatividade em postos-chave. A cordialidade das relações com o contratante cederia vez a pleitos que poderiam desembocar em litígio. Patrício percebeu que todos estavam perdendo: a obra parada era o pior dos mundos. O que fazer?

APRIMORANDO A LIDERANÇA NO MOMENTO

L1. Coaching

Buscar ajuda com *coaching* profissional é um recurso valioso para dirigentes, empreendedores e diretores. Sua atividade é solitária, há pouca abertura na relação com seus pares e há escassos treinamentos a eles endereçados. Um processo de ajuda reflete sobre situações-problemas e comportamentos habituais, fazendo com que o *coachee* encontre respostas às suas indagações e planeje respostas a essas situações. Em momentos de crise, o apoio do "ajudador" assegura temperança e flexibilidade mental. No pós-crise, permite refletir sobre o ocorrido buscando aprender com a vivência.

L2. Seja construtivo

Seligman (2011) relata o treinamento para "construir resiliência" que ele concebeu para o exército norte-americano, diante da magnitude de casos de síndrome do estresse pós-traumático. No relacionamento dos sargentos com os soldados em treinamento, o autor indica que há quatro estilos de resposta a um evento: o *ativo construtivo* (apoio autêntico e entusiástico), o *passivo construtivo* (apoio lacônico), o *passivo destrutivo* (ignora o evento) e o *ativo destrutivo* (aponta aspectos negativos do evento). Na busca de otimismo aprendido, ou simplesmente de reforço positivo, a liderança precisa adotar o estilo *ativo construtivo.* Treine com quem o rodeia, e treine tanto até que se torne um hábito.

APRIMORANDO A LIDERANÇA SEMPRE

L3. Juntando tudo

A APA – American Psychological Association oferece em seu site (www.apa.org) novas dicas para fortalecer sua resiliência. Elas estão muito alinhadas com o conteúdo deste livro, portanto servem à síntese:

1. Faça conexões.
2. Evite ver crises como problemas insolúveis.
3. Aceite que a mudança é parte da vida.
4. Mova-se em direção às suas metas.
5. Tome ações decisivas.
6. Encontre meios positivos para reduzir o estresse e os sentimentos negativos.
7. Procure oportunidades para a autodescoberta.
8. Cultive uma visão positiva de si.
9. Mantenha as coisas em perspectiva.
10. Mantenha um ponto de vista de esperança.
11. Meios adicionais para fortalecer a resiliência podem ser úteis.
12. Busque ajuda.

APRIMORANDO A RESILIÊNCIA ORGANIZACIONAL NO LONGO PRAZO

L4. Prepare a organização

As seguintes sugestões representam um conjunto de recomendações para aprimorar a resiliência organizacional. Use-as como um *check-list* e procure desenvolver o máximo delas, já que nunca se sabe qual tipo de crise poderá ocorrer e qual tipo de demanda:

a) Avalie a resiliência das principais lideranças (dirigentes, conselheiros e gestores de projetos). Treine e coloque o tema resiliência em pauta, visando aprimorar a resiliência pelo menos das lideranças estratégicas.
b) Prepare um sistema de Gestão de Crises: uma governança, uma equipe *ad hoc* para a gestão de crises, sistemas de monitoramento, sala de estratégia (*war room*). Também é necessário: Normas de Segurança; Plano de Continuidade do Negócio. Treine a equipe de gestão de crises e divulgue o processo a todos. Solicite dela um Plano de Prevenção e Desmonte de Crises. Faça uma auditoria anual para assegurar prontidão desse sistema.
c) Prepare um sistema de Gestão de Riscos, designando o pessoal responsável. Divulgue o plano às lideranças, assegurando existir Planos B para cada risco severo identificado.

d) Prepare o sistema de Comunicação Institucional: porta-voz ou relações públicas, assessorias de comunicação, ouvidoria, atendimento ao público etc. Defina um Plano de Comunicação visando maior presença institucional. Treine o porta-voz e algumas lideranças em atendimento a jornalistas. Preserve canais de comunicação com a sociedade e com a mídia pública visando a boa reputação.
e) Amplie a inserção da organização junto à comunidade e sociedade civil. Isso pode significar investimento social, ações de responsabilidade social, presença em fóruns do terceiro setor etc. Sobretudo advogue causas de interesse da sociedade. Avalie quantos dentre os funcionários praticam ações voluntárias, visando organizar e desenvolver essas ações.
f) Estabeleça os Valores da organização. Treine todo o pessoal e a rede de fornecedores nesses valores, visando reforçar a identidade da organização. Crie um *hotline* (linha protegida e confidencial) para registrar e agir em casos de desvio ético. Desenvolva transparência para dentro e fora da organização visando estabelecer a confiança.
g) Promova reflexões periódicas sobre estratégia organizacional. Divulgue internamente os objetivos estratégicos, a visão de futuro e a missão da organização, para completar a formação da identidade organizacional.
h) Desenvolva a capacidade empreendedora da organização, ampliando a competência em gestão de projetos, para assegurar maior dinamismo organizacional e capacidade de transformação.
i) Desenvolva a capacidade de solução de problemas e de auto-organização, por exemplo, por meio da criação de equipes de esforço concentrado (*task-forces*) e da prática do *workaround*.
j) Desenvolva o trabalho em equipes: ele gera coesão, gera pertencimento e é um excelente suporte para as situações em que emoções são infladas. Também evita ações heroicas isoladas, nos momentos de intervenção em crises.
k) Desenvolva sistema de acompanhamento psicológico, seja para apoiar pessoal no cotidiano, seja para apoiar esforços no pós-crise.
l) Implante sistemas de gestão de conhecimentos: ele favorece a capacidade de aprender de indivíduos, grupos e organizações (SABBAG, 2007); permite aprender com as crises passadas; amplia a qualidade das respostas em momentos de desmonte e intervenção em crises, ocasiões em que faltam informações para a decisão judiciosa sobre o que fazer.

Referências

AHERN, N. R.; KIEHL, E. M.; SOLE, M. L.; BYERS, J. "A Review of Instruments Measuring Resilience." *Issues in Comprehensive Pediatric Nursing*, 29, p. 103-125, 2006.

ALMEDON, A. M. "Resilience, Hardiness, Sense of Coherence, and Posttraumatic Growth: All Paths Leading to "Light at the End of the Tunnel"?". *Journal of Loss and Trauma*, 10, p. 253-265, 2005.

AMERICAN PSYCHOLOGICAL ASSOCIATION - APA. *Dicionário de psicologia da APA*. Porto Alegre: Artmed, 2010.

BANDURA, A. *Self-Efficacy: the Exercise of Control*. Nova York: Freeman, 1997.

BARTONE, P. T.; ROLAND, R. R.; PICANO, J. J.; WILLIAMS, T. J. "Psychological Hardiness Predicts Success in US Army Special Forces Candidates". *International Journal of Selection and Assessment*, 16, 1, p. 78-81, março de 2008.

BARTONE, P. T. "Resilience Under Military Operational Stress: Can Leaders Influence Hardiness?". *Military Psychology*, 18 (Suppl.), p. S131 – S148, 2006.

BAUMEISTER, R. F.; BUSHMAN, B. J.; CAMPBELL, W. K. "Self-esteem, Narcissism, and Aggression: Does Violence Result from Low Self-esteem or from Threatened Egotism?". *Current Directions in Psychological Science*, vol. 9 Issue 1, p26-29, fevereiro de 2000.

BOERNER, K.; JOPP, D. Resilience in Response to Loss. In: REICH, J.W.; ZAUTRA, A.J.; HALL, J.S. *Handbook of Adult Resilience*. Nova York: Guilford, p. 126-145, 2010.

BONANNO, G. A. "Loss, Trauma, and Human Resilience: Have We Underestimated the Human Capacity to Thrive after Extremely Aversive Events?". *American Psychologist,* 59, p. 20-28, 2004.

BUCAY, J. *De la autoestima al egoísmo*. Buenos Aires: Nuevo Extremo, 1999.

BURTON, N. W.; PAKENHAM, K. I.; BROWN, W. J. "Feasibility and Effectiveness of Psychosocial Resilience Training: a Pilot Study of the READY Program". *Psychology, Health & Medicine*, vol. 15, 3, p. 266-277, maio de 2010.

CAMPBELL-SILLS, L.; STEIN, M. B. "Psychometric Analysis and Refinement of the Connor–Davidson Resilience Scale (CD-RISC): Validation of a 10-Item Measure of Resilience". *Journal of Traumatic Stress*, vol. 20, p. 1019–1028, 6 de dezembro de 2007.

CASTAÑO, M. "La entrevista con Pedro Algorta". *Empresa y Finanzas*, p. 21, 27 de maio de 2011.

CHENG, Y.; KUAN, F.; LI, C.; KEN, Y. "A Comparison between the Effect of Emotional Certainty and Uncertainty on Coping Strategies". *Social Behavior and Personality*, 38(1), p. 53-60, 2010.

CHÖDRÖN, P. *Taking the Leap: Freeing Ourselves from Old Habits and Fears.* Boston: Shambala, 2009.

CLARET, M. *Gandhi: o apóstolo da não violência*. São Paulo: Martin Claret, 1996.

CONNOR, K. M.; DAVIDSON, R. T. "Development of a New Resilience Scale: the Connor-Davidson Scale (CD-RISC)". *Depression and anxiety*, 18, p. 76-82, 2003.

COVEY, S. *Os 7 hábitos das pessoas altamente eficazes*. Rio de Janeiro: Bestseller, 40ª ed., 2010.

CSIKSZENTMIHALYI, M. *A descoberta do fluxo: a psicologia de envolvimento com a vida cotidiana*. Rio de Janeiro: Rocco, 1999.

DAMÁSIO, B. F.; BORSA, J. C. "14-item Resilience Scale (RS): Psychometric Properties of the Brazilian Version". *Journal of Nursing Measurement*, 19, 3, p. 131-145, 2011.

DOMINGOS, C. *Oportunidades disfarçadas*. Rio de Janeiro: Sextante, 2009.

EARLE, R.; IMRIE, D., with ARCHBOLD, R. *Your Vitality Quocient: the Clinically Proven Program that Can Reduce Your Body Age and Increase Your Zest for Life*. Nova York: Warner, 1989.

EARVOLINO-RAMIREZ, M. "Resilience: a Concept Analysis". *Nursing Forum*, vol. 42, 2, p. 73-82, abril-junho, 2007.

ECHEVERRÍA, R. *Ontología del lenguaje*. Buenos Aires: Granica, 2011a.

_____ *Actos de lenguaje: la escuta*. Buenos Aires: Granica, 2011b.

ELWOOD, A. "Using the Disaster Crunch/Release Model in Building Organisational Resilience". *Journal of Business Continuity & Emergency Planning*, 3, 3, p. 241-247, 2010.

EVANS, D. *Emotion: a Very Short Introduction*. Oxford: Oxford University Press, 2009.

FARNÈ, M. *O estresse: às vezes é positivo, às vezes é negativo, mas pode ser transformado em um aliado*. São Paulo: Paulinas, Ed. Loyola, 2003.

FAUS, F. *Autodomínio: elogio à temperança*. São Paulo: Quadrante, 2004.

FAVA, G. A.; TOMBA, E. "Increasing Psychological Well-Being and Resilience by Psychotherapeutic Methods". *Journal of Personality*, 77:6, p. 1903-1934, 2009.

FERRY, L. *A sabedoria dos mitos gregos: aprender a viver II*. Rio de Janeiro: Objetiva, 2009.

FINK, S. *Crisis management*. Nova York: AMACOM, 1986.

FISCHER, L. *Gandhi: sua vida e mensagem para o mundo*. São Paulo: Martin Claret, 1992.

FLACH, F. *Resilience*. Nova York: Hatherleigh Press, 2004.

FLANNERY, r. b.; PERRY, J. C.; PENK, W. E.; FLANNERY, G. J. "Validating Antonovsky's Sense of Coherence Scale". *Journal of clinical Psychology*, 50, 4, p. 575-577, julho de 1994.

FOLKMAN, S.; LAZARUS, R. S. "An Analysis of Coping in a Middle-Aged Community Sample". *Journal of Health and Social Behavior*, 21, p. 219-239, setembro de 1980.

FRANKL, V. *El hombre en busca de sentido*. Barcelona: Herder, 1998.

FRYDENBERG, E. "Coping Competencies: What to Teach and When". *Theory and Practice*, 43, 1, Winter 2004.

FUSILIER, M.; MANNING, M. R. "Psychosocial Predictors of Health Status Revisited". *Journal of Behavioral Medicine*, 28, 4, p. 347-358, agosto de 2005.

GIANETTI, E. *Felicidade: diálogos sobre o bem-estar na civilização*. São Paulo: Companhia das Letras, 2002.

GODINHO, R. *O Filho da crise*. São Paulo: Matrix, 2011.

GOLEMAN, D. "Afflictive and Nourishing Emotions: Impacts on Health". In: GOLEMAN, D. *Healing emotions: conversations with the Dalai Lama on mindfulness, emotions, and health*. Boston: Shambala, p. 33-46, 1997.

GOLEMAN, D. *Inteligência emocional*. Rio de Janeiro: Objetiva, 2ª. ed., 1996.

GROTBERG, E. H. "Nuevas tendencias en resiliência". In: MELILLO, A.; OJEDA, E. *Resiliencia: descubriendo las propias fortalezas*. Buenos Aires: Paidós, 6ª ed., p. 19-30, 2008.

HARTLING, L. "Strengthening Resilience in a Risky World: it´s All about Relationships". *Women & therapy*, The Haworth Press, 31, 2/3/4, p. 51-70, 2008.

HILTON, C. *Ayrton Senna*. Rio de Janeiro: Rio Fundo ed., 1994.

_____ *Ayrton Senna: a face do gênio.* Rio de Janeiro: Rio Fundo ed., 1992.

HOOPES, L.; KELLY, M. *Managing change with personal resilience.* Raleigh: MK Books, 2004.

ICM – Institute for Crisis Management. *Annual ICM Crisis Report*, vol. 21, 1, maio de 2012 (disponível em www.crisisexperts.com), acessado em 1 de junho de 2012.

ISAACSON, W. *Steve Jobs: a biografia.* São Paulo: Companhia das Letras, 2011.

JANIS, I. L.; MANN, L. *Decision making: a psychological analysis of conflict, choice and commitment.* Nova York: Free Press, 1977.

JARVENPAA, S. L.; LEIDNER, D. E. "Communication and trust in global virtual teams". *Organization Science*, vol. 10, 6, p. 791-815, novembro-dezembro, 1999.

KABAT-ZINN, J. *Full Catastrophe Living: Using the Wisdom of Your Body and Mind to Face Stress, Pain and Illness.* Nova York: Bantam Dell, 2005.

KAHANA, E.; KAHANA, B.; KELLEY-MOORE, J. "Coping with Disability in Late Life: a Longitudinal Study of Proactive Adaptations". In: *American Sociological Association Annual Meeting*, Philadelphia, Conference Papers p. 1-26, agosto de 2005.

KHALSA, D. S. *Longevidade do cérebro.* Rio de Janeiro: Objetiva, 1997.

KLINK, A. *Paratii: entre dois polos.* São Paulo: Companhia das Letras, 1992.

_____ *Cem dias entre o céu e o mar.* Rio de Janeiro: José Olympio, 11ª Ed., 1986.

KOBASA, S. C.; MADDI, S. R.; KAHN, S. "Hardiness and Health: a Prospective Study". *Journal of personality and social psychology*, vol. 42, 1, p. 168-177, 1982.

KLAG, S.; BRADLEY, G. The Role of Hardiness in Stress and Illness: An Exploration of the Effect of Negative Affectivity and Gender. *British Journal of Health Psychology*, 9, p. 137-161, 2004."

KÜHN, T. *La estructura de las revoluciones científicas.* Bogotá: Fondo de Cultura Económica, 1996.

LIPP, M. E. N. *Manual do Inventário de Sintomas de Stress para Adultos de Lipp (ISSL).* São Paulo: Casa do Psicólogo, 2000.

LORD, F. M.; NOVICK, M. R. *Statistical Theories of Mental Test Scores.* Reading, Massachusetts: Addison-Wesley, 1968.

MacCRIMMON, K. B.; WEHRUNG, D. A. *Taking risks: the management of uncertainty.* Nova York: Free Press, 1986.

MACHIAVELLI, N. *O príncipe; escritos políticos.* São Paulo: Nova Cultural, 1987.

MADDI, S. R.; KOSHABA, D. M. *Resilience at Work: How to Succeed no Matter What Life Throws at You.* Nova York: AMACOM, 2005.

MAILHIOT, G. B. *Dinâmica e gênese dos grupos.* São Paulo: Duas Cidades, 5ª ed., 1981.

MANCINI, A. D.; BONANNO, G.A. "Resilience to Potential Trauma: Toward a Life Span Approach". In: REICH, J. W.; ZAUTRA, A. J.; HALL, J. S. *Handbook of Adult Resilience.* Nova York: Guilford, p. 258-280, 2010.

MANDELA, N. *Long Walk to Freedom.* Londres: Abacus, 1994.

MARTINS, M. G. T. *Sintomas de stress em professores das primeiras séries do ensino fundamental.* Dissertação de Mestrado apresentada na Universidade Lusófona de Humanidades e Tecnologias, Lisboa, 2005.

McKAY, M.; FANNING, P. *Self-esteem.* Oakland: New Harbinger, 3ª ed., 2011.

MEADOWS, L. A.; KASLOW, N. J.; THOMPSON, M. P.; JURKOVIC, G. J. "Protective Factors Against Suicide Attempt Risk Among African American Women Experiencing Intimate Partner Violence". *American Journal of Community Psychology*, 36, 1/2, p. 109-121, setembro de 2005.

MELILLO, A.; OJEDA, E. *Resiliencia: descubriendo las propias fortalezas.* Buenos Aires: Paidós, 6ª ed., 2008.

MILLER, L. *MoodMapping: plot your way to emotional health and happiness.* Londres: Rodale, Macmillan, 2011.

MINELLO, I. T. *Resiliência e insucesso empresarial.* São Paulo: FEA/USP, tese de doutorado, 2010.

MONA, M. *et al.* "Depressive Symptoms in Late Life: Associations with Apathy, Resilience and Disability Vary between Young-Old and Old-Old". *International Journal of Geriatric Psychiatry*, 23, p. 238-243, 2008.

MOSCOVICI, F. *Desenvolvimento interpessoal: treinamento em grupo.* Rio de Janeiro: José Olympio, 8ª ed., 1998.

NEENAN, M. *Developing Resilience: a Cognitive-Behavioural Approach.* Nova York: Routledge, 2009.

NEFF, K. D.; VONK, R. "Self-Compassion versus Global Self-Esteem: Two Different Ways of Relating to Oneself". *Journal of Personality*, 77, 1, p. 23-50, fevereiro de 2009.

NEWKEY-BURDEN, C. *Amy Winehouse: biografia.* São Paulo: Globo, 2008.

ONG, A. D.; BERGEMAN, C. S. & CHOW, S. "Positive Emotions as a Basic Building Block of Resilience in Adulthood". In: Reich, J. W.; Zautra, A. J.; Hall, J. S. (ed.) *Handbook of adult resilience.* Nova York: Guilford, p. 81-93, 2010.

PESCE, R. P.; ASSIS, S. G.; AVANCI, J. Q.; SANTOS, N. C.; MALAQUIAS, J. V.; CARVALHAES, R. "Adaptação transcultural, confiabilidade e validade da escala de resiliência". *Cadernos de Saúde Pública,* Rio de Janeiro, 21(2), p. 436-448, março-abril, 2005.

PINCHOT III, G. *Intrapreneuring – Por que você não precisa deixar a organização para ser um empreendedor.* São Paulo: Harbra, 1989.

POWLEY, E. H. "Reclaiming Resilience and Safety: Resilience Activation in the Critical Period of Crisis". *Human Relations*, 62(9), p. 1289-1326, 2009.

PROJECT MANAGEMENT INSTITUTE - PMI. *PMBOK Guide – "Um guia para o conjunto de conhecimentos em Gerenciamento de Projetos – versão oficial em português".* Filadélfia: PMI, 4ª ed., 2008.

REIVICH, K.; SHATTÉ, A. *The Resilience Factor: 7 Essential Skills for Overcoming Life's Inevitable Obstacles.* Nova York: Broadway Books, 2008.

READ, P. P. *Os sobreviventes: a tragédia dos Andes.* São Paulo: Círculo do Livro por cortesia da Nova Fronteira, 1981.

ROSA, M. *A era dos escândalo: lições, relatos e bastidores de quem viveu as grandes crises de imagem.* São Paulo: Geração Editorial, 5ª ed., 2008.

ROTTER, J. B. "Internal versus External Control of Reinforcement: a Case History of a Variable". *American Psychologist,* p. 490-493, abril de 1990.

SABBAG, P. Y.; BERNARDI Jr., P; GOLDSZMIDT, R.; ZAMBALDI, F. "Validação de Escala para Mensurar Resiliência por Meio da Teoria de Resposta ao Item (TRI)". Trabalho apresentado no *XXXIV Encontro da ANPAD (EnANPAD 2010)*, 2010.

SABBAG, P. Y. *Espirais do conhecimento: ativando indivíduos, grupos e organizações.* São Paulo: Saraiva, 2007.

SABBAG, P. Y. *Incerteza e riscos: o trabalho de gerenciadores de projetos.* São Paulo: FGV/EAESP - Escola de Administração de Empresas de São Paulo, Tese de Doutorado, 2002.

SALZBERG, S.; KABAT-ZINN, J. Mindfulness as medicine. In: GOLEMAN, D. *Healing Emotions: Conversations with the Dalai Lama on Mindfulness, Emotions, and Health.* Boston: Shambala, p. 107-144, 1997.

SAPRIEL, C. "Effective Crisis Management: Tools and Best Practice for the New Millenium". *Journal of Communication Management*, 7, 4, p. 348-355,2003

SARDÁ Jr, J. J.; LEGAL, E. J.; JABLONSKI Jr, S. J. *Estresse: conceitos, métodos, medidas e possibilidades de intervenção.* São Paulo: Casa do Psicólogo, 2004.

SCHEIN, E. *Ajuda: a relação essencial.* São Paulo: Arx, Saraiva, 2009.

SELIGMAN, M. E. P. "Building Resilience". *Harvard Business Review,* p. 100-106, abril de 2011.

_____ *Learned Optimism: How to Change Your Mind and Your Life.* Nova York: Vintage, 13ª ed., 2006.

SHEARD, M.; GOLBY, J. "Personality Hardiness Differentiates Elite-Level Sport Performers". *International Journal of Sport & Exercise Psychology,* 8, p. 160-169, 2010.

SKODOL, A. E. "The Resilient Personality". In: REICH, J. W.; ZAUTRA, A. J.; HALL, J. S. *Handbook of Adult Resilience.* Nova York: Guilford, p. 112-125, 2010.

SMITH, B. W.; DALEN, J.; WIGGINS, K.; TOOLEY, E.; CHRISTOPHER, P.; BERNARD, J. "The Brief Resilience Scale: Assessing the Ability to Bounce Back". *International Journal of Behavioral Medicine,* 15, p. 194-200, 2008.

SPENCE, P. E.; LACHLAN, K. A.; BURKE, J. M. Adjusting to Uncertainty: Coping Strategies Among the Displaced after Hurricane Katrina". *Sociological Spectrum,* 27, p. 653–678, 2007.

SOMERS, S. "Measuring Resilience Potential: as Adaptive Strategy for Organizational Crisis Planning". *Journal of Contingencies and Crisis Management,* 17, 1, p.12-23, March 2009.

SORRENTINO, R. M.; RONEY, C. J. R. *The uncertain mind: individual differences in facing the unknown.* Filadélfia: Taylor & Francis, 2000.

SPRADLIN, S. E. *Don't Let Your Emotions Run Your Life".* Oakland: Harbinger, 2010.

STAPLEY, L. F. *Individuals, Groups and Organizations Beneath the Surface: an Introduction".* Londres: Karnac, 2006.

THOMAS, R. *Walt Disney: o mago da tela.* São Paulo: Melhoramentos, 1969.

TVERSKY, A.; KAHNEMAN, D. "Extensional versus Intuitive Reasoning: the Conjuction Fallacy in Probability Judgement". *Psychological review,* 90, 4, 293-315, outubro de 1983.

WAAL, F. *A era da empatia: lições da natureza para uma sociedade mais gentil.* São Paulo: Companhia das Letras, 2010.

WAGNILD, G. "A Review of the Resilience Scale". *Journal of Nursing Measurement,* 17, 2, p. 105-113, 2009.

WEISSMAN, S. *Chaplin uma vida.* São Paulo: Larousse do Brasil, 2010.

WESTMAN, M. "The Relationship Between Stress and Performance: the Moderating Effect of Hardiness". *Human Performance,* 3(3), p. 141-155, 2009.

WHITE, K. A. "Self-Confidence: a Concept Analysis". *Nursing forum,* 44, 2, p. 103-114, April-June 2009.

WILLIAMS, M; TEASDALE, J.; SEGAL, Z.; KABAT-ZINN, J. *The Mindful Way Through Depression: Freeing Yourself from Chronic Unhappiness.* Nova York: Guilford, 2007.

WINDLE, G.; BENNETT, K. M.; NOYES, J. "A Methodological Review of Resilience Measurements Scales". *Health and Quality of Life Outcomes,* 9:8, p. 1-18, 2011.

WORTHINGTON, E.L.; SCHERER, M. "Forgiveness is an Emotion-Focused Coping Strategy that can Reduce Health Risks and Promote Health Resilience: Theory, Review, and Hypotheses". *Psychology and Health,* 19, 3, p. 385–405, 2004.

ZAUTRA, A. L.; HALL, J. S.; MURRAY, K. E. "Resilience: a New Definition of Health for People and Communities". In: Reich, J. W.; Zautra, A. J.; Hall, J. S. (ed.) *Handbook of Adult Resilience.* Nova York: Guilford, p. 3-29, 2010.

Índice remissivo

Ajuda (consultoria de processo), 215
Algorta, Pedro, 127, 128
Análise de agrupamentos (*cluster*), 34
Ânimo, 66
Atenção plena (*mindfulness*), 97, 104
Autenticidade, 122
Autoconfiança, 27, 28, 32, 53
Autoconsciência, 100, 136, 138
Autodomínio, 94, 95
Autoeficácia, 28, 29, 32, 47, 50, 51, 53
Autoestima, 28, 29, 51
Autosabotagem, 56-57

Budismo, 93, 97

Cafuné, 119, 124
Chaplin, Charles, 3-4, 114, 123, 145, 159
Coaching (ver Ajuda)
Compaixão, 52, 69, 95, 111, 120
Competência social, 32, 134
Confiança, 92, 98
Consolo, 119, 125
Contágio emocional, 117, 121
Contingências, 6
Controle interno, 50
Criatividade, 172
Crise, 140, 150, 168
Crítico interno, 56-57

Desamparo, 65, 71
Destemperança, 32, 94, 95
Disney, Walt, 162-164
Distresse, 9-13, 15-17, 53-54, 213

Educação, 18, 51
Emoção, 66, 67, 91
Empatia, 29, 32, 36, 37
Empoderamento, 46, 47, 137, 211
Empreendedorismo, 17, 152, 202
Enfrentamento (*coping*), 16, 25, 28, 72, 121, 133, 191
Epimeteu, 48
Equanimidade, 26, 88, 92
Equipe ou time, 122, 216
Equipes, 137, 205
Escalas, 16, 26
Esculápio (Asclépio), 93
Escuta empática, 140-141
Espelhamento, 117
Esperança, 48, 49
Estilo explanatório, 48, 65, 70, 71
Estresse
- agentes, 8, 12, 70
- decisões, 7
- distresse, 9-13, 15-17, 53-54, 213
- enfrentamento, 12, 151
- sintomas, 12, 13, 39

Eustresse, 8-11, 16, 98, 194, 213

Felicidade, 5, 6, 23, 52, 72
Flexibilidade mental, 31-34, 37, 165-177
Fluxo, 168-171

Gandhi, Mohandas, 42, 43, 100, 109-115, 121, 123, 195
Grupos, 137

Humor, 156

Impulsividade, 32, 88, 96, 99, 101
Incerteza, 150-153
Indagação humilde, 135, 136
Inteligência emocional, 100, 116, 133

Jobs, Steve, 79-87

Klink, Amyr, 173-175

Locus de controle, 49

Mandela, Nelson, 41-46
Maquiavel, 49, 150
Maturidade, 14, 63, 110, 112, 138
Meditação, 96-98, 102, 104, 106, 108, 110, 180
Midas, 93

Narcisismo, 52
Nó de Górdio, 166

Otimismo, 32, 61-77
Ovo de Colombo, 166

Pandora, 48
Paradigma, 166, 167
Pecados capitais, 94
Perdão, 120-124
Proatividade, 32, 149
Prometeu, 48, 93

Religião, 93, 95
Resiliência organizacional, 200, 203, 205, 210, 216
Ressentimento, 68, 69, 101
Riscos, 203-205, 207,
Rodrigues, Rafael, 145

Senna, Ayrton,183-189
Senna, Viviane, 183-189
Serenidade, 32, 45, 67, 69, 95
Síndrome de estresse pós-traumático, 11
Sísifo, 93, 94
Sociedade do Conhecimento, 95, 200-202
Stefanini, Marco, 61-64

TAM, caso, 195-199
Temperança, 31, 32, 35-37, 92-108
Tenacidade, 31, 32, 42, 43, 49, 190-194
Teoria de Resposta ao Item (TRI), 29
Terapia cognitivo-comportamental, 19, 60
Times, 139
Tylenol, caso, 207-209

Vitalidade, 8, 9, 12, 13, 70

Winehouse, Amy, 22
Workaround, 178-182

Yôga, 98, 101, 106, 108

Pré-impressão, impressão e acabamento

GRÁFICA
SANTUÁRIO

grafica@editorasantuario.com.br
www.editorasantuario.com.br

Aparecida-SP